国家出版基金项目
"十二五"国家重点图书
出版规划项目

红色延安口述·历史
HONGSE YAN'AN KOUSHU·LISHI

第三只眼看延安

任文 主编

陕西师范大学出版总社有限公司

图书代号　SK14N0613

图书在版编目(CIP)数据

第三只眼看延安/任文主编. —西安:陕西师范大学出版总社有限公司, 2014.6（2019.6重印）

（红色延安口述·历史）

ISBN 978-7-5613-7708-6

Ⅰ.①第… Ⅱ.①任… Ⅲ.①延安市—地方史—史料 Ⅳ.①K294.13

中国版本图书馆 CIP 数据核字(2014)第 118491 号

第三只眼看延安

DI-SAN ZHI YAN KAN YAN'AN

任　文　主编

责任编辑	刘存龙　巩亚男　杨　珂
责任校对	梁　菲
出版发行	陕西师范大学出版总社有限公司 （西安市长安南路 199 号　邮编 710062）
网　　址	www.snupg.com
印　　刷	西安市建明工贸有限责任公司
开　　本	710mm×1020mm　1/16
印　　张	18
插　　页	2
字　　数	225 千
版　　次	2014 年 6 月第 1 版
印　　次	2019 年 6 月第 2 次印刷
书　　号	ISBN 978-7-5613-7708-6
定　　价	48.00 元

读者购书、书店添货或发现印刷装订问题，请与本公司营销部联系、调换。
电话:(029)85307864　85303629　传真:(029)85303879

"红色延安口述·历史"
编辑委员会

总策划	冯晓立	傅功振		
主　编	任　文			
编　委	薛义忠	石　杰	梁向阳	孙国林
	朱鸿召	张军锋	梁星亮	姬乃军
	刘卫平	田　刚	陈答才	王晓荣
	刘东风	冯晓立	傅功振	
参编人员	王　耀	王晓飞	王慧子	邓　微
	仝　蕾	巩亚男	庄婧卿	刘存龙
	张　双	赵虹波	雷亚妮	

编辑说明

"红色延安口述·历史"是一套以口述实录、回忆录、访谈录以及相关原始档案并配以历史图片为基本内容的史料集成。它试图以亲历者、当事人、知情者或者后代的讲述、回忆，来还原历史真相，呈现延安十三年的辉煌，从而改善当代人对"符号化"延安的僵化认识，再现一个本色、真实的延安。入选文章均来自已出版的图书、杂志、报纸，酌量选录地方党史办公室、政协文史机构等征研的资料。

丛书所选文章注重大历史背景下个人独特的经历和感受，尤重对历史细节的挖掘和梳理。丛书内容虽以回忆、口述等形式呈现，但其较强的故事性、可读性，有益于对当代读者，特别是对青少年读者进行革命传统教育，进一步弘扬延安精神，具有积极的现实作用与意义。

丛书共17种21册。内容包括口述实录、回忆录、访谈录、重要的档案材料及代表性研究文章。口述实录、访谈录与回忆录前均设置了对口述人或回忆人的简要介绍，并突出介绍口述人或回忆人在延安的工作或生活经历。

所选文章中，因个人当时的见闻条件、历时记忆在一定程度上的失真以及可能附加的主观因素等，讲述人或作者对历史事件的忆述不一定完全符合已逝的客观真实，且不同的亲历者对同一事件的细节叙述也常稍有出入，这一方面反映了历史事件的复杂性、多元性,另一方面也说明历史应该是"人的历史",不能只有一种"写法"或"说法",更不存在"唯一性",这样才能更趋历史"真相"。为尊重原作,编者收入时未强求统一,多以"编者注"提醒读者注意。

入选文章写作时间跨度从上世纪30年代到本世纪初,每篇文章自有其文字风格和时代的语言习惯,收入本丛书时,除特殊情况外,皆尊重原文,不做改动;原书专名(人名、地名、术语)及译名与今不统一者,多未做改动。如确系作者笔误、排印错误、数据计算与外文拼写错误等,则予以修正。标点符号、数字用法等,依据现有出版规范做了统一处理。除特殊情况外,原文篇后注或行文注统一移作脚注,文献著录稍加统一。

由于我们工作经验不足,或翻检资料有限,或水平、认识有限,其中可能存在讹误或差错,敬请方家、读者批评指正。

作为一套大型汇编丛书,涉及文字与图片等著作权联系方面的工作难度很大,我们进行了多方努力和联系,但仍有部分作者信息不明或原工作、生活地址变动而无法联系,希望版权人或版权继承人见书后与我们联系,以奉稿酬与样书。

谨以"红色延安口述·历史"的出版,向革命先辈致敬!

"红色延安口述·历史"编委会
2014年3月

CONTENTS

第三只眼看延安 目录

1 抗战期间外国人及民主人士对陕甘宁边区的观察（代前言） 张 玲

民主人士、华侨领袖看延安

002 从上海到西安和陕北 俞颂华

010 访问延安 梁漱溟

023 参拜延安圣地 江文汉

042 延安考察记 陈嘉庚

065 1942年延安参观日记 刘菊初

104 延安标准化生活 赵超构

123 延安归来 黄炎培

外国记者、国际友人看延安

158 在红色的堡垒中 [美]尼姆·威尔斯

179 一位德国女摄影家眼中的延安 [中]耶娃·萧

187 进入红色中国 [美]哈里森·福尔曼

197 新中国的胚胎 [中]伊斯雷尔·爱泼斯坦

230 对陕北的印象 [美]约翰·S.谢伟思

240 延安的政治　［美］白修德　贾安娜

史实与考辨

256 几位国民党将领在陕甘宁边区　梁星亮
265 延安是如何走向世界的　刘立军

抗战期间外国人及民主人士
对陕甘宁边区的观察(代前言)

张 玲

抗日战争是中华民族为反对日本帝国主义的侵略而进行的一场全国全民性的战争。在此过程中,全国各族爱国人民、海外侨胞及全世界热爱和平的人们都对这场反侵略战争的胜利做出过贡献。而抗战爆发后,陕甘宁边区这块西北的"禁地",也开始和更大范围的世界接触,逐渐成为举国瞩目的焦点。但是不同的人对边区有不同的看法,一些人将边区视为圣地,将其赞美为东方的自由乐土,还有一些人贬斥边区是封建的割据势力,把边区批评得一无是处。领导中国人民进行抗日战争重要力量的中国共产党及中共最高领导层所在地陕甘宁边区,抗战期间在外国人、海外华人以及民主人士眼中是一个什么样子呢?

观察者眼中的中共领袖毛泽东

长征以来,中国共产党逐渐形成了以毛泽东为核心的领导体系。到达延安后,这一体系得到了不断的巩固和加强,特别是1942年整风运动之后,毛泽东的权威地位就再也无人能撼动了。抗战爆发后,正是以毛泽东为首的延安这些政治军事人物领导了敌后的抗战,而毛泽东也就成了外国人和民主人士观察陕甘宁边区的首选对象。

抗战时期毛泽东在边区内的权威是绝对的。他的画像、题字挂在各个公众场所,包括所有的工厂学校,而"响应毛主席的号召"也成为边区干部动员民众的有力口号。"在工农分子眼中,'毛主席'的话是绝对的,保险的。"[①] "他

---

① 赵超构:《延安一月》,上海书店1992年版,第66页。

最善于综合各种意见,而做一个大家认可的结论"①,以至于赵超构在评述他时进一步说,"毛泽东是一个最能熟习中国历史传统的共产党行动家!"②虽然毛泽东已经获得了这样绝对权威的地位,但在这些观察者眼中,此时的他却并不是一个独裁者,甚至在很多方面,他与普通人没有什么区别。在《延安一月》中,赵超构是这样描述毛泽东的:"身材颀长,并不奇伟。一套毛呢制服,显见已是陈旧的了。领扣是照例没有扣的,一如他的照相画像那样露着衬衣。"③而陈学昭是这样描写毛泽东的:"高高的个子,与迟缓的……笨重的脚步,使我们联想起当年北平的李大钊先生。"④

从穿着外貌上可以看出他作为共产党人在生活作风上的简朴,而从下面的描写中我们可以看到毛泽东平易近人的一面:毛先生"不断地让茶让烟,朋友似的和我们谈话"⑤。"态度儒雅,音节清楚,词令的安排恰当而有条理。"⑥赵超构还写道:"我理解到毛先生是保有和我们一般人所共通的幽默与趣味的。他并不是那些一读政治报告,便将趣味性灵加以贬斥的人物。"⑦作为中共领导人,毛泽东也显现出了他独特的个人魅力,白修德在其回忆录中对他是这样评述的:"这个人最让我着迷的不是他的相貌,而是他的风度所产生的力量。……他一讲话,发出的声音是干脆的、柔和的,既不同于讲台上的姿态,也没有规劝的企图。他对于我有一说一,有二说二。他所说的都是实实在在的东西。他是个诲人不倦的圣人。当他走起路来时,一拖一拉的,轻松自如,有点像熊的步法。大多数时候他总是平静地坐着,让他的才智从那懒散的躯体中产生出来。"⑧他还写道:"好像在毛泽东的胸膛里藏着一本用希伯来秘密哲学符号写成的历史书,只有他才能把它译解。他向同志们和领导人宣讲这本书,

---

① 赵超构:《延安一月》,上海书店1992年版,第68页。
② 赵超构:《延安一月》,上海书店1992年版,第66页。
③ 赵超构:《延安一月》,上海书店1992年版,第62页。
④ 陈学昭:《延安访问记》,广东人民出版社2001年版,第30页。
⑤ 赵超构:《延安一月》,上海书店1992年版,第65页。
⑥ 赵超构:《延安一月》,上海书店1992年版,第62页。
⑦ 赵超构:《延安一月》,上海书店1992年版,第65页。
⑧ [美]白修德:《中国抗战秘闻——白修德回忆录》,崔陈译,河南人民出版社1988年版,第205页。

告诉他们中国在走向何方,他怎样把他们带到那里去,当他们到达那里时必须做些什么。没有人对毛泽东提出过异议,他的精神力量是神圣的。……特别是他的意志,他个人的意志,和坚持不懈地要看到这意志的实施,在20世纪,也许除了列宁之外,是最令人生畏的了。"[1]

在这些外来观察者眼中,毛泽东作为中共领袖显然是有能力领导中国人民进行抗战的。事实上,毛泽东不但能够把全党思想统一到抗战这一历史性的任务上来,而且领导全党和边区人民把陕甘宁边区建设成了一个政治作风民主、经济有很大发展、军民生活状态紧张而有序的新型社会。

陕甘宁边区的思想政治作风

中国共产党一直把思想政治工作作为一切工作的生命线。在敌后抗日中心的延安,思想政治工作同样是至高无上的。"延安,置于其他一切事情之上的,是一座生产思想的工厂。也许只有罗马的基督教革命或18世纪的法国和美国革命才把思想看得如此重要。也许在历史上从来就没有过——如此有意识地察觉到,思想本身也像剧烈行动的发出者那样具有强大的力量。"[2]思想工作的重要性首先表现在根据地的功能上,"根据地"的作用不是人们通常想象的那样,是一个往战争前线供应武器、后勤、给养和支持的安全之地。相对于提供武器、给养这些物质上的,延安的中共领导人更重视思想的作用,"延安根据地运往前线的物资等于零,所有的战区都是自我维持。延安输出的是人,即能够传播思想的干部"[3]。所以延安的主要功能是使这些干部在根据地不断地接受教育,使他们学会用新的方法思考问题,以利于更好地传播他们的共产主义思想,也便于进一步团结各方力量投入抗日战争的事业当中。

---

[1] [美]白修德:《中国抗战秘闻——白修德回忆录》,崔陈译,河南人民出版社1988年版,第204—205页。
[2] [美]白修德:《中国抗战秘闻——白修德回忆录》,崔陈译,河南人民出版社1988年版,第198页。
[3] [美]白修德:《中国抗战秘闻——白修德回忆录》,崔陈译,河南人民出版社1988年版,第198—199页。

虽然非常重视思想工作的作用，但中共领导下的陕甘宁边区，其政治空气却并不是通常人们想象的那样令人窒息，在很大程度上还表现出比国民党统治区更多的自由和民主。1940年5月，海外华人陈嘉庚一行到延安进行访问。后来他在回顾这段经历时说："余久居南洋，对国内政府，虽屡有风闻而未知其事实究竟如何。时中共势力尚微，且受片面宣传，更难辨其黑白。……至延安视察经过，耳闻目睹各事实，见其勤劳诚朴，忠勇奉公，务以利民福国为前提，并实行民主化，在收复区诸乡村，推广实施，与民众辛苦协作，同仇敌忾，奠胜利维新之基础。"①"至政治方面，其领袖及一般公务员，勤俭诚朴，公忠耐苦，以身作则，纪律严明，秩序整然，优待学生，慎选党员，民生安定。……喜慰莫可言喻，认为别有天地，如拨云雾而见青天。前忧虑建国未有其人，兹始觉悟其人乃素蒙恶名之共产党人物。"②从陈嘉庚的记述中，我们不但可以看到中共的政治作风得到了海外华人的认同，而且在未来的建国道路选择上，以陈嘉庚为代表的海外华人在政治上也开始倾向于中国共产党。1945年7月1日，黄炎培、褚辅成（慧僧）、冷遹、傅斯年、左舜生、章伯钧等6人从重庆飞抵延安，对延安进行了为期5天的访问。黄炎培在访问之后是这样记述他的观感的："我们在延安，倒自自在在的。要到哪里，看哪人，都绝对自由。你不需要带路，你就自己去。……就所看到的，只觉得一切设施都切合乎一般的要求，而绝对不唱高调，求理论上好听好看。……有人将怀疑中国共产党在开倒车，然毛先生说：那些都是党八股，万要不得。……他主张有些书本知识的人，快回到实际工作里去。这都是中共三年来的新方针。至于执行的比较彻底，不马虎，在延安几天里，随处可以见到。"③黄炎培在总结中共的政治作风时写道："我们应该知道中共政治作风已变了。不是变向别的，而是变向平凡。"④

---

① 陈嘉庚：《南侨回忆录》，岳麓书社1998年版，《弁言》第4页。
② 陈嘉庚：《陈嘉庚言论集》，中国厦门集美陈嘉庚研究会2004年版，第4页。
③ 黄炎培：《八十年来》，中国文史出版社1982年版，第123—124页。
④ 黄炎培：《八十年来》，中国文史出版社1982年版，第124页。

反对党八股是1942年整风运动以来中共在政治上实行的一项重要措施，这一方面统一了党内的思想，另一方面也给党内的民主创造了某种环境。边区自由、务实的政治氛围不但得到了海外华人和国内民主人士的赞扬，而且也得到了外国人的认同，白修德在其回忆录中有这样的描述："在延安的那几周，充满了欢声笑语，令人惬意。……友谊的酒杯觥筹交错，朱德和周恩来可以不经报告，安步当车，像朋友那样到美国观察站走访，一聊天就消磨几个小时。……这是一段亲善的时期——人们豁达开朗，热情信任。……那时他们之间相互信任，渴望与我们交朋友却是真实的。"①可见，当时的延安是一种平等自由的政治氛围，人们的心态也比较豁达，对友军也抱以非常友好的态度。

在整个抗战期间，虽然延安的中共非常重视思想工作的重要性，但是此时的边区仍然保持一种自由、宽松的政治氛围。通过紧抓思想工作，使军民上下团结一致进行抗战；创造宽松、良好的政治氛围，也从另一个方面促使人们以更高的积极性投入抗战中。

边区的经济建设活动

陕甘宁边区地处西北一隅，地理、气候条件非常恶劣，制约着农业的发展。当地没有现代化的工业基础，与重庆相比，这里也没有广大的经济腹地。可以说整个陕甘宁边区的经济环境是相当差的。但是边区人民并没有坐以待毙，在中共的领导下，边区的经济建设搞得却是有声有色。

在农业建设上，边区政府首先解决了土地问题。"苏区时代已经分配的土地，现在仍旧维持现状，而在公平的合理的融通办法中，使原来地主也能够满足。"②对土地所有权还未确定的土地，政府颁布了人民土地所有权条例加以解决，这样就最大限度地减少了地主与农民间因土地问题而产生的摩擦和斗争。

---

① ［美］白修德：《中国抗战秘闻——白修德回忆录》，崔陈译，河南人民出版社1988年版，第187页。
② 舒湮：《边区实录》，国际书店1941年版，第9页。

在粮食生产方面，由于缺乏现代化的农业生产机械，农民只能运用传统的农具进行生产，但是更加注重了生产方式的改善，"多种杂粮（如麦子、燕麦、蔬菜等），开垦荒地，鼓励春耕秋收"。同时注重了土地的施肥，改良土质。粮食生产量有了很大的增加，"劳动的经济组织（如妇女与儿童的劳动合作社）也跟着普遍地发展起来了"[①]。为了解决经济困难，除了一般农民从事生产外，中国共产党还指挥军队从事农业生产，最典型的就是三五九旅在南泥湾的垦荒。南泥湾本来是一片荒无人烟的地方，经过三五九旅官兵的开垦，变成了陕北的"江南"，所生产粮食不但可以实现自给，而且还能拿出很大一部分去支援兄弟部队。另外，边区政府还注重用生产运动的方式来发动人们进行农业生产，最有名的就是"吴满有运动"。吴满有是边区的一个农民，他积极进行农业生产，被评为劳动英雄。边区政府对吴满有的英雄业绩进行了大力的宣传，号召军民都向吴满有学习，从而提高了边区民众从事农业生产的积极性。

边区的农业生产虽然相当的落后，但是农民的负担却并不重。1938年，陈学昭就农民的负担问题采访了边区财政厅厅长曹菊和，并记述了采访的内容："我问到关于农民的负担，曹厅长这样回答我：'边区的农民也没有什么负担。土地问题，在这里，地广人稀，耕者有其田。去年，二十六年（1937年），冬天，我们发动救国公粮，这是边区农民第一次的一点负担,他们都自动地来缴，超过政府所希望的数目。原定的办法是300斤以上的负担百分之一，300斤以下的百分之一也不到……在他们是微乎其微，满不在乎的。'"[②]虽然农民的生计依然艰苦，但比起军阀时代来，边区民众的生活是改善多了。"在延安，老百姓要生活，是这样的容易，一天赶赶驴子也可赚好几毛钱，因之这些本来非用气力，辛辛苦苦才得谋一饱的，现在他们发现了新的路，两个钱买进，六个钱卖出，只要经过这一番手续，钱就很容易地进来了。"[③]

[①] 杜重远：《敌人内部严重状况的新报告》，载《抗战》1938年第66期。
[②] 陈学昭：《延安访问记》，广东人民出版社2001年版，第36页。
[③] 陈学昭：《延安访问记》，广东人民出版社2001年版，第21页。

边区经济一个显著的特点是除了公营经济外,各家各户以至于政府机关、学校都要进行生产活动,这也形成了边区独特的一种经济形态。最突出的表现就是手工业中的纺织业:"在边区,无论走到哪里,政府机关、学校、商店、农田、窑洞,到处都有粗糙的木制纺线机。几乎是每一个人,高级的低级的,都把若干剩余精力用在纺棉线或毛线上。"[1]特别是大生产运动兴起后,这种手工纺织业更加兴盛。边区从上到下,每个月有劳动能力的人都要制订纺织计划,然后根据计划大力生产。当然这种计划的制订不是政府强制的,不过在那样一种全民皆生产的氛围中,每个人都自觉不自觉地投入到了这种紧张的生产活动中。总体而言,由于缺乏机械的供给,边区的手工业生产是相当落后的,没有大规模的工厂来生产人民必需的一些生活用品。但这种全民生产的运动也在很大程度上解决了边区的经济困难,特别是国民党政府在相持阶段逐渐把注意力从抗战转向对内反共之后,边区的经济陷入了极端的困难。在这种情况下,中共领导边区军民进行生产运动是必要的,其取得的效果也是积极而明显的,边区在很大程度上就是依靠自身的努力,度过了那段最艰苦的岁月。

边区经济建设的发展还表现在商业、工矿业(如采煤、石油)、牲畜业、交通业等方面。而普通人民也逐步摆脱了贫穷的状态,他们开始有了属于自己的财产。黄炎培在访问延安时有这样的记述:"到处是新建筑,我和御秋去访问,'你们这屋是自己筑的吗?'答:'是。''有没有公家贷款给你们或是补助你们?'答:'没有。'看各家的建筑,各式各样,可以证明这确是他们自己的建筑。"[2]

整个抗战期间边区的财政虽然很困难,但是在中共领导下,军民上下却以高度的热情投入边区的经济建设运动中,在农、工、商等各方面都取得了明显成效,在很大程度上解决了边区经济困难,为敌后抗日根据地的建设,为敌后抗战的最后胜利奠定了坚实的经济基础。

---

[1] 孙承佩:《孙承佩文集》,学苑出版社1996年版,第301页。
[2] 黄炎培:《八十年来》,中国文史出版社1982年版,第134页。

边区军民的生活状态

抗战的岁月是异常艰苦的,而边区军民的生活有紧张、单调的一面,也有轻松、多彩的一面。由于团结抗战的需要,人们在许多方面显示了高度的一致性。

抗战需要大量的人力、物力投入。为了生产抗战所需的各种物资,边区人民过着一种忙碌而有序的生活。忙碌也被外来观察者当作边区生活的一大特征:"忙,实在是延安生活的特征。因为过于忙,空气也似乎过于紧张。紧张的情绪还不止于生产忙,而在'计划'的严格,在机关学校部队工厂工作的人,差不多每人都有一个计划。……计划的结果,就是一年到头的紧张。"[1]由于工作的紧张,人们正常的家庭生活也发生了改变:"延安的惯例,是夫妇分居的,他们流行叫做'星期六制',到星期六晚,丈夫接妻子,妻子接丈夫。所以这样,听说是为了工作的方便,使工作不至因夫妇的情感而浪费时间,或妨碍工作……"[2]忙碌的工作已经成为边区人民生活的一种状态,每个人,无论担任哪一种工作,都为着抗战而紧张地工作着。

边区的生活也不全是紧张忙碌的工作,也有着轻松而自由的一面。虽然处于那样一个精神生活贫乏的年代,但是边区人民还是尽可能想出好的方式来活跃人们的精神生活:"在党的大本营礼堂里举行的周六之夜的舞会。几把中国式的管弦乐器拉起来,腰鼓敲起来,口琴……就奏出悦耳的音乐,党和军队的高级官员在地板上转起了快活的舞步。……美国士兵们也离开了他们在山上的观察岗位,应邀前来助兴。"[3]"活跃而自然的延安的气氛和愉快热烈而实干的八路军军人,似乎把美国军官和士兵都迷住了,他们极细致地欣赏中共单纯的毫不造作的对于客人的殷勤,在毫不拘泥形式的筵会上,著名的中国将领和他们的太太——穿着棉军装、不涂口红、不讲求社交仪式,但是快活而富于女

---

[1] 赵超构:《延安一月》,上海书店1992年版,第83页。
[2] 陈学昭:《延安访问记》,广东人民出版社2001年版,第18页。
[3] [美]白修德:《中国抗战秘闻——白修德回忆录》,崔陈译,河南人民出版社1988年版,第190—191页。

性——和美军的青年尉官及士官坐在一起,他们对她们谈他们美国的故乡和家庭。马厩似的礼堂里演的戏剧招引了成群的兴高采烈的观众;特别是在那些农村气味的星期六晚会上,人人都参加——中国共产党领袖毛泽东和八路军总司令朱德,大学和工厂的男女,八路军的军官和士兵,当然还有晚会必到的美国人也参加极度紧张的秧歌舞、华尔兹舞和狐步舞。他们想到重庆统治区里新生活运动的严禁跳舞和令人窒闷的死气沉沉的情形时候就说:'哎呀,这边跟那边多么不一样呀!'"[①]这种活跃的气氛给人们的精神带来了愉悦,也使这些外来观察者看到了中国的希望。

整个抗战期间,以毛泽东为首的中国共产党人领导陕甘宁边区军民通过艰苦的斗争,不断地壮大起来,在抗战即将胜利时,面对两种前途和两种命运的抉择,国共双方展开了一系列的争夺。而在一些外来观察者的眼中,国共关系的走向却早已经确定了。驻华武官谢伟思1944年10月在备忘录里写道:"共产党已建立了既广且深的群众支持……除非国民党在政治经济的改革上和共党有同样的成就,并证明自己能争取人民的领导地位……"[②]而外交官台维斯也说:"蒋(介石)的封建的中国,不能长期与华北的一个现代化的、有活力和有人民拥护的政府并存。""中国的命运不是蒋(介石)的命运……"[③]而陈嘉庚更是在访问延安之后断言:"国民党必败,共产党必胜。"[④]通过这些外国人和民主人士对陕甘宁边区的观察,我们可以清楚地看到:在毛泽东的领导下,中国共产党不但有能力领导抗日战争,而且在此过程中还不断地壮大,并为夺取全国政权打下了坚实的基础。

(本文选自《山东省青年管理干部学院学报》2007年第1期。内容有删节)

[①] [美] G.斯坦因:《红色中国的挑战》,李凤鸣译,希望书店1946年版,第213页。
[②]《中美关系资料汇编》第1辑,世界知识出版社1957年版,第596页。
[③]《中美关系资料汇编》第1辑,世界知识出版社1957年版,第596页。
[④]《回忆陈嘉庚》,文史资料出版社1984年版,第14页。

民主人士、华侨领袖看延安

从上海到西安和陕北

俞颂华

> 俞颂华（1893—1947），名垚，又名庆尧，笔名澹庐，江苏太仓人。曾是蜚声中国新闻界的著名报人，也是20世纪二三十年代文化界的一位名人。一生尽瘁报业，"以新闻事业为唯一终身职志"，曾主编过《时事新报》之《学灯》副刊、《解放与改造》、《申报月刊》（后改为周刊）、《光明报》等。除了编辑过多种报刊外，也进行过多次出色的采访活动，其中有两次重要采访值得载入新闻史册。一次是1920年，和瞿秋白、李仲武由北京《晨报》和上海《时事新报》联合派赴莫斯科采访十月革命后的苏联和一战后的德国；另一次是1937年4月，与孙恩霖以《申报》记者名义，访问延安。本文所写便是这后一次的所见所闻。

本报记者孙恩霖君和我，曾于上月9日同作西安的旅行。我们乘飞机到西安。到了西安后，因为大家有兴到陕北去看看，所以后来又由西安到肤施（即延安）去走了一趟。从陕北回到西安以后，我们遂由陇海路回来，在临潼、华阴、洛阳、开封都各逗留一天，游览名胜。由陇海路到了徐州，我们乃改乘平沪通车回到上海，来回计共十六天。

一、由上海到西安

4月9日的黎明，孙恩霖君来到我寓中与我一同到龙华欧亚航空公司飞机场。我们的行李带得很少，到了机场，行李磅过之后，我们即上飞机。我个人旅行的次数和所经过的地方虽是很多，但乘飞机旅行，说来惭愧，却还是初次。初次乘飞机，情绪上自然不免有些紧张，总以为比乘舟车危险，至少是不很舒服的。但是飞机上升之后，始知十分稳快，且因天气甚好，所以大家均极感舒适，反觉当初所有的紧张情绪，完全是庸人自扰。

那天上午6时半由上海飞机场起飞，过苏州和无锡的时候，两地城内城外的山水、田园、房屋、高塔都历历在目。过了无锡看见机下有一片"雾海"。我昔游天目山和泰山都想在高处看看云海，但都没有看到。不意云海究竟与我有缘，在这次飞机上居然看到了。

7时45分我们到了首都。中山陵和军校等处，都在机上看得很清楚。从上海到南京机上乘客除我们二人外只有美国旅行家二人。到了南京乘客就多了。飞机在南京机场加了许多汽油后于8时再飞，10时40分到达郑州，在郑州又有许多乘客上下，飞机又加了汽油，于11时10分再飞。起飞的时候乘客竟然满座。上来的乘客军官及其眷属居多。我们一路西飞，看见下面尽是黄土，碧绿的田畴，虽亦不少，可是不如江南那样"佳禾葱茏，弥望皆碧"了。到了下午1时20分，我们便到达了目的地西安。到达的时候，我们表上已2点多钟，当初疑心飞机未及准时到达。但到后来才明白上海与西安的时间相差三刻钟，飞机却并未迟到。

我们在西安飞机场下机以后，看见行营顾主任祝同，第二厅厅长叶元龙，第二组组长刘英士都在场，他们正在送重庆行营办公厅厅长韩德勤上机赴渝，所以得在机场不期而遇，叶、刘二君都是我的老友，如今不约而晤，大家都是喜出望外。他们与我谈了片刻，送了韩君，便以他们的车送我们到西安最摩登的旅馆——西京招待所。

西安有宽阔的街道，壮丽的鼓楼与钟楼。但未经石子铺砌的土道却亦不少。大街两旁的市房商店的建筑，颇有北平市之市风。我们于4月9日下午到了以后，以一天半的工夫访友，并参观西北考古会，该会有古物陈列室，室内都是发掘出来的古器和碑版，其中有三代时古器，尤为名贵。11日适值星期日，西京日报的李亦人君是我中大商学院的同学，他于上午来访，并伴孙恩霖君与我作竟日之游。是日天朗气清，我们游了终南山、大雁塔、武家坡、碑林、东狱庙等处。翌日大风，尘沙蔽日，我们在西京招待所，虽闭了窗户，但黄沙仍由窗户之隙飞入，地板上、桌上、床上都积了一层一层的细沙。这样的大风，据当地的人说，为五六十年来所未有。数十年未有的大风扬沙，不期我们到了西安就碰着，真是一桩巧事。

二、由西安到陕北

西北亢旱，水利的设施，极切民生的需要。孙君和我到了西安本想去视察泾渭渠。不过因为到了西安即在《西京日报》看到中央社记者视察了泾渭渠后所发表的详细的记述，故我们后来就决定不去视察泾渭渠，而要往陕北一游，看看那边的情形究竟怎样。就在大风的那天（即12日）我们去打听到陕北的路程和交通工具。打听的结果，知道13日有运粮的大汽车到肤施可以搭客。不过路很难走，来回需四五天之谱。我们不怕辛苦，决计搭粮食车去。

不巧得很，12日晚下雨，一直到13日上午雨还不停。西北的汽车公路大都是土道，道上都是黏土，下了雨，车轮便极易陷入泥中，不能动弹。故一到雨天，交通上便有问题。况且由西安到肤施汽车须爬山越岭，更非天晴不能开驶汽车。故是日运粮的汽车不能出发。13日晚雨点停止，又发了些风。到了14日上午，道路上的积水已于隔夜被风吹干，运粮的汽车可以开行了，我们便搭了它北上。

我们过了渭河泾河先到三原，在三原停了片刻，我们看见市街上有"三原是渭北民运中心"等旧标语，并且还碰着北平某大学的春假旅行团在那里候车赴陕北。过了三原便有许多山路。经过了很长的山路，才到耀县，我们便在那里的旅馆歇宿。耀县的旅馆异常简陋，比较西京招待所真有天渊之别。第二天(15日)黎明，再由耀县出发。汽车爬山过岭，经过同官、宜君、中部直达洛川。车行甚为颠簸，而一路所见的风景也很特殊。往往汽车盘旋盘旋地爬上了山顶，山顶上却是一片平地，走了一段路，才看见此山与彼山间有极深的山谷，到了后来，绕了许多弯子，汽车又慢慢地下坡。一路人烟稀少，荒地很多。黄沙随风扑面，好鸟在极稀的树林中叫唤，有时更在一片黄土上看见几株红的桃花，淡绿的梨花，觉得好像它们在那里含笑地陪伴旅客的寂寞。是日我们便在洛川歇宿，洛川的宿处、饭馆，比较耀县更为简陋。盖愈是往北，人民的生活愈苦。当地的人以灰色的面条或馍馍，和以红的辣椒酱及灰色的盐果腹。吃不起面的人，即以山芋或小米当饭。我们在路上常常以鸡蛋充饥。那边鸡蛋尚不贵，且到处可买，一角大洋可买六枚煮熟的。当然，那边的面，我们也是吃过的。水甚缺少，且又杂以泥沙，所幸饮料都是煮开了的开水，故饮之尚无大碍。不过许多地方的水是带盐味与苦味的。我们在洛川歇夜并不感到寂寞无聊，因为在三原遇到的北平某大学旅行团亦于是日搭了别的货车，来到此地，他们晚上与我们谈了些华北最近的学生情况。

第三天（16日）黎明我们由洛川出发，中午到甘泉，午后4时才达到了运米汽车的终点肤施。我们由西安一路来到肤施感觉到陕北颇有些"地老天荒水枯石烂"的样子。因为土地是一片极干的黄土，一遇风吹，便是黄沙蔽日，水源极少，而所有的山，又大都有土无石，好像山石经过了长期的风吹雨打，大都已经变了色质，成为黄土了。山上的树大都像冬天一样没有一些绿的叶子，据说须再隔一个月，方可放青。农民大都住在窑洞，而窑洞都是筑在土山里面的。照我们的观察，那边老百姓的生活十分古朴，同时也十分干燥，决非江南各地的人，尤非各大都市里的市民所能想象的。不过那边矿藏丰富，要是开发起来，我们相信西北的财力物力，必能增加，而人民的生活亦必容易改进。

三、肤施的见闻

肤施一名延安，四面环山，形势颇佳。相传宋朝的杨六郎尝屯大军于此，与敌人相抗。所以推想起来，其地在昔必很富庶，否则何能容纳大军呢？不过在现在却不然，用我们江南人的眼光看来，这不过是一个极贫瘠而很小的县城罢了。

城门两旁的城墙上有"和平统一"和"团结御侮"的很大的标语。城里面相当的热闹，墙壁上有油印的壁报，有许多标语，标语亦无甚特别，如"实行

延安城内基督教堂大门上挂着"中华民族解放万岁"的标语

国难教育"等。

17日（星期六）我们见到一位姓朱的，他是一个军人，我们曾问他一个问题：中国设不幸而竟不能不为自卫而作战，照你看来，有无孤立和失败的危险？他说："讲到战争，有五个要素，最须注意：（一）政治；（二）经济；（三）人员；（四）武器；（五）交通。中国虽有许多地方不如他国，但人口众多是一个最大的长处，为他国所不及。我们最应利用这一点与敌人作持久战，则最后的胜利是可以期待的。此外，政治的要素也非常重要，全国统一，和人民自由发挥他们的力量，是目前政治上必要的工作。我们中国只要能于政治上有统一健全的设施，同时军队人员得有源源不绝的补充，即使单独抗战，亦必可以得到最后胜利，何况在战争中，必有同情于我们的国家和民族，中国是决不会孤立的。至于说到经济方面，现在××资源要取诸我国，其制造品要推销到我国。一旦作战起来，它还能予取予求，来取原料，销制造品么？这是它的最大的弱点。"

我们还碰着张××氏，和他谈了些关于陕北的农村问题。他说："西北亢旱，地瘠民贫。欲发展西北的农业，最须注意于（一）水利（二）造林（三）施肥三事。水利的重要大家都已知道；但欲使西北的土地能蓄水分，造林亦是要着。西北的田地，有些种了一年，即须休息二年或一年再种。如用适当的施肥方法，则许多田地便可年年耕种了。"又说："四川河流很多，近亦旱魃作祟，大抵是由于农民不知蓄水所致。只须农民对于蓄水有好的办法，四川的旱灾是比较容易避免的。"

此外，我们还遇到一位姓徐一位姓傅的人。这位姓徐的是湖南人，在那里负责办理教育。他一人既编教科书、民众读本，又编教授法、教育消息，什么都自己做。他今年已61岁，人家都称他为老英雄。他到了陕北曾试用拼音的"新文字"（即拼音的西文字）以推广平民教育。据他说，在现时虽有了拼音文字，却不能以之代替汉字，也不能废弃汉字。新文字还是在一个很幼稚的阶段。据他用来推行平民教育的经验，拼音新文字目下的最大效用，是在便于一般人民的识汉字与发表他们的思想。还有一位姓傅的是福建人，在那里专管医务。他从江西到陕北，至目前为止，已服务了整整十年之久，他训练了许多医务人员。据他说，在药料缺乏的时候，只要病人信仰医师绝对听医师的话，有些病也是会不药而愈的。有时候药棉缺乏，他用消毒过的纸来代替，一样的有效。

那天晚上我们到"抗×剧园"的剧场看戏，那里剧场十分简陋，舞台亦十分破败，只因表演的人——成人和儿童——很有精神，表演的戏剧和节目都很有爱国的意识，所以我看完以后，觉得很满意，而且在脑海里还留着一个深刻的印象。

四、归途

  翌日，18日（星期日）的早晨我们仍搭运货车离开肤施。在离肤施的时候，我们回首看看城门两旁城墙上的"和平统一""团结御侮"八个大字，不由得感觉到愉快，因为我们觉得这八个大字，足以代表国难严重中的一线曙光，亦是全国国民一致的愿望。我们在回来的时候所搭的运货车汽车，是一辆新车，且车上所载的都是人，并无货物，所以很是轻快。下午过中部时，我们还有时间，从容湾到公路的后山谒黄帝陵。因为清明时节政府大员曾去举行民族扫墓，所以那里的路收拾得很清洁，且还贴有"纪念黄帝应痛念国难"的标语。晚在宜君歇宿，第二天（19日）下午便到达了西安。

  我们在西安休息了一天，便到临潼游华清池并到骊山瞻仰去年双十二事变时蒋委员长蒙难处。因感到时间不息地前进，人事亦不息地变迁。并且还想到在时代巨潮前进中，我们各个人虽渺乎如沧海的一粟，但集合起来，团结起来，却未尝不能发生排山倒海的力量，将不幸的事实挽回过来。我们大家应当自强不息，不可妄自菲薄！对外亦未必不是这样，只要大家团结起来，任何危难都有克服的可能。这是我们当时的感想。

  随后，我们由陇海路，到华阴、洛阳、开封各耽搁了一天。到了华阴便上华山，在半山青柯坪歇了一夜，第二天本拟再上山，只因大雨，而且假期将满，不能等待，只得慢慢地冒雨下山，搭车赴洛阳。在洛阳有老友陈大白君陪我们参观了图书馆、周公庙、中原社会教育社，以及军分校。军分校的祝主任在南京，我们谒见了副主任刘海波，承他导引参观，并且关于军事方面他曾发表了许多高见，使我们对于中国的前途，又发现一些另一方面的曙光。开封是一个雄壮的都市，我们到了开封先赴黄河边游览。同行的孙恩霖君很幽默地对我说：不到黄河不死心，到了黄河我们浩然有归志，可以回去了。黄河的底比开封城高，故在黄河边到开封城的中间有三道很高的防洪堤，以防水灾。由此也可想见治黄的重要。由黄河边我们转到河南大学参观，河南大学的建筑很整齐美观，图书馆的藏书亦相当丰富，堪称河南省的学府。随后我们又去看了铁塔和博物馆。开封的博物馆内，古物特别丰富，有志考古的不可不去参观。其实西北各地，古迹和古物真是触目皆是，如果细细地考究起来，不独趣味无穷，且于中国的史学亦有莫大的裨益。"不到西北，不知中国之古"，我们于此，大有斯感。

25日上午6时半，我们由开封再搭陇海路车东行，下午便到了徐州。由开封东行一路看见河渠渐多，地土滋润，草木亦均欣欣向荣，以视陕北一片黄土，禾苗稀少，麦穗短小，情形迥乎不同。孙君与我，由西回东，都有"渐入佳境"之感。所以有此感念，细细想来，莫非由于水利关系。我们以为不谈开发西北的农产和增进西北的民生则已，否则大家非先讲求水利不可。开发西北的交通，普及西北的教育，当然亦是十分重要。西北人民异常朴质，且有许多耐苦耐劳特别的优点，将来交通发达、教育普及以后，西北的民力物力财力，一定可以大大地增加，这是我们敢断言的。我们一路东行，对于西北人民一向的困苦艰难，总是念念不忘。

由徐州换乘平沪通车，至晚12时即在车上渡江，东南的交通真是便利，决非西北的老百姓所能想象。以交通工具而言，在西北除了有铁路可通火车，有公路可通汽车的地方之外，与东南相比较，真有好几世纪之差。交通如此，其他物质条件，以及人民的智识，当然亦有差异。怎样使全国各地有平衡的发展，勿使偏僻之地落后太甚，这是大家应该注意的问题。

26日上午7时半，我们便由平沪通车回到了人烟稠密、物质文明进步的上海。回到上海以后，人事纷纭，与在旅行时"静观自得"的情形相较，却大不相同。我这篇笔记便是在人事纷纭、各方来信堆积案头时写的，所以内容很芜杂，条理很欠缺，望读者诸君谅之。（5月2日作）

（本文选自《俞颂华》，人民日报出版社1997年版。内容有删节）

访问延安

梁漱溟

> 梁漱溟（1893—1988），原名焕鼎，字寿铭，广西桂林人。1911年加入同盟会京津支部，顺天中学毕业后任京津同盟会机关报《民国报》编辑兼记者。1916年任南北统一内阁司法总长秘书。1917年10月，应蔡元培先生之聘，任北京大学印度哲学讲席。抗日战争爆发后，任最高国防参议会参议员、国民参政会参政员。1938年访问延安。1939年参与发起组织"统一建国同志会"，1941年与黄炎培、左舜生、张君劢等商定将该会改组为"中国民主政团同盟"，任中央常务委员，并赴香港创办其机关报《光明报》，任社长。1946年作为民盟的代表参加政协会议，是年再访延安，并以民盟秘书长身份，参与"第三方面"人士国共调停活动。

11月16日政府开始西迁，当晚有船先送参议员赴汉口。我因顾念山东事情，仍先回山东。又应李宗仁司令长官之邀到徐州。迟至12月9日，乃到武汉。曾卧病旬日。病愈，即于新年（1938年）1月1日飞西安。

本来退出南京时，各参议同人有奉命视察各地方者（如曾慕韩先生奉命视察云南之类），我自请视察陕西及河南。所以这次到西安，算是奉命的。但我目的地实是延安。先经与武汉的八路军办事处接洽好，又经与西安八路军办事处接洽备车，遂于1月5日往延安。关于这一段访问经过，我择要分述于次：

访问延安的动机

我去延安是有两件事要做：

一是对于中国共产党做一考察。

二是对于中共负责人有意见要交换。

若论其意绪动机，则蕴蓄已久。我是要求社会改造的人，我始终同情共产党改造社会的精神。但我又深深反对共产党不了解中国社会，拿外国办法到中国来用。我认定北伐后，老社会已崩溃，只须理清头绪来建设新社会，没有再事暴动破坏的必要。这里有两句话：

从进步达到平等；

以建设完成革命。

梁漱溟

这是我的信念。不断的暴动与破坏，将只有妨碍建设，梗阻进步，延迟革命之完成，实在要不得。所以自从共产党放弃对内斗争，国民党坚苦淬砺领导国人，共同抗战以来，当然是民族命运一大转机。我们欣喜之余，不能不考虑两个问题：

（一）多年对内斗争的共产党，一旦放弃对内斗争，可谓转变甚大；但此转变是否靠得住呢？

（二）以同仇敌忾而得见国家统一，诚足欣幸；然为巩固此统一，似非国人有进一步的努力不可。

我对于暴动破坏痛惜于衷者愈久，则对于第一个问题想求得解答愈切。于是就非去考察考察不可。

从事乡村建设多年的我，无时不梦想国家统一，以便整个规划进行，觉得眼前抗敌的统一总不满足。对于第二个问题就怀抱一些具体意见，想去努力看一看。

再明白地说，我访问延安的两件事：其一所谓考察者，不是考察别的，是专为考察共产党的转变如何。其一所谓交换意见者，不是交换旁的意见，是专为求得国家进一步的统一，而向中共负责人交换意见。

延安所见

我于廿七年（1938年）1月5日由西安往延安去，于25日返回西安，往返共三星期。随行者有黎君邹君两位。车是军用大卡车，无篷。路是军用公路，一切宽度、坡度、转弯角度，均不合于公路规矩。而自西安往北，愈走愈高，缺乏桥梁涵洞，车行危险而且费事。时当严冬，奇冷难支，举目所见，荒凉凄惨。人口之稀少，地方之穷苦，一望而知，可不待问。而愈问愈惊，多有出人意表者。

所谓陕甘宁边区者，闻其代主席张国焘（主席为林祖涵先生）言之，共有二十一个县又半。人口是九十余万，而实只五十余万（张言如此）。即平均一县两万多人，岂不奇怪。愈荒即愈苦，其苦自不待言。许多游记笔记，于那里生活情况，各有记述，亦不必详及。我只证言近四年前的延安确是苦（后来亦许不同）。

然而在极苦的物质环境中，那里的气象确是活泼，精神确是发扬。政府、党部、机关、学校都是散在城外四郊，傍山掘洞穴以成。满街满谷，除乡下人外，男男女女皆穿制服的，稀见长袍与洋装。人都很忙！无悠闲雅静之意。军队皆开赴前方，只有些保安队。所见那些穿制服的人，多数为学生。

学校似有六处，所谓抗日军政大学、陕北公学、马列主义学校（简称党校）、鲁迅师范、摩托学校（机械学校），如是等等。花样新鲜，趣味丰富。内容组织，课程科目，教学方法，生活上各种安排，值得欣赏之点甚多。自然其中卤莽灭裂、肤浅可笑者亦正不少。这是大胆创造时，所不能免，不足深怪。并且事实上证明，他们是成功的。因为许多学生来自北平天津、上海南洋等处，现在的起居饮食，比了从前不知苦多少倍，而求学兴趣转胜，一般身体并不见差，不是成功吗？

一般看去，各项人等，生活水准都差不多；没有享受优厚的人，是一种好的风气。人人喜欢研究，喜欢学习，不仅学生，或者说人人都像学生。这又是一种好的风气。爱唱歌，爱开会，亦是他们的一种风气。天色微明，从被窝中坐起，便口中哼啊抑扬，此唱彼和，仿佛一切劳苦都由此而忘却！人与人之间情趣增加，精神上互为感召流通。——凡此印象，我脑中尚存留，但不知今日延安尚保持得否？

政府党部及司法机关，皆曾参观。边区政府亦分民政教建四厅。县政府则有两个：一个是边区所属的，一个是自省政府来的。法院院长为广西雷君，据谈，他们的法律大半遵照国民政府，而亦有自己撰作的。还有一种露天开会的审判，最为特别（偶一行之）。监狱内亦有可记之处，惜记忆不清。

共党人物多半会见。唯军事领袖朱、彭、刘、贺、林诸位不在延安，未见到。又惜未多住些时，谋与乡民接近，借知其所感受者如何。

关于边区的民主政制，从条文及传说中曾得其略。上自政府主席，下至村乡长，都是选举出来的，并且各级都有议会。手边无材料可资叙述，暂亦不愿随便批评。虽然是一个要紧问题，却从略了。

中共转变问题

我们参观地方党部的时候，由郭君洪涛接谈。谈到民众运动，指出农民会从前是不许地主、不许富农参加的，现在都许可参加。延安城内从前只有市民会，没有商会，现在亦照外面一样有商会组织。总起来说，民众团体以前是阶级性的组织，现在是全民性的了，一面其运动亦改变以救国为号召，一致对外，不再向于内部作阶级斗争。——这是一种转变。

我们参观地方政府的时候，由代主席张国焘接谈。他谈边区的民主政制甚详。指出现行政制与从前苏维埃不同之点，例如从前没有选举权的人现在都有选举权被选举之权。同时谈到土地革命之放弃，地主多已回来了。不过土地已经分配，不能收回他原有土地，而由旁处补还给他。

关于土地问题，张国焘毛泽东都表示今后的方针政策尚有待研究，并希望各党派共同研究。——这自是一种重要转变。

地方政府所做的事，不论大事小事，似乎都与从前苏维埃时代不同。参观曾有笔记，今不在手边。记得教育厅正在改编各种教材（小学用的，民众用的），亦拿出来给我们看。建设厅指导办理合作社，因大环境改变（从前被封锁，现在开放），政策改变，亦变更甚多。

从事情上所见，大致如上，从理论上，则对于中国前途，似抱一种三段的看法。他们都说：要在抗战中求民主，亦相信必能相当实现民主（第一段）；从实现民主，逐步前进中，就可和平转变到社会主义（第二段）；从社会主义进一步到共产，亦许是我们子孙的事了（第三段）。

因此又有两种责任或两大任务的说法：一种是现时实际任务，就是为实现三民主义而奋斗；一种是将来远大理想，就是完成共产主义。

这就是说，他们没有什么不可与其他党派合作的，他们将求着与大家合作；他们将争取不流血的革命，而用不着暴动和破坏。

我又曾提出几个问题，问他们。譬如我问：你们都说团结御侮，是否不御侮即不团结呢？明白地说，对内斗争是一时放弃呢，抑永久放弃？当时中共中央政治局总书记张闻天君答复我，他们原来是与国民党合在一起北伐的，但中途被排斥，十年苦斗非其所愿，今得重合，将长久合作下去，共同抗战，共同建国。

我又问：过去究竟所由造成此大分裂大斗争之客观因素是什么？这些因素到今天是否已经转变不存在？请一一分析言之。假若不能指出其客观因素，则从前错误，□□□□□□□□？□□□□□□□□□，□□□□□□□□□□□□？——这一追问，仓促之间张君未能给我好的答复。

我又问：照一般之例，为完成革命，革命当必须自操政权施行其有方针有计划地建设才行；那么，今后中国共产党是否必要取得政权呢？假如说，不一定自操政权，然则将如何去完成共产革命，愿闻其详！张君对此的答复，大意是说，他们将帮助国民党完成其革命，就不一定要自操政权。如何完成共产革命，似未说清楚。

叙起来太长，我做个结论罢。大致所见事实，和谈话接触上，使我们相信中共在转变中。他们的转变不是假的，不是一时策略手段如此。他们不愿再事内战的情绪很真切。他们对中国前途的三段看法，和他们说的两大任务，是切合于他们理论的，不是饰词。

但这只是结论的一面。还有一面，即其转变虽不假，却亦不深。因为他们的头脑思想没有变。他们仍以阶级眼光来看中国社会，以阶级斗争来解决中国问题。换句话说，根本上没有变。似乎只是环境事实要他变，他自己情绪亦在变，而根本认识上所变甚少。

毛泽东的会谈

在延安谈话最多的是毛泽东先生。前后共谈八次。有两次不重要，一是他设宴招待的一次，又一次是临走之前，他来送行。其余六次，每次时间多半很长，至少亦两个钟头。最长者，就是通宵达旦。——这样有两次。因为毛先生夜里不睡觉，而白天睡。谈话多从晚饭后开始，不知不觉到天明。他这种生活习惯，听说是在军中养成的。夜里面他将作战计划做好，次日大家出去作战，他便睡觉。傍晚起来，听取报告，又做计划入夜。明天大家作战，他又睡觉了。

毛先生民国七、八年曾在北京大学图书馆中做事，而那时我正在北大教书。

毛先生的老师（又其岳父）杨怀中先生（昌济）又同时教授于哲学系，彼此相好。杨老先生住居地安门豆腐池胡同，毛先生亦随他同住。我去看杨先生，亦和他碰过面。——这是一点旧缘。此番会晤，在我印象上甚好。古时诸葛公称关美髯曰逸群绝伦，我今亦有此叹。他不落俗套，没有矫饰。从容，自然，而亲切。彼此虽有争辩，而心里没有不舒服之感。大致每次都可以让你很舒服地回去。

他于听你谈话时，喜用笔随手记录。秃笔粗墨，在大纸上横行写来如飞。我一边谈，他一边写。我谈完，他便手指所记要点，一条一条答复。条理清楚，句句到题。我将我的一两种小册子，和四十万言的一部《乡村建设理论》都赠他，请他指教。隔一天再见面时，他取出一沓纸来，纸上已将我书内要点，或他认为好的地方，皆摘录排列，井井有条。这都是可佩服之处。不过他太忙，虽喜欢看书，未能沉潜反复。况对我的书，似未能全部看完一遍。——

1938年，毛泽东与访问延安的民主人士梁漱溟交谈这是我一点小不痛快。

从旁看他的生活起居，看他的身体，不免使人替他担心。夜间不睡是其一例。还有嗜烟嗜酒，亦太过。谈话时，他为你斟茶，而自酌酒。酒是白酒，亦用不着菜肴。烟亦恒不离手。我曾问他的健康如何。他答我说，人家传我有肺病，医生检查过没有的，但我患神经衰弱。在他们的社会中，似对他特别优待。饮食（夜间同饭所见）却看来亦俭素。唯所住屋内，不火自暖。是从屋外掘地，转于地下烧煤，所费不资。在全延安更无此设备。又他出门走路，有四卫士相随，别的人俱未见有。

我和他的谈话，除交换意见者，另记于后外，兹选择几段，叙于此。

我问张闻天先生那两个问题，亦向毛先生问过。对于造成1927年后分裂斗争的客观因素，他有答复。大致分别为国内的因素、国际的因素，而取今昔不同，对照言之。即如国际一面，在那时各帝国主义者虽彼此有矛盾，而同惧中国之赤化，却使他们可以统一起来。于是他们就来分化中国内部，使国共分裂。国共之分裂，此盖为有力因素。但到今天来则相反。今天国际上有侵略的日德意一边，有反侵略的英美法苏一边，而统一不起来。他们就不能共同来对付中国。侵略者如日本人，固然利于中国之分裂，而行动适足以反迫成中国之团结。反侵略者则不愿中国再有内战，处处从正面助成我们团结。上年（指1936年）西南两广为要求抗日有所举动时，和双十二事变之时，英美友人的心理和其活动，皆为最好例证。他说：这就是今昔客观因素之不同。由于这些因素（国际的更加国内的），他相信国共前途只会团结，不会分裂。——这是一段。

对于中共要不要取得政权问题，他先转问我：我们（他自指）不是已经有一部分政权了吗？假如国民党邀我们参加到中央政府去，我们亦可以参加。他如不邀，我亦不强求。即使他来邀，而我们亦待考量大局相宜否。倘于国际情势有所不便时，我们还是不参加的。但往长远里看，国共必是长期合作；长期合作中，少不了参与政权。——大意不否认要有政权，而表示不夺取政权。这又是一段。

我又问他一个问题：中国共产党过去最大错误是什么？听说共产党朋友常做自我检讨，不知亦曾检讨及此否？是否亦可说给我们外边人。他笑着答我道：你且说一说看。我说据我所见，有两个对照：

一是十五六七年（指1926年至1928年）北伐时，革命军并非以兵力或战术战略制胜，而成功在政治上适合当时大势需要。对照来看，十年间共产党之革命无成，即是其政治上的失败，政治上路线错误。因其在政治上若适合时势需要的话，则配合起军事，应当早成功了。

一是抗战之前到现在（指谈话之时），共产党博得国内大多数的同情拥护和期待，声光出于各党之上。这其中并无别的缘故，只为放弃对内斗争，倡导团结抗日，适合人心要求，政治上所走的路线走对了。对照来看，过去十年之劳而无功，仅仅靠军事来维持党的生命，政治路线之不对可知。

我末了说：我们祝望中国共产党今后继续争取政治上的胜利，而不要再靠军事维持一条党命。毛君笑颜相谢，说你的意思很可感！

意见的交换

我迫切地要求统一，但我绝对不承认有武力统一中国的可能。我相信只有在国人意志集中意志统一上，得到国家统一。这一信念，被抗战前后的事实证明了。在抗战上中国表现了从来未有的统一。然而这是不是从一个武力中心向四外发展，征服全国的结果呢？谁都可以看见没有这事。反之，谁都看见是全国各方甘心情愿来拥护一个中心（各方的人都到中央来，各方的力量都贡献给国家），中央亦开诚接纳的结果。

但这个统一明明是外来的。只为暴敌愈逼愈紧，使不同的中国人感受到同一威胁，眼光不容旁视，心念自然集中，不期而造成全国人意志的统一。由意志统一于对外，而国家内部统一了。这全为暴敌之所赐，其势不可久恃。我们必须乘此时机，从内部自己奠立永久之统一。

从内部自己奠立永久之统一。——这如何可以做到呢？这并不难做到。只从本身"如何建设新中国"大题目上，能集中全国人意志而统一之，当然就行了。

我去延安考察中共的转变，同时亦是测探统一前途的消息。我既见中共在转变中，因进一步提出这一问题，问中共负责人毛泽东。以下便是交换意见的大概。

我问他：以我看中国问题有两面，一面对外要求民族解放，一面对内要完成社会改造（即建设新中国），你看对不对呢？他答：完全同意。

我问他：这两面问题应当分别解决呢，抑或一并解决，不得分开？他答：这原是相关的事，不应分开来谈。但究非一事，在进行解决上或时有轻重宾主之异。譬如眼前应当一切服从于抗战，第二问题只能附在第一问题里去做。

我说，这在我亦没有疑问。不过我却要求在今日民族对外之时，决定我们本身社会改造之事。我认为此一决定，正为对外抗战所必要，有两个理由在这里：

一则必团结而后能抗战，团结不力则抗战不力。但如今日的团结明明植基甚浅，几乎是一时手段，甚感不够。完成社会改造为吾民族自身基本问题，必在此问题上彻底打通，彼此一致，团结才是真的。否则，隐略不谈，必生后患。

二则抗战必求与国，而我们的友邦一面有资本主义的英美，一面有共产主义的苏联，若我们自己国策未定，恐难交得上朋友。中国要决定自己要走的路，并坦然以示友邦，不招猜忌，不启觊觎。胸中无主，外交无成。我们必须认定自己的前途，而把握自己前途走去，才能打开在国际环境中的局面。

他对于我的话认为很对。

我于是提出我的主张，要确定国是国策。所谓国是国策，就是对民族解放社会改造两面大问题，及其所涵细目，均有确切之订定。尤其要紧的，在建国的理想目标，并其达于实现的路线步骤。如何来确定呢？这当然要全国各方开诚相商，共同决定。

他表示单为抗日而团结，诚不免一时手段之嫌。但他又虑社会改造问题重大，牵涉甚远，各方意见或未易接近。倘各方意见不能归一，岂不又影响眼前抗日？似不如走一步，说一步。

我说你这种顾虑亦是应有的，不算过虑。但遇此困难，当以热心（热心于彻底团结）信心（相信彼此说得通）克服之，而努力以求得最后结果。

他说你的意见是好的。此事最好由国民党来倡导进行，或其他方面来推动提倡。中共方面，因为刚将抗战促动起来，不过六个月又吵动什么社会改造问题，似乎不便。假若国民党或其他愿为此根本商讨，那他们共产党当然欢迎之至。

他又对我说：此时（1938年1月）他们正请得国民党同意，两党起草共同纲领。在武汉有八个人——国民党为陈立夫、康泽等四人，共产党为陈绍禹、周恩来等四人——正在蒋先生指导下起草。共同纲领和你所说国是国策亦甚相近。假若由两党的扩而为全国的，由侧重眼前抗战的，进而包括建设新中国，便是了。你何不赶回武汉，去推动推动呢？

毛君屡次对我说，中国现在已是团结，但仍须求得进一步的团结。我便说，你想进一步的团结，除了我这办法还有什么办法呢？我又问他，并问张闻天，假如国是国策定下来，则党派问题即将得一根本转变，是不是？他们都答复是的，那样全国将可以成为一个联合的大党。

关于党派问题，我从来认定中国社会形势散漫，各党说不上有什么截然不同的社会基础，而从中国问题看去，恰又有其共同任务。因此，"绝不相容"只是人们的错误，而非形势所必至；大家合拢来，乃是问题所需要，而形势甚有其可能。不过解决党派问题的主张，在当时我胸中尚未具体化，所以亦未向下商量，即到上面所谈为至止。

所谓意见的交换，除团结统一问题略记于上之外，大致还有两种：

一种是关于那时时局的。我在那时（1938年1月）眼见得崩溃之象，当然不免悲观。他从国际方面、敌方、我方，三下分析给我听，转换我的悲观见解不少。而说到当时各种问题的主张上，彼此多半相合，没有相乖之处。时过境迁，记忆不全，记亦无味，从略。

再一种就是关于中国前途的了。我对于中国前途一向有我的见解主张。我要求确定国是国策，其意正在要认清民族的前途，而把握着自己前途去走。而他们共产党呢，一面既有其世界前途的理想，一面又有其独具之历史眼光，当然他们对于中国前途是有他们之见解主张的。我有一套，他们更有一套。所以通宵达旦；谈之不尽的就在此。

关于这一问题，彼此所见就不同了。假如他们是"三段论"，那么，我便可说为"一段论"。他们的三段，前文曾提到过。就是：在抗战中实现民主；由于民主进步，和平转变到社会主义；末了进步到共产。我所见如何？我认为中国政治上趋于民主化，和经济上趋于社会化，是同时的。其前进是同时前进，互相推动着前进，相携并进，以抵于成。因为分不开，所以他们的前两段，在我就是一段。又因为我只信社会主义，而不大相信共产，又少却他们的第三段，于是我便成"一段论"了。——其实在我并无所谓"一段论"。

问题太大，话说起来太长，现在记不胜记。他们的书报刊物甚多，读者不难考证。我亦有一些出版物，外间流行却少（内地及上海尚可得，香港甚难）。今将旧文摘几句于此见意：

> 中国政治问题必与经济问题并时解决；中国经济上之生产问题必与其分配问题并时解决；圣人复出，不易吾言矣！求中国国家之新生命必于其农村求之；必农村有新生命，而后中国国家乃有新生命焉；圣人复出，不易吾言矣！流俗之所见，或以为政治问题解决，而后产业得以发达，而后乃从容谈分配问题；或以为必由国家资本主义以过渡于共产主义，而当从事国家资本主义之建造。是或狃于欧洲国家之往例，或误于俄国布尔塞维克之企图，而皆昧于彼我之异势，谬欲相袭者，曾何足以知此！

这是民国十八年为河南村治学院所写旨趣书中的话。又后来《乡村建设纲领》第十八条有云：

吾人所见，中国政治得进于民主化，将有赖其经济生活之社会化，此与西洋政治之民主化得于个人主义者适异。经济上之社会化，有助于政治上之民主化；政治上之民主化，复有助于经济上之社会化；如是辗转循环向前进，自微之著，由下而上，经济上之社会主义与政治之民主主义，同时建设成功。

这些话均待另外详谈，才得明白。彼此对中国前途看法之不同，从何而来呢？当然由于对中国老社会认识不同。从而对近百年所起变化的了解不同，从而对前途估计不同。所以从谈未来问题，就追溯到过去历史文化。我总执持两句话：中国老社会有其特殊构造，与欧洲中古或近代社会均非同物。中国革命是从外面引发的，不是内部自发的；此其特殊性即由老社会之特殊构造来。他相当承认我的话，但他说，中国社会亦还有其一般性，中国问题亦还有其一般性；你太重视其特殊性而忽视其一般性了。我回答他：中国之所以为中国，在其特殊之处；你太重视其一般性，而忽视其特殊性，岂可行呢？

我与毛先生两人间的争论，到此为止。

（本文选自《我的努力与反省》，漓江出版社1987年版）

参拜延安圣地[1]

江文汉

> 江文汉（1908—1984），湖南长沙人。1930年毕业于金陵大学历史系，1935年获美国宾夕法尼亚大学历史学硕士学位，1947年获美国哥伦比亚大学哲学博士学位。曾任中华基督教学生同盟副主席兼东南亚学生同盟副主席、基督教青年会全国学生救济委员会执行干事。1939年6月，与梁小初、费吴生（George Fitch，美籍）以中华基督教青年会全国协会（由北美协会授意）成员的身份赴延安调查访问。

我们6月中旬抵达西安。我们做的第一件事是拜访八路军驻西安办事处。办事处主任伍云甫先生和共产党驻重庆（中国的战时首都）国民参政会的参政员秦博古先生亲切地接待了我们。他们对我们要去延安访问都表示热烈的欢迎，并建议我们次日起程。对他们如此迅速地为我们安排了行程以及中国共产党驻中央政府的著名联络官周恩来先生将与我们一起去延安的消息，我们当然非常高兴。

在八路军驻西安办事处访问期间，共产党官员的简朴和不拘礼节给我们留下了深刻的印象。使我们感到有些新奇的是，我们看到墙上除悬挂马克思和列宁的肖像外，还有蒋介石将军和闻名中国的两位共产党领导人毛泽东和朱德的肖像。对延安陕甘宁边区政府出版的《新华日报》[2]，我们也非常感兴趣。

---

[1] 1939年6月，中华基督教青年会全国协会在北美协会的授意下，派遣江文汉、梁小初和费吴生（George Fitch，美籍）一行3人赴延安，为在那里设立"青年会服务处"作了3天的调查访问。中共方面对此十分重视，毛泽东等中共领导人亲自接见了访问团成员，并畅谈多时。访问归来后，江文汉用英文向北美协会写下了这份调查报告。

[2] 应为《新中华报》（1937年1月29日至1941年5月15日）。

实际上我们在3天以后才离开西安。推迟的原因大概是因为周恩来和刚从重庆来的秦博古先生有许多事情要与地方当局处理。从西安去延安总共有5辆卡车。车上载满了行李和人。每辆车载30名乘客，顶篷上放着许多行李。与我们一起赴延安的有3位共产党的领导人。他们是周恩来、秦博古和林伯渠先生。林伯渠是边区政府的负责人。除我们自己以外的所有乘车人几乎都是穿着单一的灰色服装。大多数人是去延安学习的男女学生，他们当然是非常愉快的。也有少量武装士兵和警卫。3位共产党领导人每人都有一名警卫随从。我们也分配了一位特别警卫李同志，以帮我们在去延安的途中安排食宿。"同志"是八路军通常使用的称呼，它给人一种亲切的语气。"小鬼"是对年轻人的称呼，这个称呼不含蔑意。

和我们同行的学生来自全国各地，有几个来自海南岛。在同行的人员中，我们还发现了两名日本俘虏和两名朝鲜人，他们没有手铐脚镣或被看守，他们穿着相同的灰色制服。听说他们已经彻底"转向"中国的事业。八路军对日本俘虏特别关心和体谅。他们相信这些人是被日本军国主义者骗去当兵的，通过深入细微的政治工作理应能够征服。事实证明，"皈依"的俘虏对八路军也是非常有用的。我了解到他们中有些人正在延安的印刷车间和其他小厂工作，有些人正在做日语教师。

从西安到延安的旅程大约有290英里，路况不太好。第一天下午我们就碰到下雨，道路非常泥泞，无法继续前进。坐在行李上的那些人全身都湿透了。所有车子都停在潼关过夜，因此第一天我们只走了80英里。第二天早晨天气晴朗了，但我们不得不待半天等路干些再走。然而，我们留宿在潼关还是幸运的，这使我们有机会看到了装有成吉思汗遗骨的银瓮。负责运送成吉思汗遗骨的护送队在去兰州的途中当夜也停在潼关。大约在600年前成吉思汗被埋葬在绥远省郡王旗伊金霍洛（音译），在黄河南岸，离包头南面约110英里处。据称，日本人为笼络蒙古人，预谋接管成吉思汗的坟墓。为此中央政府决定，把成吉思汗的遗骨转移到离兰州大约40英里处的兴龙山。护卫队由贡布扎布

周恩来（左）、林伯渠（右）和博古（中）在西安办事处留影

（Kuang-Pu Tsa-Pu）亲王、50名蒙古人卫队和一些警卫组成。他们从伊金霍洛出发已经走了10天。

第二天我们吃完早中饭后离开了潼关。下午阳光灿烂，路也完全干了，我们走过了比前一天更多的丘陵地带。从潼关出发驱车8个小时，行程120英里，抵达洛川过夜。洛川大约位于西安和延安之间。这里有一个交叉路口，其中一条通往阎锡山将军在东部的第二战区指挥部。5辆卡车没有全部在当晚抵达洛川。要使5辆车在路上保持车距不是件容易的事，因为有些车的车况要好一些。很显然，我们有两辆车那晚就抛锚在潼关和洛川之间的某个地方。

第三天我们很早就启程。越向洛川的北部走，天气变得越冷。几个小时后，我们开始进入边区。最引人注目的变化是墙上粘贴的标语。这些标语很强调国共合作以及在持久的抗日中"统一战线"的重要性。我们又翻过数个山头才于午后抵达延安。那天的行程是90英里。延安，当我们从南边走近它时，就呈现出一幅非常美丽的景象。该城建在西边的山脚下，城墙的东南面是延河，还有另一座向东延伸的山，高耸的宝塔就在那座山上。

为了与边区政府的社会局取得联系，他们要我们在南城门外下车。下车后我们有点不知所措，不知行李该怎么办。我们到处寻找苦力，但一个也找不到。路上都是学生，他们看来很忙。最后我们设法拿着行李去社会局，它设在西边山上的许多窑洞里。林伯渠先生为我们准备了一封介绍信。凭这封信，我们被作为边区政府的贵宾受到款待。社会局的人安排我们住在东面山上的大西北旅馆。随后我们又到社会局去设法把行李运来。我马上发现在这里也找不到搬运行李的苦力，我们雇了一头驴子运送行李。后来社会局的人告诉我们，说在延安找苦力非常难，因为这儿的人都忙于各种工作。在边区没有失业问题。

在延安有两三个旅馆，大西北旅馆是边区政府通常负责招待贵宾的旅馆。它坐落在大路东边的一座山顶上。我们到那里才发现它只不过是一连串的窑洞。我们每个人住一个窑洞。里面有一个当床用的土炕，除了一张摇摇晃晃的木桌子和两张凳子外，没有其他可用的家具。窑洞呈拱形，是用白石灰砌成的，前面有一扇格栅窗。因为土壤为黄土结构，在西北住窑洞是非常普遍的事情。窑洞有调节空气的好处。例如，在中午时间，我经常发现洞内外温度相差约10度。听说在冬天窑洞里很暖和。现在最大的好处是窑洞不可能遭到空袭。

去年11月，日本飞机首次轰炸了延安。这次轰炸发生在星期天，在城里的许多人被击中，在这次袭击中伤亡100多人。在后来的空袭中伤亡和损失是很小的。延安9次遭轰炸，但据说已经有两个多月没遭空袭了。最后一次空袭只炸死了一只鸡和一只乌鸦，而当地老百姓把弹片卖掉后还能得到10—20元。

延安城的大部分地方都被日本的空袭所破坏，现在人们已全部疏散出去了。因为害怕在空袭中被击中，甚至不允许任何人白天通过延安城。

今年6月中旬，在南门外约半英里处，一个新的市场开张了。它位于山谷中，人们只要一接到空袭的通知，可以毫不困难地跑进山坡上的山洞里。市场仅仅由两边一排排的草席和木制的货台组成。从城里疏散来的生意人现在可以在这里做生意。这市场的确成了"蜂房"，非常拥挤。市场上的物价与重庆或者西安相比不太贵。我想合作社有助于使物价稳定在合理的水平上。我们中有个人在新的市场上花60分买了一块棕榄（Palmolive）肥皂，后来发现在抗大合作商店花50分就能买到，还有人记得在重庆或西安买一块棕榄肥皂大约要花1元钱。

我们到达延安碰巧是星期天。新的市场上挤满了穿制服的学生，人们从各种各样的校徽就可以知道他们属于哪所学校。他们讲着不同的方言，男女之间显得很融洽，十分坦率和自然。女学生也穿制服和凉鞋。草帽是夏天的时髦。大多数学生腰上带着一个搪瓷杯，这杯子有很多用处。新的市场看上去真像一所学院城，前前后后挤满了学生。

社会局的人待我们很好。他们总有一个人为我们做向导，有时是女的，多数是男的。总之，我们必须依靠上述的向导以便参观各种机构和安排各种采访。但我们可以自由地活动并找我们想找的任何人谈话。旅馆的"小鬼"也给了我

延安最繁华的商贸区：从图里右上角到左下角依次为新市场里的市场沟、小市场（一市场）、二市场、三市场、骡马市

们很好的服务，我们一日三餐饭菜可口，早晚天气也很凉爽。为了参观各个地方和采访各种人我们不得不来回爬山走路，常常汗流浃背。社会局的人告诉我们，他们打算在不远的将来为他们的客人买几匹马。由于现在延安城区很分散，我相信这个打算将使来访者大为高兴。

我们对延安的访问有很多新的感受。我们的访问从抗大和新建的妇女学院[①]开始。这两所学校都在城的北门外，相对而坐。不过，抗大的行政办公室与我们旅馆靠得很近。在行政办公室里，我们与徐

① 应为中国女子大学。1939年3月8日开始筹建，7月正式开学。

（Hsu）主任和吴珍（Wu Tsing）小姐进行了一次愉快的谈话。他们向我们提供了大量有关抗大的历史和现状的概况。抗大的前身是早在1932年组建于江西的红军大学。1936年夏季共产党人到达陕北时，他们就把红军大学改名为抗大。在我们到延安前不久，抗大举行了三周年的校庆。抗大第一期只有300个学生和3位专职教员。在目前的第五期中，抗大的学生总数已增加到18000人，教职工也超过了1000人。最近在该省敌后建立了两所分校。这两所分校的学生注册总数约13000名。

由5000名学生组成的抗大本部仍然在延安附近，它有五个大系，只有五系的大约500名学生继续在城的北门外学习。当我们采访五系时，受到了诚挚的接待。学生们来自全国各地，也有很多来自暹罗、爪哇、马尼拉和法属印度支那，还有少量的朝鲜人。任何坚决反对日本侵略，年龄在18至30岁，且身体好的人，不论他们的性别、籍贯、政治派别或以往的教育水准如何都可以接受。抗大的主要目的是为抗战提供训练有素的军官。完成每期课程约需一年，课程很少但都与国家危急的需要有关。"三民主义""马克思主义和列宁主义""中国革命史""日本问题""政治工作""社会科学概论""军事战略"就是几个实例。学生毕业后分配到前线或"敌后"工作。

在抗大学生们自己煮饭，饭菜很简单。以前每个学生一天除一斤半小米外，还有7分钱（相当于0.5美分）的菜津。据说从7月开始，每人每天的菜津从7分减到2分。减少的原因部分是由于从去年以来学生们自己着手种菜了。我们恰好在中午时间采访抗大五系，因此有幸与一组学生共进午餐。学生们按小组为单位在外面吃，根本就没有食堂。我们每个人吃一碗小米饭，还有一盘公用的烤土豆丝。小米是他们的主食。他们一个星期才能吃一次面条或饺子。

延安的所有教育都是免费的。抗大给每个学生平均支付10.5元钱，除去各种津贴，每个学生每月可拿到1元零花钱。据说，抗大的财政支助是从政府给八路军的每月津贴中节省下来的。学生们也开展了为母校募集资金的活动。据报道，一个抗大的女孩已经捐献了10000元，还有一位学生捐献了7000元。

两三个月来除了买短袜和凉鞋的50分外，学生们没有拿到过零花钱。7月份开始不再发灯油，这意味着学生们夜晚不能进行任何学习了。但学生们兴致勃勃。他们的看法是抗战持续的时间越长，他们遭到的困难必然越多。"但是没有什么困难可以阻止我们前进！我们有勇气克服困难。"

我们的访问从抗大转到新妇女学院。这个学院仅开办了两个月，由王明先生当校长。这也是一所窑洞学院，我所说这些新的窑洞花了大约5000元。无疑，从远处看，它们很整齐，富有魅力。妇女学院的大门由两个穿着与其他人一样制服的女孩守卫着，后来我发现她们都是学院不断轮流值班的学生。虽然学院计划在7月1日正式举行开学典礼，但现已汇集了400多名来自全国各地的学生。

从妇女学院毕业需一年的时间。学院所授课程是"中国革命问题""政治经济""医学基本知识"和"中国共产党问题"。学院没有教室、食堂，也没有礼堂，学生们不得不在延河里洗脸，在露天吃饭。像抗大的学生一样，每个学生有一张能派多种用处的木凳子。她们的集体宿舍在窑洞里，通常10个学生挤在一孔窑洞里。这些窑洞保持得非常整齐干净。我们采访这所学院大约在下午1点，正好是学生们的午睡时间。午睡是日程表上的一个正式日程，学院允许学生们在午饭后午睡一个半小时。

妇女学院的设备严重不足，400多名学生只有一征收1只篮球。书籍和药品也非常缺乏。她们很想建一个可供五六百名学生使用的简易活动大厅，但没有资金。然而，学生们还是很快乐，在她们的脸上似乎看不出这种物资上的匮乏。

我们也采访了鲁迅艺术学院。这所学校是为纪念著名作家鲁迅先生，于1938年4月10日建立的。目前大约有300名学生，其中1/3是女生。从一年前开学以来，现在是第三期。高年级有4个班，即文学、艺术、音乐和戏剧。我听说音乐班学生最多，也是4个班中实力最强的一个班。实际训练只有6个月，但学生们总共要花1年时间进行实习和生产活动。初年级大约有一半学生，这个年级没有任何专门要求。

"投票选举"版画

这所学校无疑汇集了许多艺术家。诸如纸张、颜料和乐器等设备的缺乏阻止不了他们的创造和智慧。他们创作的歌曲、表演的戏剧以及制作的木刻和漫画已在全国享有很高的声誉。去年，他们在100多场晚会上已经显露出艺术的才干，他们已向"前线"和后方输送了大约300名校友。艺校校长对我们说，他们的努力基于以下三个原则：第一，把艺术和当前的抗战联系起来；第二，他们的目的在于普及，即尽可能使老百姓明白；第三，他们正在学习用老的形式赋予全新内容的技巧。

因为陕北公学在几个月前已搬到三义（Hsanyi）去了，所以我们没能对其进行采访。对于边区以外

的学生而言，陕北公学与抗大同样有名。这所学校是在1937年卢沟桥事变后建立的，开始建立时是抗大的一所附校。由于学生总数迅速增加，在几个月内由200名增加到600名，故而独立成校。这所学校主要强调政治训练。开始一期需要学习6个月毕业，但由于前方急需大量政工人员，学期被缩短为2个月。该校只设下列三门课：统一战线和群众运动；游击战和基础军事知识；社会科学概论。这所学校也是统一战线的机构，即它是为广大学生开办的。学生们不管其性别和政治关系如何，只要不是叛徒或"托派"都可以进去。

延安学生和机关工作人员在延河洗衣

关于延安所有教育机构的总的潮流应该归纳几句话。首先，我们不要用普通"大学"这个术语的概念来看待抗大或陕北公学，它们实为短期训练机构。在延安的共产党领导人确实认为这些学校比普通大学更有用、更实际。"我们不必害怕在危急时刻开辟新的路子。"去年夏天，世界学联代表团访问延安时，抗大给他们授予博士学位的荣誉。如何分析这些学校的课程，你将注意到两个基本重点：一个是不断抵抗日本侵略；另一个是基于国共合作的"统一战线"。延安的学生不全是共产党员，事实上真正加入中国共产党的学生占的比例非常小。但与学生们谈话，你会发现大部分学生对政治局势十分明白，并具有解释问题的逻辑方法。

这些学校的学生都经受了艰苦生活的锻炼。延安的物质条件肯定是艰苦的。所有的学生都住在窑洞，上课在露天，吃小米和蔬菜，穿布衣和草鞋，而且放弃了他们在城市的小资产阶级习惯。他们整天很忙，早晨4—5点钟起床，早饭前要出早操，还要学习一段时间，接着上3—4小时的课。午饭后学生们午睡，下午大部分时间用来阅读和预习。晚上经常进行小组讨论。自7月1日开始，因不发灯油，小组讨论改在下午进行。在每所学校里，有一个或几个先前叫"民族救亡室"的俱乐部室。这些俱乐部室成了全体学生的活动中心。生活虽紧张，但很兴奋。人们很少听到抱怨，因为学生们毕竟不是为了享受，而是为了理想才成群结队来到延安。

这些学院实施的教育原则受到了某些特别的赞扬。所有的课程都是旨在训练学生参与和加强抗战。课程虽少但很实用。从这些学院毕业的学习时间通常少于一年，并且很多时间用于军训和各种生产活动。在延安，每个人要做三件事：工作、学习和生产。理论和实践被同等地强调。学生们来自不同的教育背景。有些是中学生，有些是大学毕业生，另一些是海外华人，还有的只是普通百姓的子女。因此，"集体生活"和"互相帮助"成为提高学生整体教育水平的重要原则。学习上虽有竞争，但不鼓励夸大"天才"和"个人名望"。学生们被训练得不惧怕批评。他们认为，自我鉴定和自我批评对于进步非常重要。他们鼓励学生在所有事情中都"成为模范"。那些取得好成绩的学生被比作"飞机"，而那些掉队的则被视为"乌龟"。每个人当然想成为快速的飞机而不是迟缓爬行的乌龟。

除访问教育部门外，我们还有机会访问了延安的青年组织联合办公室。

在联合办公室中起作用的三个主要的组织是"西北青年救亡联合会""中国民族解放先锋队"和"中国青年协会"。其中最重要的是"西北青年救亡联合会"。它组建于1937年4月，据称现在在西北有青年会员20多万人。该会的宗旨是"加强国内和平，促进民主政治制度和准备抗日战争"。该联合会实际上取代了原来名为"共产主义青年"的组织。我们听说，1936年西安事变蒋介石将军在西安被捕时，"共产主义青年"只有2万名会员。但"共产主义青年"被改为现在的"统一战线"的主要成分后，会员已增加了10倍。

这些青年组织的年轻领导人邀请我们参加了一个欢送一群大约30名青年的欢送晚餐和晚会，这群青年次日就要赴"前线"。这的确是一次愉快的聚会。这30个青年小伙子通过（西安事变）戏剧性的事件和政治工作已得到了锻炼。在延安，"晚会"非常富有特色。一个好的节目在这些会上通常都要上演。晚会也许是哪个单调乏味国家人民创造的"生命线"。在那个特别的晚会上，我们在月光的照耀下，在露天举行了会议。会场里有一盏大的汽灯。晚会从讲话开始，我们每个人都应邀讲了一次话，并且每次讲话都要高呼很长时间的口号。然后，一个"小鬼"站起来致了欢送词，去"前线"的青年代表致了答词。这些讲话热情洋溢，给人以深刻的印象。所有的讲话结束之后，我们进行了小提琴独奏、口琴二重奏，并且演了一部短剧，还有许多合唱。延安的学生的确知道如何唱歌，当然，他们仅唱"民族救亡歌曲"。这些歌的创作是为了提高群众在抗战中的士气。

在延安我们还与领导人进行了多次的会见。提供情况最多最富有启发的是边区的政府副主席高自立先生和中国共产党首脑毛泽东先生。边区政府的主席是林伯渠，但他大部分时间在西安。因此，高先生肩负了实际的行政责任。他开始向我们介绍了一些边区的历史背景。他说，当共产党人被驱逐出江西时，他们就向西北开始了著名的二万五千里长征。最终他们驻扎在陕西、甘肃和宁夏的边境地区。苏维埃的政体也被移植过来了。但是，西安事变促成了国共合作。为此，共产党同意把红军改编为八路军，直接归属中央政府军事事务委员会的控制，并把苏维埃政府改变为陕甘宁边区政府。

因为与日本在外交上的微妙关系，所以上述与总司令的协定在当时没有公开。直到1937年9月在平津地区和上海与日本公开的武装冲突爆发后，中央政府才公开宣布了把红军改编成八路军的协定，但是没有提到承认边区政府的事。因此，边区政府仍被国民党官方置之不理。这从陕西省政府任命边区各区区长就可以看出。在边境地区，每个区事实上有两个区长。因为，自苏维埃政府建立以来，每个区都有一名由18岁以上的人选举的区长。在19个区（县）中，由陕西省政府任命的区长只有两名仍然在西安居住，其他所有的区长都居住在各自的区内。如果民选的区长不在县城居住的话，他们就住县城。如果民选的区长在县城居住的话，他们就住在县城外。

尽管存在这种不正常的情况，但中央政府对边区政府似乎已经给予事实上的承认。我们可以从以下事实中看出这一问题：民族救济委员会已给他们10万元的拨款，用于民政救济。交通部一个月给他们10万元用于筑路。经济部在土地开垦的项目中也给他们以帮助。但任命的区长和民选的区长对事情的看法不总是一致的。例如，当任命的区长首次到边区的时候，他们坚持认为，共产党分给农民的土地应归还给先前的地主；而民选的区长则认为，鉴于西安事变以后共产党执行了统一战线的政策，已经停止了没收土地的做法，又鉴于没收的土地已经分给了贫困的农民，如果从农民手中把土地收回，必将遭到反对。虽然从总的方面来说还没有发生严重的摩擦，但显而易见，承认边区政府的问题需要尽早解决。

在延安，不仅有一个由陕西省政府任命的区长，还有一名国民党的支部官员和大约20人的维和部队人员。边区政府的指挥机关设在延安城南门外的许多窑洞里。据介绍，边区政府的组织机构如下：每30人选举1名代表出席村或乡的立法会议，选举村长或司法员。然后，每500人选举1名代表出席区或县的立法会议，选举区长和区法院。最后，每7000人选举1名代表出席边区的立法会议大会，选举边区政府和边区法院。中国共产党在每一阶段都有其代表。村每半年，区每九个月，边区每一年选举一次。这就叫作"民主集中制"。

边区政府下设四个部，即民事、财政、教育和重建。民事部和教育部最近已撤出延安。此外还有一个维护和平局。所有这些部门的负责人都是任命的。边区政府还有一个由中国共产党指派的指导代表。我听说，半数以上的政府官员是共产党员。收入的主要来源为盐税，每月收入大约5万美元。通常情况下这些收入应该上交中央政府。因为中央政府还没有承认边区政府，这笔收入只好留在边区使用。其他的收入来源来自兽皮、草药、家畜、食品等的税收。合起来一个月大约有5万—9万美元。边区没有土地税，但他们设立了一种"民族救济粮"由农民交付。例如，去年，他们本想在2个月内收集1万斤原料，但结果是在5—6天内就收到了1.7万斤粮食。这些公粮的收集采取累进的办法，即：351斤以下交1%，每增150斤增1个百分点，最高不超过7%，政府开支经费根据收入上下调节。薪水非常低。区长1个月拿2.5中国元①（0.2美元），外加每天1斤4两小米和4分钱的菜津。下级官员1个月仅领2中国元和相同的饭贴。边区政府的头头和四个部门的负责人1个月只领5中国元的薪水和3中国元菜津。当然，制服是由政府免费提供的，官员孩子上学的费用全免。如果官员需供养家庭，政府另外提供一半的津贴。

边区正在进行狂热的垦地运动。全年的目标是开垦60万亩新地，并增产农产品20%。因为边区人口不足100万，因此它要求1人1亩地，政府官员期望至少能负责目标的一半。据边区各区的估计，他们能负责80万亩。据说，实际结果将很容易超过100万亩的大关。以延安为例，延安有3万人，那么要求延安将增加新的土地3万亩，新耕地实际增加已超过8万亩。至于边区的政府官员，要求1人开垦9亩，而实际开垦出13.5亩。边区法院有工作人员150人，要求他们开垦1350亩地，而实际结果是2880亩。边区政府的秘

---

① 指当时陕甘宁边区流通使用的国民政府发行的法币。

书处有110人，他们已开垦1200亩，超过要求210亩。仅秘书处在秋收以前平均每天有30人在种地。据估计，边区可耕地总数有4000万亩，其中至今已耕种的仅900万亩。因此，如果增加100万亩，整个耕种的土地的总数仅为可耕地总数的1/4。

自从共产党几年前驻扎以来，边区的条件似乎有了很大的改善。所有的人都按职业和年龄组织起来了，没有严重的失业问题。据报道，普通的百姓十分富裕。自从共产党来后庄稼收成一直是好的，已没有饥荒。物价有较大的上涨，这对普通农民十分有利。1头牛过去值10中国元，现在可卖到60—100中国元。过去，1中国元可以买140个鸡蛋，而现在已降至40个。还有，在过去你花20分可以买到1只鸡，而现在你必须花70分才能买到。物价的提高刺激了生产的增长。那时实际上没有任何直接的税。几年前，不难发现不穿裤子的10岁或12岁的女孩，但现在没有了，在每个村有一个"互助会"负责照顾老人、残疾人和孤儿。那些年满45岁并在政府工作超过5年的人有资格退休并享有退休金。

延安已经实际上消灭了吸毒、卖淫和赌博。据说，以前吸鸦片上瘾的有1200人，现在减至200人，他们中绝大多数是老人和病人。不再有妓女和职业赌徒了，也没有地主了。在过去有的地主占有3万亩地和10万只羊。当共产党刚驻扎在这里时，他们没收了地主的土地并将其重新分配给穷苦的农民。西安事变之后，禁止了这一政策。如今，地主可能占1%。99%的农民拥有70%的土地，而1%的地主仅占有30%的土地。土地全是私有的，农民可以自由买卖土地。据说，由于生活的改善，没有必要买更多的土地。高利贷这个剥夺土地的根源绝对受到禁止。边区政府已建造了大约200公里的公路。土匪已被消灭。识字的人在四五年内从1%增到10%。小学的数量从120所增至800所。超过百人的工厂有六七个，还有4个纺织合作社。由百姓组织起来的消费合作社的数量就更多了。中国工业合作协会已委托边区银行在延安拓展其业务。已经建立起来的这样的合作社有7家。边区政府开办了一家光华商店，每月增收 2000 元。该店还发行了一种小面额的找零纸币①，以方便业务的办理。中央银行的纸币虽在边区流通，但小面额的纸币十分短缺。

与毛泽东先生的会见使我们在延安期间的访问达到了高潮。会见于下午晚些时候在青年组织的联合总部进行，持续了近两个小时。毛先生是个非常忙的人。听说他每天要工作到深夜。延安人民都叫他"毛主席"，因为他是前"中华苏维埃人民共和国"的主席。他给我们的印象是个非常和蔼、幽默和精明的人。他告诉我们说，他出生在湖南，现年 46 岁。他还说，他只受过 6 年旧式教育和 5 年现代教育。毫无疑问，他有着卓越的逻辑头脑。他几乎一支接一支地抽着烟。

这次会见的要点如下：他首先指出，日本正在对中国进行两种进攻。一种是军事进攻，另一种他称之为政治进攻。日本力图使汪精卫成为新中央政权的傀儡以及不停的和平宣传，证明了后一种攻势。毛主席认为，政治进攻比军事进攻更加危险。中国只要能够解决粮食和军需问题，就能够长期抗击日本的军事进攻。只要军人能与老百姓搞好关系，中国供应战斗部队的粮食决不会有任何严重问题。自两年前爆发战争以来，战区军民一直密切配合。弹药也不成大难题，小型兵工厂分布在中国各地，能大量制造步枪、手榴弹和轻机枪。这些武器在全面的游击战中很有用。毛先生说，以前红军既然能抵挡国民党为时 10 年的反复围剿，那么他预计，现在全民族团结得如一人，抵抗日本侵略也不会有任何重大困难。因此共产党人主张在国内永久和平，团结一致，持久抗日。

正如毛先生指出的，中国现在最大的危险是内部不和。这种不和的原因是有人主张抵抗，而另有人建议和平。那么和平的结果是与日本签订条约，条约中将会有一条规定停战的条款。与此同时有人主张长年抵抗，于是内乱在所难免。除此之外，也许另有其他种种困难，但比较容易克服。

中国胜利后怎么样？毛先生强调说，胜利后的任务是实现孙中山先生的"三

---

① 1938 年 3 月，陕甘宁边区银行以延安光华商店名义发行辅币券，面额为 1 分、2 分、5 分、1 角、2 角、5 角等，可随时兑换法币。

民主义"。那无疑需要相当长的时间。总之，到那时中国早已把日军全都赶出中国的领土了，并将与各国实行和平通商关系。恢复中国的国家主权和领土完整，这是孙中山先生的第一个主义。中国也将试行过去从未享受过的西方式的民主。当前中国大体上还是一个封建主义国家，因为没有议会，也没有普选，公民的权利得不到保护，希望将来人民对政府的事务有发言权，言论、结社和宗教信仰将有完全的自由。通信也不用任何手段干预。这就是孙中山先生的第二个主义，所谓的民主。中国取得抗战胜利后，希望资本家重开工厂，普通的劳动者和农民的生活有所改善。工农业有很大发展。人人有工作，生活过得好。没有土匪，没有内战。这是孙中山先生的第三个主义。这意味着进步，中国必须再前进一步。现在中国共产党不想把苏维埃的社会照搬到中国。毛先生承认，以前中国共产党人没收了地主的土地，但他们没有没收资本家的财产。其他一些国家也没收了地主的土地。将来这种事情可通过正常的法律程序来解决。

我们问到关于共产党对基督教的态度时，毛先生说，共产党一贯坚持宗教自由的原则。强迫人不要信仰宗教犹如强迫人信仰宗教一样错误。在这一点上我们又必须随着实行民主的路走。毛先生承认，中国共产党的非正规部队所犯的一些恶习和错误正在得到纠正。历史上任何著名的宗教，只要是不试图进行颠覆政府活动的，都允许其存在。然而，共产党人本身是无神论者，因此他们的人生观与宗教的人生观根本上是不一致的。共产党人和基督教徒可以成为很好的朋友，但基督教徒不能被吸收为共产党员。毛先生还指出"统一战线"包括所有团体，不论其政治和宗教派别如何，唯一结合在一起的因素是决心抗击日本的侵略。团结没有必要涉及身份，在救亡的共同旗帜下，人们有自己的政治和宗教信仰的自由。

毛先生给美国传递什么消息？他提出如下四点：第一，他希望美国不要怂恿中国与日本讲和，而希望它支持中国持久抗日的政策。第二，他希望美国的孤立主义者不要坚持他们的孤立主义，希望他们尽一切所能，千方百计制止侵略，这是维护国际和平的唯一方法。第三，他希望大多数美国人民要努力阻止少数的资本家和军火制造商向日本出口战争物资。第四，他希望在当前抗战期间，美国对中国政府增加道义上和物质上的支援。

在离开延安前，我们很荣幸应邀参加了欢迎周恩来和秦博古先生从重庆归来的"晚会"。"晚会"上演出了一台非常好的节目。首先，根据高尔基著的《母亲》演出一出独幕剧。舞台布景和演出都给人留下深刻的印象。表演以一辆行驶的火车为背景。据说，全部舞台布景仅花了5毛钱！然后是50名学生精彩的大合唱，先唱了《生产之歌》，接着是《黄河颂》。第一首的创作主题是激励边区的生产运动，第二首是唤醒人民认识到保卫黄河抵御侵略军的重要性。50名歌手前边，还有一排10名乐手，演奏中西奇妙结合的乐器。我发现有一把大提琴是用一把中国的胡琴固定在一只空的"美孚"汽油桶上做成的。整体配合得非常和谐协调。

在这个最有趣的"晚会"上，一个坐在毛泽东先生旁边的小女孩使我有点尴尬。这个女孩出生在满洲里，仅15岁。她是鲁迅艺术学院戏剧系的学生，她的父母都被日本人杀害了。在"晚会"上，她随意与毛先生交谈，驾轻就熟地使用着有关意识形态方面的术语。她在那儿见到我不很高兴，因为她认为我太"洋化"了。她非常不礼貌地问我："你住

延安桥沟教堂，曾作为六届六中全会会址

过窑洞吗？你吃过小米饭吗？你穿过草鞋吗？"她认为她是一个"典型的中国人"，因为她正在延安体验这一切。这几个问题自那次延安之行以来一直留在我的记忆中。如果我们不能与群众患难与共，侈谈救亡和社会重建只是一派空话，不真是这样吗？

1939年11月17日

（本文选自《众说纷纭话延安》，广东人民出版社2001年版。内容有删节）

延安考察记
陈嘉庚

> 陈嘉庚（1874—1961），原名陈甲庚，福建同安人。抗战期间做了大量支援抗日的工作。1937年10月，发起成立马来亚新加坡华侨筹赈祖国伤兵难民大会委员会，任主席。1938年10月，出面联络南洋各地华侨代表在新加坡开会，成立南洋华侨筹赈祖国难民总会，被推举为主席。带头捐款购债献物，精心筹划组织，使"南侨总会"在短短3年多的时间内便为祖国筹得约合4亿元国币的款项。此外，组织各地筹赈会为前方将士捐献寒衣、药品、卡车等物资，以及在新加坡和重庆投资设立制药厂、直接供应药品等。1939年，应国内之请代为招募3200余位华侨机工（汽车司机及修理工）回国服务，在新开辟的滇缅公路上抢运中国抗战急需的战略物资。1940年，组织南洋华侨回国慰劳团历访重庆、延安等地。特别是访问延安之后，其正统观念发生了很大的变化，据实发表关于延安观感的演讲，盛赞陕甘宁边区的新气象，认为"中国的希望在延安"。

一、西安途中古战场

余在兰州闻第一慰劳团已到西安，恐政府或各界重叠开会欢迎，即电知余将起程前往。5月24日早，假秘书长汽车离兰州往华嘉岭，近晚至平凉，此处有路可通宁夏。自兰州至此，路面铺石子甫竣，车行稳而速。是晚某长招往，越早启行，上坡前进，行一点余钟至高原，远望平野无际，农园广大，竟不知在拔海数千尺上行走。同行者言李华作《吊古战场文》即指此处。此段路边石子堆积，到处皆是，甫在铺路工作中，故车行迟缓。行点余钟，始过高原，路线逐渐降下，且多崎岖，尚幸系科学化工程，斜度顺序。至某处洞内有大佛，高三丈，参观后复行。约申时已望见远处林木茂盛，连续颇广。车夫云再前便是咸阳城，再去为西安。平生阅史，咸阳长安等印象甚深，兹幸到临，喜慰无价。到渭水过灞桥，即入咸阳城，一游而出，城内已颇废萧条，不堪入目。近晚到西安，寓于西安招待所（即营业旅馆名，前西安事变，诸蒙难者多在此寓）。

二、慰劳团不自由

西安省政府派多人为招待员，已招待慰劳团等，领导人为寿科长，是日同若干人在咸阳城外迎余，余因入城故相左。余到招待所后，团长潘君等来见，云原寄寓此旅馆，甚适合，而寿科长等强将行李移往现寓所，较不称意。彼等已到四天。第二天共党朱德将军来见，请到其办事处午饭，业已接受将往，寿科长等闻知，借他故力阻其行，后又交来某某请柬，不得已乃向朱君辞谢，蒙朱君原谅改订下午三点。并云周君恩来亦候见。他复应承之，及到时寿科长等，乃将他所坐汽车驶往别处，延至近晚方回。朱君此次系由河北战区经洛阳来西安，将往延安，而周君则自延安来西安，将往重庆，为招待慰劳团，故在办事处等待一天。竟为省政府所阻，致屡约失信，对朱君等诚过不去。至强移慰劳团寓所，系杜绝与中共办事处来往。并派招待员时时随团员出入，虽个人出门亦受注意。

三、抗战与建国之喻

余到西安越日，接程潜、蒋鼎文、胡宗南三君联名来柬招宴，是日往访蒋主席、程副参谋总长不遇。胡将军闻在终南山军校，颇远未往。午后胡君来寓，相见谈论中，觉其刚直爽快，坦白活泼，敬佩无任。晚间余同慰劳团等赴宴，计设五席，大约多军政要人。与余同席为程、蒋、胡及全国最高法院长焦易堂

七贤庄大门外

君,另两人忘其姓名,又余及李秘书共八人。筵终程君致辞毕,余答谢并报告余及慰劳团回国目的,及南洋受鸦片之害,并跳舞与树胶事。予言:"南洋英属马来亚华侨二百余万人,十余年来受一种新毒害,其为祸恐不减于鸦片,即是跳舞一项。外国人歧视华侨,不顾华侨如何损失,但知彼有利可图而已。至树胶为南洋特产,现英荷限制,每年仅出产一百万吨,现价值坡币八万元,申我国币六十万万元,单此一物胜过抗战前我全国物产出口数目,故南洋之富庶可想而知。树胶发达仅三四十年,而种植之法分两时期:第一时期将林木斩倒,三四个月后放火焚烧,不尽者鸠集成堆再烧一次。第二时期,则掘土壤将树胶苗栽种落地，以后须注意两件事，即除尽恶草及预防白蚁是也。盖树胶最忌怕恶草与白蚁，二者若不除绝，树胶不能成功。如能认真切实办理，七八年后即有相当优厚利益。我国现虽遭敌人侵略，然最后胜利必定属我。古语云，多难兴邦，是则抗战即可以建国。鄙意抗战与建国，亦当如种植树胶分作两时期，第一时期抗战胜利已无问题，第二时期为建国，必须消除土劣贪污，如树胶之防恶草白蚁，则建国决可成功。"余言毕，同席中某君极表同情，向余云："先生今晚说此几段话，胜过携来数千万元回国。希望到他处亦须如此宣传。"后余到重庆，宋君渊源告余云："程君两次对我言，陈先生在西安筵中演说，甚形中肯，渠极敬佩。"据此则同席中颇有多人表同情而好善言。余闻西安政治不良，故借题发挥，然余所言确属事实也。

四、秦王府欢迎会

余自重庆登报实行后，已不多接受应酬及开会，对慰劳团等亦再三劝告：到处须抱定此宗旨，以各界联合会为简便。故西安欢迎会即系各界联合，到者万人以上，在秦王府前旷地开会。该王府为明朝朱洪武封其子秦王所建。蒋鼎文主席致辞毕，余答词言余同慰劳团回国之目的，华侨在南洋人数，及义捐工作，抵制敌货等事，以鼓励民众同仇敌忾。团长潘国渠继言，希望和衷共济，团结一致对外，抗战到底以达到最后之胜利，并可取消不平等条约云云。

五、终南山阅操

西安第七军校学生二万余人，为全国最大军校，校长为胡宗南将军。将军名闻中外，余久仰慕，见面后又喜其性情爽快，更加慰佩。胡君复诚意邀余及慰劳团参阅军校操演，订约上午六时阅操，八时开会。余等三点起程，天甫明则军乐队、大炮队、坦克车队、马兵队、机关枪队、手榴弹队、步兵队等等，一万余人（尚有数千人因距离稍远未参加）排列整齐。胡君备马十余匹，为余及慰劳团等骑乘，彼及诸指挥官亦乘马前导，参阅后发令环行，从司令台经过一周，然后集合在司令台前听演讲。胡君致辞毕，余答谢，并报告南洋华侨事，如在秦王府所言，又言华侨司机及修机三千余人，放弃在洋优美职业，回国在滇缅及各路服务云云。侯西反君及潘团长均有适宜演说，可惜慰劳团未有准备拍活动电影，若有之可在南洋表演，增加许多义捐收入也。

六、全国总城隍庙

我国不知从何代起，创设城隍神庙，各省诸城镇多有之。在西安城外数十里，距终南山不远，有一城隍庙，不甚高大，阔四五丈，长七八丈。第七军校设办事处于庙内。余等阅操后，胡君在此招待午饭，到者百余人，多系教官。胡君云："此为全国总城隍庙，各处城隍庙俱统辖于此。"余问："是否最始创乎？"胡君答："未详。不过自昔相传如此耳。"又问："军校学生入学须何资格，又如何招收，几年毕业？"答："最低须高小毕业，或有同等学力者，毕业期间规定两年。抗战以来急于需用，各程度较高学生，可早数月便派往战区服务。至招来之学生，自抗战后远近各处，自动而来者甚多，亦有初高中学生自愿热诚救国，立志杀敌，实可敬佩。"余云："前日在重庆闻政治部长陈诚将军言，政治学校学生，自动来投者亦如此踊跃。我国有此民气，敌人欲亡我定必失败也。"席终胡强余发言勉励，余与潘团长及李秘书均有短词劝勉，而诸教官亦多有答词，最后团员李英唱歌助兴而散。

七、南山训练游击

余等在总城隍庙午饭后，胡君雇十余肩舆，并派人导游终南山，行点余钟至山间。终南山即史所载"南山"，又云"寿比南山"及"倾南山之竹"，因料其产竹必多。沿途所见挑运竹箒者，相继不绝。山峰高者千多尺，连绵颇广。在半山有学校，专门训练游击队。参观后往游诸山洞，有一石洞幽深寒冷，洞内冰片满地，诸团员各手携多片而出。时为阳历五月末，洞外光景颇佳，山上岩石美妙，拍照即回。至中途暑气甚盛，约百零度。至西安在某军营处，胡君约在露天与士兵会食，系六人共一壶菜及汤，配以面头，席地而食。此为余等素未服军役者之初次经验。晚间复演剧招待，演员概系士兵，平时训练有素，故艺术颇好。胡君又订约再加十余天，全校二万余人，将在旷野演习作战，较有可观。然余及慰劳团已将他往，未能接受，但深感胡君盛意耳。

八、周文汉武陵

西安咸阳等县，周秦汉唐设帝都于此，达千数百年，古迹甚多。慰劳团暇日已先往观一部分，唯诸帝陵则尚未往。故于任务完毕后，同余往观咸阳城外周文王陵。但见土堆如箱形，原无石碑石雕，迨清朝某官来守西安，始于各陵为立一碑，标明某某陵。文王陵长三四百尺，阔二百余尺，高三四十尺，武王陵在后，康王陵在前，相距离各千余尺，均较小，迷信风水者谓之负子抱孙，然地皆平原，非有山坡起伏。周公墓在左畔，距离稍远。次往观汉武帝陵，形如文王陵，但较小些。民国光复后，政府规定凡来参谒文王陵武帝陵者，均须行礼三鞠躬，其他诸陵免。余陵大小不一，或高或低，均系土堆。复往观汉名将卫青、霍去病将军墓，形式则不同，形略圆颇高，面积占十多亩。霍将军墓多石块，闻系仿彼在塞外建奇功之某处山形。墓边左右有两行平屋，各有四种石雕。余忆其一为马踏匈奴状，人马均比原形稍大，余不能记忆，此乃我国二千年前石刻之精妙美术也。越日往稍远之骊山下，看秦始皇陵。距骊山五六里，地亦平原，陵墓较大，长约千尺，阔五六百尺，高四五十尺，更言当时工役三万人，如英布即称为骊山之徒。各陵均无树林，仅有细草而已。复往马嵬观唐杨贵妃墓，该墓在一庙内庭中，该庙不甚大，内庭三四方丈，墓作龟形约一丈。当时安禄山乱后，明皇及杨贵妃并妃兄杨国忠及军士逃难至此，国忠被军士所杀，复要求明皇杀贵妃，时明皇同贵妃住在庙内，不得已命左右绞死，葬此庭中。杨贵妃为明皇媳妇，寿王之妃，娶已十余年，明皇始爱而夺之，致天下大乱，逃往成都。昏聩淫乱，遗臭万年。庙前树立一碑，志杨妃死事。

九、起程往延安

西安街道颇阔，有五六十尺，两边兼有步行小路，人力车甚整洁，闻系因各车主竞争。有人言妓女甚多，全市妇女七万余人，不正业者至一万左右人，未悉是否事实。余往七贤庄，访第十八集团军办事处，询往延安汽车事。外处长蒋君言，他本拟来余寓告知，因鉴于前日往访慰劳团，致慰劳团被移寓所，恐再误故中止。余答无妨，我可自由打算，并托电告延安朱君，前日慰劳团失约，余甚抱歉对不住朱君盛意，系出于重庆派遣同来者作弊，与省主席等无干，希谅解为荷。盖余自闻该事发生，颇不安心，念慰劳团到祖国，未作何项实益，反增加两党恶感，故托蒋君代为辩白也。蒋君约定卅日早，备大小汽车各一辆，小车为余等坐，大车载护兵及汽油。是早临行时，寿科长坐一辆较新大汽车来，云主席派他用此车送余到延安。余乃辞蒋处长小汽车免往，而蒋君云他亦要加备一架车，路中较妥，故三辆车同行。午间到三原县，近郊有许多人在城外迎接，余甚不安，告寿科长切电止他县，勿复如此麻烦。寿君云此乃主席命令，渠无权阻止。在三原县午饭，设备颇丰，其壁上贴有印刷物多张，有一条云"禁用香烟请客"，余与县长甚表同情。回国两月行许多处，今日始见实行节约。此县为于院长故乡，文化颇发达，有中小学校百余校。筵间有一位山西阎将军处长某君，余即问要往山西慰劳阎锡山将军，能否达到。答车路通至宜川县，再陆行二天，如要往可预告备马轿来宜川相候。余言决往，希代转达。午饭后，立再西行。近晚到宜君县，在城外亦有许多人迎接，寓招待所。因蒋处长大小车未到，往城外散步，觉颇寒冷，与西安不同。蒋君等车至晚始到，余车行较快，相差几两小时。于是约他明早大小车先行，到洛川县午饭可也。

十、中部县祭黄陵

余自到西安后，拟到中部县谒祭黄陵，故托宜君县长电知中部县长，预备祭陵仪式，并雇照相馆拍影。5月31日早由宜君起程，上午八点钟到中部县界，远见山坡上树林茂盛，异于其他诸山。车夫云该处便是黄帝陵。县长等已在城外山下等候。由是绕坡上进，中间经过大祠堂前，再行两三里到黄陵。该陵原称桥陵，亦系土堆，略作圆形，面积不过二千方尺，高约二十尺，陵前建一亭约二丈方，高一丈余，标"轩辕桥陵"，无石刻物等项。县内学生及县长等百余人来参加。香案上排列果物数品，余焚香行最敬礼。拍照毕，余立亭阶演说，略云"代表南洋千万华侨，回国慰劳考察，鼓励抗战民气，收取国内军民社会好印象，回洋作宣传材料，冀得增加金钱外汇之助力"云云。余按所谓桥陵者必为陵后高山与陵墓中间有一道山脉形如桥梁，故有此称也。由桥陵观之，岂三代以上黄帝时代，便有笃信风水者，不然如桥陵后方有高山起伏形势之，其左右前面复有水流环抱，近代迷信风水者所言之吉地，诚无出其右也。距陵前数百公尺，稍右畔有一小山，面积数亩，高数十尺，有阶可上，不知是人造或天成。相传汉武帝在此求神仙云。游毕下山至大祠堂前停车，该祠堂即黄帝祠，庭边有数株大树，有一树圆三十余尺，据云自远古时代迄今，又一树旁立一碑刻字云："汉武帝挂甲树。"传汉武帝征匈奴回曾卸甲于该树。祠内外尚多可记，惜余已忘之。又相传黄帝已仙去，所葬系衣冠，然史不详载，是否事实无可考。

十一、洛川民众投书

余离中部往洛川县，陕西省政府所辖陕北等县至此为止。未到之前远见城外民众颇多，及稍近则知为农民，盖多穿黑旧衣及赤足者。余心中尚未明白，迨已到方知为欢迎而来。农民数百人排列在前，公务员及各界在后，余心更觉不安。蒋处长大小车先到，即开午饭，俾晚间可达延安城。饭毕出门，大小车三辆均在门前，余仍与侯西反、李秘书、寿科长共坐一车。甫登车而民众送来文书，侯、李二君亦有收到，开行后蒋处长车亦随来。余车行快，不多时将出洛川界，余与侯、李略阅诸文书五件，所言大同小异，概系诉骂共产党不法事。余已知其用意，盖出于一手之作为，令农民欢迎与投书，使余不直或怨恶共产党。不然，果有事实，向余诉说有何益耶。余将各文书交寿科长阅看，余则撕碎之投弃路边深处，盖不欲带过洛川界，致共产党知情。出洛川至鄜县（今富县）界，便是共产党管辖，有军人在交界处站岗。过鄜县至甘泉县界，路边有一办公处招待饮茶，余问招待员至延安城需若干久，答两点半钟。时已四点矣，即赶起程。然沿途自西安至洛川，虽土路无铺石子，因久未降雨且非崎岖，车行尚平稳，所见山野亦颇青翠，及至鄜县以上，路多崎岖又乏修补，车不堪速驰，所见山野似不及前。余车逢稍平坦处仍快走，故五点半便到目的地。而欢迎者一部分方步行出门。渠等已接甘泉电，亦按六点外方能到也。于是前列欢迎员请余暂候一步，余下车与他等谈话，约一刻钟然后步行与诸人为礼。计到者千余人，后面复接踵而来，在延安城外招待所休息十分钟，请往临时欢迎会开会。盖近处原有一露天广场，可容数千人，并一讲台可坐十余人。时到者可三四千人，均席地而坐，前列数百人多能听闻南语者。

十二、延安临时欢迎会

延安各欢迎者到齐后，均坐于露天地上，余等并寿科长四人及其主席等数人坐台上。主席高自立系民政部长，致欢迎词并云"据甘泉办事处电话，余等四点余钟起程，按当时汽车需二点多钟乃能到，故通知欢迎人五点三刻齐集郊

外，不图余车快速到，致有此迟误，对余等及欢迎员抱歉"云云。余答谢并报告余及慰劳团回国慰劳考察目的。慰劳团分三路出发，每团十五人，各有团长，余非团长，系南侨总会主席，代表南洋千万华侨回国慰劳考察云云。（语与他处同，详前）又言："第一组慰劳团至西安，乏车可来，已他往，余幸有车，故能到此与诸位会谈。余等三人除沦陷区不能到外，若为车马或轿可到者当然前往，以尽代表职责。"又报告"南洋各属华侨，对抗战捐资回国，团结一致，及剧烈抵制敌货，虽被当地政府拘禁，亦再接再厉，历三年如一日"云云（详前）。余报告未终，在后方

陈嘉庚（左二）率南洋华侨回国慰劳视察团在延安

稍高处不知发生何项冲动，露天坐众大半惊起，亦有走者，约数分钟始恢复秩序。一南洋女学生告余："前次张继等来在大会中，亦如此作风，系国民党间谍或特务员等，暗中捣乱，今日之事料必与前次同耳。"

十三、欲巧乃反拙

越早蒋处长来见，云伊车至晚八点钟方到，并交来文书一件，余略阅则与洛川民众所投文书同样，然余已经扯碎弃去，何复有此。乃询蒋君何处取来，答民众在洛川招待所门前，误投送伊车内，因该文书系送余，故代携来交。余乃告蒋君："所收数件文书，知非善意，已就洛川界内毁弃，不欲贵党人知之，不图尚有多件误送君手。"蒋君云："彼等不存善邻之意，往往借民众生事报告中央，致弄到今日恶感日剧，良由是也。"余按此种作风手段，非出于西安省主席命意，必出于洛川县长之主张。若出于省主席，他居重要地位，而令唆使民众行此离间计，则平时与共党虽小事，安得不多端扩大，报告中央。如出于洛川县长，该县与共党毗连，既不存友善和睦，则民事或他事交涉必多，既生交涉，必呈报省主席，不但可卸职责，或可借以邀功。如此事端小则报告省府，大则转呈中央，下层既多生事，上级必增加摩擦，安得不恶感日剧也。

十四、秘书留医院

延安招待所在城外，主持人为民政部长高自立君，约定明天（6月1日）上午参观女子大学。朱德将军要来校相会，下午四点到毛泽东主席处晚宴，余均接受。招待所在山下，距公路百余步，寓所在上坡数百步之山洞。余住一洞，侯、李同住一洞。每洞长约三丈，阔一丈，高九尺，正面有门及窗，用白纸封贴。床椅简单，洞内比洞外稍冷，时气候约六十度（华氏度，本文下同）。膳室设在招待所，余等出寓下坡早餐，即将往女子大学参观。李秘书帽在对派洞寓，急于往取，便行，同坐一辆小型汽车。该校距招待所约十里，在山洞中，每洞较阔大，可容一班学生三十余人。校长为陈绍禹（别号王明）夫人，俄国留学生，诚挚招待。朱德将军亦到，同往洞内客厅座谈。余致慰劳后，并代慰劳团谢其前日在西安厚意，又解释误约之事，"系出于中央同来招待员，而非省府，希勿误会，致增多意见"。朱君云伊早明白一切，完全是省府恶意阻挠，不许慰劳团赴宴，不然慰劳团经面许两次，欢喜愿往，万无失约之理。省府自来多端恶意往往如是，致两党意见日深。伊此回由河北回延安，途经洛阳西安，往访卫立煌、胡宗南、蒋鼎文诸君。伊离开延安已两年余，意在联络情感，同仇敌忾，卫胡二君情意极好，伊甚感激，若蒋鼎文则殊异云云。时已近午，辞回，仍坐小客车，余已上车，李秘书继起，头上碰触车门顶，血出不止。暂卧露天椅上，急请医生来止血，包妥后用小汽车运往医院留医。医院距离十余里，亦属山洞，其山较高，洞内大小约与余寓相同。李君独住一房，看护招待甚周到。

十五、延安城形势

时虽6月初旬，延安中午尚寒冷，约六十度。午饭后与侯君步行入延安城，有公路一道从城中通过，为南北必经路线。城内街店住宅多已倒坏，绝无人居。自前年被敌机轰炸多次，仅存偏僻处小平屋多少，政府禁民聚居住，恐敌机复来轰炸。闻抗战前商民一万余人，现概移往城外附近山洞矣。延安城三面环山，唯前面开豁，登城后高阜上观览，见其形势优美伟壮。他日全城市区商店住家重新改建，若依新加坡科学化建筑法，通盘计划，注意卫生，每间屋长至多一百尺，屋后不许相接（屋后如相接，必闭塞空气，关系卫生甚大），须留通路至少十尺。不但天然人工两俱美妙，而住民更可享健康长寿之无穷幸福。以陕北土地广大，将来南北交通便利，延安城在中心要区，他日可成为热闹都市，居民增至数十万人以上，实意中事，望当局注意为幸。余等复步行出城里余，至山下，一道市街，两边大小店屋百余间，均系商贩，有门市售日用品者，有似商行者；然屋宇多简陋，货物排列颇少。余问同行招待员："货物何如此简单？"答："恐遭敌机轰炸，凡大宗货物积存山洞内，需要则往取。"又问："政府有无存货公卖乎？"答："未有，概属商民自行经营。"又问："大商店资本有若干？"答："闻有十万元至二三十万元者，多系收买土产，然只少数人耳。"余回寓后，又问南洋女学生："该商店是否政府经营？"答："不是，系商民之营业，与政府无干。"

十六、平等无阶级

下午四点钟，余与侯君乘车赴毛主席之约，到时毛君已在门外迎接。其住居与办事所亦是山洞，大小与余寓略同。屋内十余只木椅，大小高下不一，写字木桌比学生桌较大，系旧式乡村民用家私，盖甚简单也。毛君形相容貌，与日报所载无殊，唯头发颇长，据言多病，已两月未剪去，或系住洞内寒冷所致。余言："何不另建住屋，敌机如来可进洞内。"答："亦有此打算。"又言他办公事多在夜时，鸡鸣后始睡，故日间须下午乃起床。余云："何不改日间工作，身体或可健康。"答："十多年如是，已成习惯。"余致慰劳毕。南洋女学生来，无敬礼便坐，并参加谈话，绝无拘束。又一男学生来亦然。少顷集美学生陈必达来亦如是。余乃知平等无阶级制度。近晚朱德、陈绍禹夫妇亦到，诸人安然座谈，未有起立行礼等项。诸男女学生相辞回去，唯陈必达留作伴。筵仅一席，设于门外露天，取一旧圆桌面置方桌上，已陈旧不光洁，乃用四张白纸遮盖以代桌巾，适风来被吹去，即弃不用。同席十余人，毛夫人亦参加。

十七、渝军入延界

6月2日，余电山西阎司令长官，告以秘书撞伤，迟三天方能起程。因前日在三原县与其处长约6月3日到宜川县，请派人导往，兹因秘书未能出院，故须较迟。是日闻高民长言，中央已派胡宗南带两师兵来占鄜县界，及驻宜川要区，军事已形严重云。余询："前昨临时会，场中发生何事？"答：

抗战时期延安的宣传口号

"两个反对党人暗藏在此,破坏开会秩序。"又问如何处置。答:"尚拘禁。前张继等来亦有两人如此捣乱。"又问:"张继是国民党,彼反亦行此,何意?"答:"彼辈但知扰乱而已,拘禁数日则逐去。"余请赦其罪逐去。答:"当照办,我等决不似国民党之辣手。"余昨入延安界见多处标语,贴于路口壁上云:"团结抗战""精诚团结""人不犯我,我不犯人"。兹闻中央已派兵来,则白将军调解或无效,衷心无限忧闷。少顷朱君来,余询以是否事实。答:"兵来是实，系师长带来，非胡君，然其恶意可知。我暂静观一步，看彼如何举动，再作打算。"又问："白将军及参政员尚在调解否？"答："尚在进行。"余云："何不电知白将军？"答："昨天已电告矣。"

十八、一生洗三次

延安女子大学，内有南洋华侨女学生多人，暹罗、马来亚、荷印都有。余询校中各情，据答学膳宿等费均免，每月复给一元作零用，衣服一年寒暑各给两套，均由政府供给。菜资每生每日六分，如伙夫善办理者，每星期有猪肉一次可食，否则无之。早餐食粥，午晚餐食小米饭（系黍而非米），菜并汤合煮一大碗，六人共一席。伊等兼养猪及开垦荒地种植物，所卖钱概归学校，此为学校私有，与政府无干，学校则将卖得之钱添买猪肉，每星期可加食肉一二次。又询彼等在校内除上言及读书外，有何其他工作。答大日子及星期日，须分队到各乡村演说，劝告农民等爱国，同仇敌忾及卫生清洁，和睦亲善等事。又问效果如何，答甚见功效。前外间讥刺陕北人，一生洗三次，生时一次，结婚一次，死一次，今者大不相同，虽衣服亦常洗，可于行路之人及农民验之便知。又问农民比前生活如何，答较伊等更好，因物价增高，又加垦荒增收不少，现衣食均佳。两年前伊等初来时到处多见穿破衣者，十岁左右女童无裤可穿者颇多。近来穿破衣者极少，女童虽数岁者亦有裤穿。又问垦荒地是私人的，抑归政府。答概属私人，政府首年无税，第二年起照例依收成若干征抽之。又问如何征抽法，答每农民每季如收成四百斤以内无抽，四百斤起每百斤抽一斤，再加一百斤加抽一斤半，至多抽至七斤半为止。

十九、西安事变条约

6月4日，延安第四军校行毕业式，并开游艺会，来柬邀余参观及晚宴。朱将军来招待所午饭，约下午导往。余询中央军来鄜界事，答："无何变动。

昨白崇禧将军复电，经向何部长查询，云系驻防无他故，可免介怀。"余闻下心中甚慰。乃与朱君谈两党摩擦事。朱君言："系下级军政人员及不良分子寻事生端所致。故中央对我歧视日深，阻挠特甚，如步枪之子弹，原订每月供八百万粒，如约交付者只有一年，过后屡催不交，或交少数。虽向蒋委员长交涉，经下手令嘱交，亦领不足，迄今已八个月无交一粒。又自抗战以来，未有交我一支步枪，一粒大炮子弹，其他可以想见。如君不信，见蒋委员长可问是否事实。前年敌军入山西猛进猖獗，阎将军军队被迫不堪，曾电重庆军委会，拟保主力全军渡黄河守陕界。何部长将赞成，白副总参谋长则反对，云共党军三万兵，在山西更前线，尚能死守不退，山西军十余万反须撤退，理由何在。于是共商于蒋委员长，赞成白君主张，即电阎将军死守，或化整为零。可见若无我等军队勇战死守，敌人不但占全山西，就是甘陕川均受威胁。又抗战以来中央军官屡屡升级，无师不有，而我军牺牲苦战，未有升一人，其待遇不公如此。又前年西安事变，当时订约划出陕北十八县、宁夏三县共二十一县为边区自治政府，由共产党主持，归中央政府直辖，与陕西省府无关。并承认军队三万人，月助军政费六十八万元，共党则实行三民主义。所订各条件，须经行政院通过，宣布全国各省县咸知。自订约之后，我已实行三民主义，中央行政院亦通过各条件，然不肯发表告知各省县。我所言句句是实，先生如不信，可问中央行政院要人便知。"云云。

二十、积极扩军校

午后余与侯君同朱君乘车到第四军校，适学生在校前赛篮球，学生及观众均无行礼。有一学生向朱君大声呼曰："总司令来比赛一场。"朱君即脱去外衣，与诸生共赛两场，其无阶级复如是。该校学生五百名，毕业生约百名。少顷校长登台演说，言我等须积极进行，时机切勿失。第五军校、第六军校已次第成立，第七军校、第八军校须从速开办，再后当复扩充至第九第十等云云。

会毕，导往参观。课室概在山洞，高低相距数百尺。近晚入席，先出四盘菜及他物，俱冻冷，余原不敢食，不得已略食少许。侯君颇多食，余心中怪之，是夜侯君果腹痛，痢疾甚剧。越日余思李秘书未出院，侯君又染病，昨电阎将军之日子已到，不能起程，乃复电云："秘书未出医院，日子须展限。"盖不知将加延几多天耳。

二十一、无苛捐杂税

6月5日，财政长、公安局长等数人来座谈，财长为龙岩人，可直接谈话。余问："街中商店是否政府经营？"答："商民私人营业，与政府无关。"又问："资本多少，政府有抽营业税否？"答："资本多者十余廿万元，少者不等，亦有百数十元者，政府均无抽税。"又问："民众田园，政府有无没收？"答："人民自己营业，政府无干涉，就是新垦荒地亦然。"余问："垦荒有多少？"答："民廿七年八十余万亩，廿八年一百二十余万亩。本年已垦一百六十余万亩，共三百余万亩。"又问："下半年可再垦若干？"答："无再垦，当俟来年。"又问："农业既属农人私有，政府如何抽税？"答："农民收成产物，每季如不上四百斤者无抽，如上四百斤者每百斤抽一斤，如加收一百斤，加抽一斤半，至多抽至七斤半为止。"问："除此而外，有无其他捐税如房租、地租、保甲、糖、盐、布、帛等税？"答："完全无有。"又问："果如此，共产政治何在？"答："已实行三民主义有年矣。"

二十二、兼用旧武器

公安局长陈君，与余谈中央派兵来鄜界及摩擦事，余告以："昨听第四军校校长演说，贵党对军备如许扩大，摩擦安得不愈烈。"答："本党不如此，则无以自卫，恐被国民党消灭，且各沦陷区广阔，非如此亦不能抵抗敌人侵入，而非完全对内也。"又问："贵党现扩充若干师兵？"答："二十三师。"余云:"昨天朱君告余,中央政府自抗战迄今,未曾给一支步枪,一粒大炮子弹,已八个月无交一粒。兹扩充至许多师,军械从何处来?"答:"一部分抢之敌人,一部分买诸民众。"问:"民众安有许多军械可卖?"答:"敌我战争胜负之间,遗弃军械势所必有,拾得者两方均有私售于民众,由民众转售而来。本党多组游击队,兼用旧式武器,如大刀阔斧,长枪短剑,及手榴弹,夜时杀敌颇称利便。且联络乡村人民间谍,报告敌人在某处,人数若干,我则加多人数暮夜劫杀,多占胜利抢夺其军火什物。至所组织诸游击队,多在沦陷区域乡村及偏僻等处,出没无定所,与民众合作,感情甚好,故能多破坏其交通运动而夺取之也。"

二十三、县长民选

延安司法院长某君,为厦门大学生,来访,南洋男女学生多人亦在座。闲谈间余问政治事项,某生答:"治安良好,无失业游民,无盗贼乞丐。"又问:"用何政治得此成绩?"答:"凡有失业及赋闲之人,保甲必报告政府,委以职务工作,否则当往垦荒,因荒地广大,可以尽量消纳,故无游民盗贼之害。"又问:"官吏如何?"答:"县长概是民选,正式集大多数民众公举,非同有名乏实私弊。至各官吏如贪污五十元者革职,五百元者枪毙,余者定罪科罚,严令实行,犯者无情面可袒护优容。公务员每日工作七点钟,并读两点钟党义,共九点钟。星期日或夜间当上一大课,人数不等,民众可以参加,多坐在露天,常至数千人,听名人演讲。公务员薪水每月五元,虽毛主席夫人、朱总司令夫人,亦须有职务工作,方可领五元零用,至膳宿衣服疾病儿童教养应酬等,概由政府供给也。"

二十四、毛主席与寿科长

毛泽东主席来余寓所数次,或同午饭,或同晚餐。陕北多山地,水田甚少,故罕有食米，然待余等三餐均米饭及鸡蛋诸物。毛主席与余谈论两党摩擦事，余乘间告以："南洋华侨负抗战金钱责任，义捐不过十分之一，汇寄家用占十分之九，然均属政府所得外汇，概系兑现白银，如旧年（民廿八年）连美洲等处共汇来十一万万元。设政府以半数往外国采办军火，留半数汇来祖国作纸币基金，便可发出加四倍纸币，以作抗战军费，无须责成各省民众受公债困苦。自抗战以来，海外华侨提高爱国，并欣幸全国一致团结对外，可望获最后之胜利。兹若不幸两党恶感日剧，破裂内战，海外华侨必悲观失望，公私外汇定必降减，抗战经济或须发生问题。因自抗战以来外国未有借我现金，政府所倚赖全属华侨外汇。万望贵主席以民族国家为前提，降心迁就，凡有政治上不快事项，待抗战胜利后解决，此乃内部兄弟自生意见，稍迟无妨。"毛主席满口应承，言伊等绝无恶意，所有摩擦生端，皆由下级人造作，而中央多误信，嘱余谒见蒋委员长时，代为表白伊完全无恶意。又云："君到此多日，所有见过此间情形，如回到南洋请代向侨胞报告。"毛主席所托两事，余均应承。然余心中已自揣度，凭余人格与良心，决不指鹿为马，不待到南洋，就是出延安界，如有关系人问余所见闻者，余定据实报告耳。余寓洞房前有一座小平屋，隔作两间房，茅盾先生及寿科长各住一间。晚餐后毛主席问余，寿科长住何处，余指其住所，毛主席即入其屋谈话，役人立门外等候。余在洞房前待与毛君相辞，乃久不出。余回洞内半点钟复出，视毛君尚未出来，时近十点钟，洞外晚风寒冷，余乃入洞安眠，不知毛君谈至何时回去。以一省府之科长，毛主席竟与长谈若是，足见其虚怀若谷也。

二十五、工业尚幼稚

6日朱君夫妇及其他十左右人，招余坐小客车，往安塞县参观铁工厂及印刷厂，规模均小。余问朱君他处有铁工厂乎，答未有，盖陕北概是农民，无所谓工业，迨共军到始有创设工厂，及改良水利，闻有两处，已改妥，甚益农业。

沿途所见民众男女衣服均好。据同行者言："共军未到前，鸡蛋为五十粒售一元，鸡一只值一角，农产物均甚廉，故乏资买衣服，破坏不堪入目。及共军到后，交通整顿，物产升价，现下鸡蛋一元仅买三十粒，鸡一只值四角半。"余问："教育如何？"答："全县原只有数间小学，现所辖各县到处多有，言普及则尚早，若比数年前则十增八九。"又问："尚有妇女缠足否？"答："以前此风未除，及共军到后，缠足与鸦片均严厉禁绝，不但童女禁止，就是四五十岁内缠足妇女概须解放，违者科罚。"余到七八天绝不见有缠足者。

二十六、黄尘常飞扬

侯君病两三天，医院长亲来诊视数次，均义务免费。医院长为龙岩教会人，自十年前共军在龙岩时，渠便担任西医，但非限于共军而已，迨共军退出，渠念共军中无医师，故不忍相舍，愿随行服务迄至于今，现主持该医院，月薪三十二元，为各界最高待遇。出门诊症以马代步，不取分文钱。闻设有一间制药厂，能制多种西药及中药，余未曾参观。送来数种常药，系该厂出品者。西北男大学，余亦未往参观，闻距离稍远，其待遇与女大学同。延安风多雨少，泥粉时常飞扬蔽空。有一日狂风作时，满空如充满黄雾，数十步外不能见人，屋内黄尘布席，每人日从鼻孔吸入不知多少。余询诸南人及南洋学生："能耐此苦否？"咸云："初来多不堪，迨后习惯已成自然，无何关系，亦有少数人志愿不坚而他走，至于身体健康则均好，甚少疾病，如肺痨症此间更罕有也。"

二十七、不团结罪责

6月7日李秘书已出医院，侯君疾亦愈，余复电阎将军准备明天起程。是日军政界及男女学生多来座谈，并请晚间到某戏院开欢送会。中间与军界谈及两党摩擦事，余劝勿积极扩充军队，中央自不发生恶意。他等答："本党扩充军队多在沦陷区，中央办不到之处，且属抗敌非专对内。自抗战之来，中央军扩大二三百万兵，就阎司令长官，中央仅承认十八万兵，现他已扩充二十余万之众。盖不如是不足以抗敌。中央对本党常视同眼中针，欲加之罪，何患无辞。本党之扩充，实一意对敌，若中央仍存歧视不能原谅，本党当然不能坐以待毙也。"是晚往某戏院开会。该院建筑简单，前天已在此院演剧及开演讲会，主席为朱德将军，致辞毕，余上台演说："南侨总会之组织，及当为人模范，勿模范于人。"（均详前）本晚欢送会到者千人，全院皆满，朱君亦到，主席陈绍禹致辞后，并言"本党自来抱团结爱国宗旨，原为对假爱国军阀及贪污官吏，冀可挽回纠正，促其悔悟，俾政治得就轨道。自抗战后，即立意以救亡为先务，积极对付敌人之侵略，于中央军队则取联络友爱，共同一致对外，诚可以对天日而无愧。而中央年余以来，屡听细人之言，不察事实，故多生恶感。然本党愿抱定主张，极力忍耐，避免发生危险，决不愿至于破裂，致抗战更加困难"云云。余答谢后，言："顷闻陈主席伟论，余万分喜慰，极表赞同，能如蔺相如之推让，一致对外，乃国民全体之愿望。至于'团结'两字，甚为重要，自抗战以来，海外华侨闻国内已能团结对外，欣幸莫可形容。此回归国经过各要区，多贴标语，非'团结一致'则'团结对外'，而贵处标语亦然。今晚复闻贵主席亲言，可见全国除少数如汪贼外，大都喜欢团结，是即四万万五千万人皆欲团结，知非团结不足以救国。此后如万一不幸破裂，则不团结之罪，两党二三位领袖当负全责，而非我等民众不能团结也。"

二十八、重庆与延安

余到重庆所见，则男长衣马褂，清朝服制仍存，女则唇红口丹，旗袍高跟染红指甲，提倡新生活者尚如是。行政官可私设营业，监察院不负责任。政府办事机关，除独立五院及行政院所辖各部外，尚有组织部、海外部、侨务会及其他许多机关。各处办事员多者百余人，少者数十人，月费各以万计，不知所干何事。酒楼菜馆林立，一席百余元，交际应酬，互相征逐，汽车如流水，需油免计核，路灯日不禁止，管理乏精神。公共汽车、客车、人力车污秽不堪入目，影响民众卫生。报纸为舆论喉舌，责在开化民智，则钳制严密，致每日仅出一小张，何能模范各省。其他政治内容非余所知。第就外表数事，认为虚浮乏实，绝无一项稍感满意，与抗战艰难时际不甚适合耳。迨至延安则长衣马褂，唇红旗袍，官吏营业，滥设机关，及酒楼应酬，诸有损无益各项，都绝迹不见。如云陕北地瘠民贫，政府局部甚小，故不宜如首都应有尽有者，亦属有理。然余所不解者，重庆诸人之奢费，金钱从何而来？是否民脂民膏？余以不官不党居第三者地位，故不能已于言耳。

二十九、所闻与所见

余在重庆时，常闻陕北延安等处，人民如何苦惨，生活如何穷困，稍有资产者则剥榨净尽，活埋生命极无人道，男女混杂人伦不讲，种种不堪入耳之言，似非为宣传而来，又是略可靠之人告余者。然彼或闻诸他人，或阅印刷册，信以为真，亦莫怪其然。凡未到延安区之人，谁能辨其真伪，余亦是疑信兼半，所以必要亲往。亦有劝止者谓往恐不利，余则置之度外。及到延安界特注意前所闻数事。如民众生活惨苦，则所见所闻都未有。资产剥夺，则田园民有，商店自由营业。至于男女不伦，如行路来往，坐谈起居，咸有自然秩序。常有一二南洋女生，在招待所留晚餐后，将回校需十左右里，余问夜时有无关碍，答绝对无关碍，此处风俗甚好，一人原常夜行，此为余所见者。至于所闻，虽男女同坐，无人敢戏言妄语，非法举动，都能守分。如有互相恋爱，可自由结婚，只向政府处签押注册，简便了事。盖无论男女，谁敢行动非为，即免惩戒，亦受大众鄙视。男女衣服均极朴素，一律无甚分别，女衣较长些，人人如是，设有一两人粉装华丽，锦衣特色，不但被人视同怪物，自己亦羞愧不能自然。又如无谓应酬，浪费交际，亦无从开销，虽有资财竟同无用耳。然陕北地贫，交通不便，商业不盛，地方非广，故治理较易，风化诚朴。设共党若握着东南富庶市场，区域广大，不知能如此廉洁，兴利除弊，为人民造福如延安之精神乎？

三十、宜川途中千山万岭

6月8日早，余仍乘省府汽车，与侯、李及寿科长离延安城。临行时捐三千元助医院费，念侯、李等受医院优待，未花一文钱，又备百多元送寓所役夫，均坚辞不受。各界及学生多来送别，仍经甘泉县至鄜界午饭，转东行向宜川进发。沿路见有驻军，即是胡宗南将军派来者。经过许多峻岭及高山，路面略有铺石颇阔，因久无雨尚易行。转过一山峰，窃念无复更高者，不料一峰又一峰，已高复再高，远望四方都是山峰，所谓千山万岭始于此见之。虽在高山环走，而空气顿减，渐变热暑，与延安不同。近晚到宜川城，阎将军所派招待员某君，带领七十余人，计轿四架，马十左右匹。轿系临时用椅改作，轿夫亦系临时令军人充当，每轿备十余人作两三班轮流。全队已自数日前来到，是晚县长设宴招待。同席有胡将军委派师长某君。余问派几师来此，答一师而已。

（本文节选自《南侨回忆录》，岳麓书社1998年版。总标题为编者所加，内容有删节）

1942年延安参观日记

刘菊初

> 刘菊初（1879—1954），名安芳，字馨圃，号菊初，山西柳林人。毕业于山西师范学堂，先后任离石、柳林高级小学校长，曾在平遥乙种实业学校、兴县中学任教，晚年任贺昌中学首任校长。"七七"事变，日军侵入，激于民族义愤，虽年近花甲，仍毅然抛弃家园，于1940年投奔晋西北边区政府，参加了革命工作，并于1942年担任了晋西北临参会参议员、晋西北行署行政委员、四专署教育科科长等职。同年参加了延安参观团，受到了毛主席及中央领导的接见。抗战胜利后，历任解放区战犯调查委员会晋绥边区分会委员、离石县议会副议长等职。

一

余参加革命工作，于兹数年，今春得牛友兰先生函谓政府帮助各县士绅为延安参观之行，约于清明后谷雨前集中兴县出发。记得前年在崔家峁曾有游延之约，今日果见诸事实，并得梁专员赞助，俾得成行，亦天假之以缘也。

1942年4月15日，由临县杜家沟与王九龙等起身出杜月沟，进固贤沟至马圈沟过山，住曹雨沟，次早行10里到胡家塌，是村为余旧住之处，相见无不问询家常。

5月7日，早饭后，到三五九旅驻防军连部，晤营教导员唐，连指导员刘，见壁间横条上书"枪杆子加上马列主义，就无敌不歼，无坚不克"，又书"没有文化知识，就没有远大前途"。旋又到市政府，晤张市长。该处只市长及勤务各一人，谈及赴绥牲口，尚须与连保处接洽。螅镇居民约150户，土地不及百垧，人民多依渡口营业为生，亦有纺花织布者。有私营商店20家，公营商店20余家，人家有病，往往到村前庙中，抬迎华陀楼桥于院中，焚香抽签，祈求药方，幸而病痊，尚须许还布施。社会教育之宜提倡，岂容缓哉。今年阴历二月间，由东逃来此者，有万数人，有的不久返回。留寓者，有的营干粮饭食摊子，每逢四九日有集市，尚能卖十数元，以资糊口。此处炭，法币1元，可买5斤，白面每斤2元，米斗法币50元以上，梨每斤2元2角。午在驻防连部吃饭。饭后，由新华商店王经理世五导至李家坪一二〇师炸弹厂参观，经刘家坪3里许至厂，厂长陈亚凡，工务科长刘希敏招待。厂内厂部，下设工务科，科下分设材料股、检查股、翻沙股、合成股。翻沙股下，有熔化组、模型组、修理组、心型组，合成股内有完成组、拉火组、黑药组、木柄组。熔化生铁，以炭与铁相间，置炉中。旁置铁制风葫芦，以二驴牵引机轮，机动风生，炉火即炽。每3斤炭，可化铁1斤，亦可制成灰铁，能制机器，不似招贤镇所出生铁，不能加锉。熔化时，须将生铁碾成碎末，再入炉中熔化。木工组做把子，用手机摇旋，1小时可出25个，共有旋机3架。工人80人，山西人占多数，河北人次之。制好之手榴弹壳（二号的重1斤3两），拉火，地雷壳（重40斤）甚多，只以缺木柄材料，未能完成。拉火4秒钟即发火。壳内装黑药、灵药，导线系用麻绳，绳端系以钢丝，钢丝纽为锯凿形，导线一拉，与药摩擦即爆炸，远及35米，每个弹壳可炸为40余片。做模型以煤沙入模型（稍加坩泥水使粘）制成内型。外又有外型，系先用木型置木框中，围以炭沙，捣制为空型。再将前制之内型放入。二型间留有空隙，即成为壳，灌入熔铁，即成弹壳，一铸两个。工人除衣食、手巾、胰子、鞋袜一切由厂供给外，每月工资25元至50元，工徒20元以下。工作而外，尚有技术课、新文字、国语、文化等课程。此村住户30余。参观毕辞出。

5月8日，早，新华商店请饭，午后由螅起身，经李家坪、曹家沟、小庄，行20里至王家坪，晚宿沙坪村。道经王家坪时，见道旁新建碑楼，内书"霍门王氏贤考碑"，联语云"忍气数年尽妇道，吞声一死慰夫心"。下驴询访，得知霍王氏系童养媳，贤惠，夫妻和睦，姑对媳拷打折磨致死，为掩人耳目，投尸高崖之下，声称投崖自尽。事平，霍为立碑。冤哉王氏女，旧社会恶劣遗毒，至此极乎。

5月11日，访王司令员兼专员，因已赴延未晤，晤副专员兼绥德县长曹力如、警备区特委会李镜波、市长王毓琪、保安处长刘子义、边区银行行长王慈、税局李周行、地方银行经理张竞卿、商会会长蔡幼轩、工会主任张如洲、妇救会白凰舞、青救会丁琇、绥师校长霍仲年。

5月13日，早，全体过访税务局、禁烟督察处、公营商联会、贸易局。3时，联合请饭。又访绥德师范、绥德女完小、绥德第一图书馆、绥德剧团、绥德文庙小学、大光肥皂厂等。

5月18日，由清涧起行，10里至十里铺，入延川界，再45里至河家湾，15里至杨家圪塔住宿。此间无苇席，炕席以高粱箭箭编席，住户十几家。

5月19日，由杨家圪塔至永坪镇80里。早起程，行25里至高家寨村，住户30余，属延川七区，土地按人口分配，分2至5垧不等，出公粮，不纳钱粮。到永坪道经石窑坪村，村距永坪5里，有石油井2处，深40丈，木架机轮高数丈，人工绞轮，油出井后，分析油水为二流。水流至制盐畦中，晒制成盐；油系生油，运至延长炼制。大井用人工32人，次井用16人，每日可出生油400斤（过去用机器，所出甚多）。

5月20日，由永坪起身，30里至王家峁，再10里过盘龙山，下山再行10里过河到杨家园子（向北为盘龙镇，未经过）打尖。永坪自过山至盘龙镇以下至延安，一路多产煤，杨家园子路旁数十步，即有煤窑，深三至四丈不等，炭每百斤价10元许。横山县产粗瓷，见有驮小瓮一对，问之需边币百余元，有运至青化砭一带出售者。晚宿青化砭。

5月21日，由青化砭起身（行至延安60里）行30里至拐峁打尖。此间米45斤斗价120元，麦180元，大麻油15元，猪肉20元（24两秤），枣

12元。有一饭铺出公粮6石。打尖后，行30里，即到延安，时在下午3时。今日半路遇刘墨林，伊亦系参观成员之一，随后赶来。到延安后，由边区政府交际处招待科金耐科长到河边迎接，住招待处。金系安徽人。饭后，王孟娴（王系王达臣之胞妹）来。晚开会总结在绥德参观情形，并明日拟参见各位首长。

5月22日上午，拜访林伯渠主席、李鼎铭副主席。林主席谈话要点大意是：现在不分阶级，不分党派，不论工农商，政府一律予以保障，使各安心。实行三三制，大众团结一致对外，实行新民主主义，不论任何阶层的人应尽的义务，必须要尽，应享的权利，为次要的享受。李副主席谈话要点：延安所以能安全的缘故，全靠晋西北军民之艰苦奋斗，若只靠黄河天险，则不过一线之隔，不足凭恃等语。又访参议会谢副议长觉哉处谈话要点：参议会议员是把人民的意见带到议会里边，由议会决议以后，还得督促政府实行，不是说了就算完了。又讲此间参议会第一次选举，未将好人选出的缘故，一是好人不注意，一是恐误了自己的事，结果第一次的会议就没有议出与人民有利的事来。有了这个教训，第二次选举时，人民就注意起来了。又讲本期议会实行三三制，共产党议员超过数目时，自请退出，以符此制。并言议员散会后，在地方上仍应成立小组，把民间应兴应革的事，报到议会，否则，议会散会后，就没作用了。三位皆年老而精神清爽，谈词娓娓无倦容。午饭后休息。季玉来，数年不见，喜可知也。相与谈叙家常者久之，伊见我铺盖太薄，为取被子，又为洗袜子。

5月23日，上午开会讨论参观事项，季玉来，为洗单衣，午后相偕由南门进延安城，城内因前二三年，经敌机数十次的轰炸，尽成瓦砾，市肆凋敝，居民多外逃。出北门过延水，经王家坪桃林公园，到伊寓。桃林公园，桃树成林，游人众多，有的看书看报，有的打扑克娱乐。蔷薇一丛，正在开花，鲜艳夺目，偕季玉游览一周，伊送我过河而返，嘱明日早些来为备饭。

5月24日，早饭后访韩茂兰，知本市栈房20余家，栈房日饭3餐，交饭费华币25元。与王敬堂访辛安亭于教厅编审室，伊为主任。教室内分三室四科。下至新市场，参看民众教育馆。过南关公共体育场，场面积数十亩。又看到延

安市公布教产收租办法布告：本市公产，除为机关学校部队及其他公共借用而无收益者外，一律确定为教产。（耕地分水地、山地、川地三等，每等又分三级，按亩每年收租。水地上等收租米一斗二升，中等一斗，下等八升。川地上八升，中六升，下四升。山地上三升，中二升，下升半。）（市地、商店占用者，分上中下三等，每方丈每季租米，上等三升，中等一升八合，下等一升。）（居民住宅占用公地者，每方丈每季按商店办法减半收租。）此间近来米30斤斗70元，麦斗100元，猪肉斤（24两秤）20元。由南关进城出北门到钧处吃饭，归时到高等法院访韩昌泰秘书。

1941年，陕甘宁边区政府主席林伯渠（右）和副主席李鼎铭先生在政府门前

二

5月25日，决定从今日起，午前阅报整理，午

民主人士、华侨领袖看延安

后参观。上午，中共北方局分局书记林枫、四纵队政委雷任民来谈许久，讲述时局及群策群力建设根据地等问题。临行请留墨迹以为纪念。林书"群策群力愿为建设晋西北为抗日民主根据地而努力"。午后，行2里，参观交通纺织工厂。该厂1940年创建，职工180人。厂长冯舆，秘书彭飞。铁机18架，木机13架，纺机16架。铁机日出布1匹，每匹10丈4尺，宽24寸。木机日出布4匹，每匹5丈。纶经机1架。打穗机23架。掏针架一。弹花机以一马力绞轮，二人司弹，日出熟花50斤。该厂厂部下分总务、会计、工务三个科。工务科下分三股，股下分班。每日工作九时，学习一时。工人每日供给菜一斤，油四钱。另加二钱，盐每月斤半，每月可吃肉一斤，米每月一斗。衣服每年二单一棉。此外工人每月津贴米一斗六升。工人多系残废军人，河北人居多。工具室二，为铁工、木工。该厂建筑，皆系自营。又参观兵站一科附设之汽车修理组，据说计有汽车40辆，待修的十几辆。归途过唐左拾遗杜公祠下，祠在石崖间，刻有"少陵川"三字。归来后建设厅高厅长、霍副厅长来访。张干丞同志送阅延安生活三册（均系照片），并为解介，图内有渡渭水，渡泾水，嘉陵山，拥蒋大会，延安党政军民各界欢迎成吉思汗灵柩大会（由蒙古奉安四川时在1939年6月19日。棺为银制）。其他名人相片，苏联馆藏之铜像，旅渝朝鲜妇女联合会，追悼平江惨案诸烈士大会等。照片甚多。

5月26日，午后参观日本工农学校，校址在宝塔山下，副校长赵，校内日本人共40余。课程有中国语、社会科学、时事、日本问题、文化课。学习情绪甚高，大半都能说中国话。有被聘为边区参议会议员的一人名森健（日本人多系俘虏而来，亦有不堪军阀压迫自行投诚者）。余与松本、交山、南八雄谈，据云：日本气候冬暖夏凉。对于战事，深信游击队之有力，伊等入中国时，以为三个月即可完成灭亡中国，今已五年，中国操必胜之券。又谈：日本帝国主义，不只是中国之敌，而且是世界之敌；日本之失败，不只是中国之利，而且是世界之利。问及想家与否，则云想是想，但所想之意不同，帝国主义失败后再想回去。又问日本俘得中国人如何对待，则云是杀。日本共产党领袖片山

1942年，延安纺织厂

潜1933年病死于莫斯科。壁间张贴片山潜照相，指以告人。该校壁间有王稼祥所题"中日人民联合起来，反对日本帝国主义"字条。午后阴雨，嘉陵山下石壁间石洞甚多，壁间刻有"真鹫岭"三个大字，一方又刻"烟霞深处"四个大字，均为明嘉靖年间书。

5月27日，昨晚雨至今未开，午后沿杜甫川行三四里，参观自然科学研究院。院长陈谦伯，院内分大学部、预备班、补习班。大学本科分化学系、物理系、地矿系、生物系，又有医训班。本院成立已3年，人数300，其中女60人，教师十数人。毕业期限，大学4年，预备班2年，医训班2年，补习班不限。大学上课每日6时，教材系搜集参考书油印，低年级的系自编。生物系乐天宇教师谈：教材注重植物标本的收集，计有1万多种，重要药材有200多种，以科学分类，说明功用。其目的在应

1939年成立的延安自然科学研究院

用于药材、工业（染料）。教学工作，研究防治病虫害如棉花上之蚜虫，用旱烟去叶后之根茎煎水，洒于棉叶上，蚜虫即死。地矿系，边区为盆地，考其时代，从前是海，系砂岩，知地质时代较近。矿物有石油、煤炭、盐、石膏、方解石。又有硫化铁、赤铁矿，但不多。金砂少。石油自唐宋时即有名，光绪二十九年间，德国公司研究开采。民国二、三年间，美国工程师在延长至宜川间三年之中，共开九井。美人向本国政府报告，谓油质差，产量亦不丰。民国七、八年间，陕人在延长城外再行开采，日出原油几万斤。民国十二年间，国民党派地质学家谢家荣来延安延长勘察，后派王竹谦来开采，只做了些初步的工作。其玻璃工厂，原料系石灰、石英、碱，石英50％，碱45％，石灰5％，此外用火硝少许，可制成玻璃瓶、灯罩。化验室陈列药品甚多。科学馆，陈列仪器，又分实验室、绘图室、标本室。此外有酒精厂在其旁。

由此辞出，又到光华农场，农场在马家湾。厂内分农艺、园艺、畜牧兽医三组。1939年成立，有井地、旱地，系租来的，面积200亩，主要是作为试验田。租金每亩5—8升。劳力一部分雇用，一部分发津贴衣服。年收入作为经费，又供食用。有奶牛12头，荷兰种，日出奶40磅。奶羊20余，瑞士种，日出奶7、8磅。还有膻羊20余头。地中种谷及糜子等，谷种有300多种。园艺中有洋槐、核桃等苗。归来晚饭。

晚饭后，到建设厅。访任范九秘书，系同乡旧交。建设厅内设六局，农业、林务、工业、贸易、合作指导、交通运输。又有农业学校，秘书室，总务科，会计科，机关生产科。共有200人。与政府、民政厅、教育厅四家，共种地百余亩，以全年生产收入供给各家两个月的粮食。其余10个月由财所发给。每人每日供给小米1斤3两，菜金2角，盐4钱，油炭调和，皆在2角之内，自行调剂。办公费纸张笔墨，另有预算。灯油每周添1次，约1两。烤火1年只3个月，烤火费每人每日2角。服装单衣1年1套，棉衣2年1套。鞋费1年20元。办公、学习、吃饭皆集体。与任谈毕后返寓。

5月28日，上午到西北局访问高岗议长，高议长谈及当前时事及参议会选举等问题。辞出，到纬华工厂参观。厂长李。年前开办，先为弹毛厂，今年华侨救国会投资1万元，纺织毛毯机器系手工操作，改厂名为华侨毛织厂。工人五六十人，月出毛毯500条，可希望出至千条。工人除供食外，另给小米一斗至二斗，布四尺五六寸，学徒小米四升，布三尺。每日工作10时，学习一时，有工会，自管生活。有织机5架，织线机3架，合股机2架，络纬机3架，每日可络40斤。络筒5架，日络40斤。弹毛机2架，以马力拽绞机轮，每机日出40斤，每机用2人。打毛机2架，用人力绞转，日可打200斤，以去尘。又有染科。染色能自配，用李树根皮、槐花、黑各槛等，能配五六种。工人供食，米45斤，盐1斤，油12两，肉1斤，柴薪调和等3角，另有菜洋。参观毕，留午餐。

5月29日，上午乘汽车行25公里，到枣园之延园赴宴。续范亭主任、林主席在此修养。园中树林荫翳，果木为多，在延安称为第一，既而贺师长、林枫书记亦来，各有重要讲话。请柬系由贺、续、关、林署名。宴毕座谈一时，返寓。临行，续主任叮咛于饭食起居之间，各宜注意，足见巨细不遗。晚寄秋贞信。

5月31日，仍雨。交际处处长金城。客厅壁间有毛主席题词："只有团结，才能胜利，只有诚意，才能团结，我们用诚意向全国求团结。抗日民族统一战线，已经建立起来了。发展下去，扩大与巩固下去，日本帝国主义，是不难战胜的。"又有王明题字："抗战、团结、进步，三者不可缺一。"又有成吉思汗相片，中山相片。又有朱总司令题字："谁能更好地武装人民，谁便可更好地去战胜日寇，哪个地方更好地武装了人民，哪个地方将可更好地击退敌人的反攻。"客厅之内间，为古从军图书馆。以为纪念古从军同志命名。

6月2日，天半阴，早饭后偕师海云到宝塔山附近一游，该处岩间，石窟石洞甚多，其中原有石雕佛像，今已只留空窟。"真鹫岭"三大石刻字及"烟霞深处"四大石刻字，今日又见，后者为明嘉靖己未年梦鹤道人所书。

此间有建设厅所属之边区职业学校，今年3月成立，为中等教育，内分机械、矿业、纺织、化学四科，学生百余。每日上课三时，课程有数学、物理、化学、公文等。学生由边区各县及学校送来。上课而外，自习及实习时间为多。教员六人，教材自编。分高级普通两个班，三年毕业。校长王应圃。又建设厅所属之农业学校，成立两年多，亦归并此校。

午后，教育厅正副厅长柳、贺来访。柳湜厅长为全国抗日救国会人士，生活书店、华北书店为伊等所办。据谈：新民主主义为挽救中国之唯一路线。又介绍了边区教育情况。边区分4区，共23县，人口200万（警备区人口占边区人口的1/4）。中学师范8处，小学1000处，师范6处，中学2处，归教育厅领导。国民教育归县领导。边师约300人，绥师约300人。教职员为供给制，亦有给薪水者。谈到新文字问题，中国语言，各处不同，现在对文字改革研究工作尚不够，此时新文字对于文盲可得到帮助，至于取代中国旧文字是一时不可能的。社会教育，有识字班、冬学、民教馆、剧园、鼓词、偶戏等。

6月3日，午后参观军事学校。过南关，缘东行过延河，至旧东关，遗址犹存。其上为清凉山，军事学院在其下，该院即抗大之改组。正副院长，前为朱总司令、林彪，现为贺龙师长，教育长为郭化若。院中分外语、炮兵、工兵、参谋、机械工程等科。科之下分部，部之下分组。居住窑洞，上课也在其中，壁间标语、图画满贴，有"团结紧张，活泼严肃"等幅。各室学习紧张，书物整齐，不愧斯语。先在图书室参观，室前为五间大房，其内为藏书石室，甚宽大。看罢，缘石磴曲折而上，石崖间刻有"蒋之奇颖升、王震子同登延州功城"等字，下刻"元丰三年正月二十七日颖升题"。又上数步，有石像跌坐路旁崖侧，惜其首不存。再上则为自修上课窑洞，内有防空洞，各容数十人，土岩甚高，极安全。院内组织有院务、训练、政治三部。下分供给管理科、军事教育科、参谋科、宣教科、编审科。其科目分外国语科（俄、英文）、炮兵科、工兵科、参谋科，均属训练部。学员1000人，分18个班，学员多来自抗大、地方工作人员及前方干部，其资历多在连级以上。参训队有大学、高中、师范学历者，毕业期为一年至二年。经费多靠自力更生种地种菜，每人种地约二亩，现种到800亩。此外还自营商业，但不与民争利。服装亦自给，边区政府为每人发10元。住窑及租地，尚出租钱。工兵自行配制药物、架桥修路等等。所制爆炸匣，可于短时间安置铁道道轨爆炸。又有炮队望远镜，购自国外。山炮远击12里之外。在此留，午餐。

6月4日，上午参观行政学院，院长王凌波，湖南人，该院前年7月正式成立，由边政委员会领导，学员190人，分5个班，1年半毕业。分院务、教育2处。教员9人，兼任教员9人。课程有史、地、时事、卫生、社会科学、算学等。文化课占60%，政治课占40%。以能做文件表册、看书报、写笔记为目的。年龄多至二三十岁。毕业后可担任县区干部、财务、会计、盐务教育等科长科员。看其自习、寝室、课室，学习很紧张，生活有序，系供给制，学员津贴零用费用月2元，职员25元，教员加倍。

又参观市立完小，人数140人，女生占2/5。教员6人，均系师范毕业。教职员系供给制。优待教员，每月津贴40元，以14个月计，三节尚有慰劳，带家属者另有优待。校中经费年4万元。其教学管理有教导会议。教学会议分组指导学生，令其自治。有儿童团，自行管理，教员指导。其特点系本陶行知的教育理论为原则，结合本地实际情况，制订教育计划。

午后，拜访教育厅正副厅长柳、霍。各科长均在座。厅内分四科三室，一科主管经费，二科主管中学师范，三科主管小学社会教育，四科主管边区各级干部教育。有督学室、编审室、秘书室。全边区23县，有中等学校8处（内师范6处），新文字干部中学1处。边区共有完小69处，初小1300处。

6月5日，上午赴市商会座谈，商会有正副会长，下设组织、宣传、教育、卫生、调查、总务、调解等委员。均由民主选举，一年改选一次。据说：出口货物有三边毛皮、甘草、碱、盐、羊、蜡等。进口有棉花、布匹、粮食等。前由碛口来货，今多由西安、三原、洛阳来。全市商户400余家，公营者62家，过载店30家。饭铺大小20余家，商户负担营业税。公营及私营商店，均受市商会之管理领导。座谈毕，请饭，每席需边币400元。酒及主食在外。仲玉由延长来省视，今日先到钧处，与钧同来，彼此各道家常。

陕甘宁边区，旧为人口稀少、土地荒凉之域，自新政府成立，缔造经营，近三年来，人民自榆林等处移居而来者不少。农村之活动，市面之繁荣，有一日千里之势。向之衣服褴褛者，至是而有焕然者矣，向之空囊羞涩者，至是而有裕如者矣。延安周方30里以内新打之窑洞，毋虑千万，市内高自山头，低至沟间，其崇者如墉，其比者如节，夜间出外一望，灯火万家，照彻远近，高而著者接天星，低而微者比萤火，迷离夺目，恍置身于元宵灯市场中。延安市机关林立，商店400余家，饭摊小贩，尚在其外。房舍尚在日事修缮之中。真有一年成居，二年成聚，三年成都之观。无论政治、经济、文化等，其蓬勃之气象，到处可见。

6月6日，上午访财政厅，厅长南汉宸、副厅长霍维德以及科长等6人接见座谈，厅内分三科二室。直属机关有税务局、盐务局、粮食局、禁烟督察处。第一科下属有被服厂，有缝纫机26架，日出衣300至400套。工人70，工资除供给制外，按技术高下，月给100元至400元。工作日10小时。所出衣帽，供给边区政府一级及各县府干部以上之用。年需3万至5万套。

公粮征收法，每人收入自120斤至150斤始起征，以屡进法计，去年收20万石，粮食买卖有斗佣，归学校经费。

出口税以盐为大宗，皮毛次之，粮不许出境。盐年产200万驮，出口约30万驮，去年公运6万驮，今年拟公运12万，以供自食，余大部分为群众用去。

教育经费，由财政厅拨发，主要是斗佣税、牲畜买卖税，不足则由临时费项下开支。中等学校教员年发衣两套，鞋两双，衬衣一件，粮食日一斤三两，津贴5元至10元，办公什支文具等均列预算，不足，则自力更生种菜种地，做生意补充。小学教员除衣食供给外，有每月5至10元的津贴，个别的至20元。寒暑假中小学教员粮食仍发，学生不发。津贴，厅长月5元，科长4元，科员3元。

午后参观边区银行，行长朱理治。银行建筑宏伟，在新市场后边，建筑费13万元。银行为发展经济，有种棉贷款、耕牛贷款、青苗贷款。永昌公司贷款200万元。又有二发展，即农业、私人经营。全边区年需棉300万斤，而向不产棉，以提倡之故，去年产50万斤。银行下属有光华印刷厂，有石印机5架。有光华商店，出售边区土产、布匹、毛毯、纸张等一切杂货，均定价出售。

6月7日，上午，延安大学有晋西北同学70人，今日派代表十余人来座谈，藉表欢迎。据谈：抗大系由前女大、青干、陕公于1941年秋合并而成。正副校长为吴老玉章、赵毅敏。校内分教务、总务二处，教务处分大学部、中学部。

1941年，陕甘宁边区银行大楼

大学部分法学院、教育学院、社会科学院、英文系、俄文系，均三年毕业。中学部分高中、初中、补习班。高初中学制三年。学员服装文具全由学校供给。每月给零用2元。校中每月经费不足，在5万元之间，纯以自力更生补助。

6月8日，上午，讨论未出去。午后赴市政府座谈。市长李景林，清涧人。据说，市政府由市参议会选出，内分民、财、教、建四科，下有公安局、地方法院、贸易局、市税局、卫生事务所。又拟设难民收容所、职业介绍所、戒烟所。市政内设督察员四人。全市分13乡，乡长兼任议长。议员产生，每乡之下，有二三十个小组，每组选议员一人，此外还有聘请议员，其额占1/10，市议员与乡议员可两兼。本市区域占地五百数十平方里，东至桥儿沟，西至裴庄，北至文化沟，南至七里铺，东西40里，南北30里。市政府共有二十几人，每月开支3万余元，粮食在外。全市住户3000，人口8000，农户占一半以上。此外未入户籍之流动商人约1000人，流动工人300多，军人三万几千人。全市可耕之地4.5万亩，平地约占1/4。土地以市面活动，价值甚贵。水地种菜，生产年可收入8000元。最下之山地，亩值100元。市场间，一平方丈之地基，建筑成屋用费2000元。每月出赁可得300元之赁资，足见市面之繁荣。现在到处在建筑之中，有经之营之、不日成之之势。牲畜有牛羊，不多，往往流动贩卖。本地人向不业商，经商者，以山西人为多。民国初年，大股土匪盘踞此间，商人各逃回去，货物托本地人保存经营，至民国七八年间，事完，山西商人始行前来，此为本地人经商之初。商人以山西、河南、洛川等处人为多，本地人约占3%。陕北向来种鸦片为多，延安、甘泉、安塞、三边等处，几乎无人不烟。谷物以小米、黄米为多，绝少豆类，地瘠民贫，谈不到营养，有病无医，专求巫觋，不知卫生。职是之故，绝嗣者、卖儿者，30年之内，即要占20%。

又参观保安处，处长周某。据谈，边区保安处领导各县之保安科、乡之治安委员会。其工作年来与日军、土匪、特务作斗争，并护送行旅。工作一方面依靠群众基础，一方面靠政权力量，有一个团的武装。

6月9日，上午海清来，在此饭后，与同到新市场为光儿买鹌鹑菜，包价70元。午后访民政厅厅长刘景范，据谈：选举，有选举委员会，乡县区参议会皆为直接选举，主张议行合一，认真推行三三制，要照顾各阶层之利益，代表人民，将人民合法之要求建议到议会，议会建议到政府。罢免制亦实行，如靖边县长及关中某县长，以不称职，皆由议会建议罢免。

租佃，实行二五减租。地租按土地之好坏，每垧有二三升至四五升不等，准人民自商办理。政府征公粮，不征田赋。过去在此闹革命、开辟工作时，

陕甘宁边区群众用投豆的方法进行选举

土地有分配者、有未分者。军阀何绍南占领后，勒令退还原主。自1939年何走后，发生纠葛甚多，政府一按现时状况办理，已退者不得再要，未退者仍为己有，现在研究土地登记，以免土地之纠纷。已分配之土地，从前地界不明，分的少，实际多，有此纠葛，政府则按再造人口之多少分配之。土地回赎，则按以当日契载之价，与现时之粮价折合办理。伴种地分三种：一名挑份子，土地人工按以份计，似雇人种；一名安伙子，似租的种，而分粮食；一名伙种。此三种伴种地之分粮法，有的对半，有的四六、三七，或倒四六。均按习惯由再造商酌办理。征收公粮有征粮委员会，每村5至7人组成，按实际收入数计算，做到合理公平。

户口调查，女多男少。其比，男100，女120。

干部考绩奖分名誉、实物、提升三等。惩分批评、惩戒、停职三等。

优抗，除代耕外，又有种地若干，给抗属以一定粮食，此两便之道，政府亦允许。

婚姻问题，离自由结婚尚还远，只限制买卖婚姻、抢亲迷信等。许离婚，但须有合条件之理由。不许父母包办婚姻。

由民政厅返回时，参观了鲁迅图书馆，经费一季5000元，1940年成立。藏书4000余种，报纸30份，杂志20多种。报纸有重庆、云南、安徽、香港、外国等处的。室内藏有古物，铜像、煨炉、木刻像、木鱼等约200件。有石像，高可4尺，唐代物也。

6月10日，上午参观解放日报社，出北门，到该社，社长秦博古，总编辑余光生，新华报社社长吴文焘亦（美国归来）来。日出报纸3500份，日需纸4令，每令纸500张。北门外距此40里有纸厂，月出纸可200令，属建设厅领导。社内有电台、无线电国外收音机5架，分收国际新闻；又有国内收音机2架。机器除电池、灯泡、白金丝等外，皆可自造。社内分编辑部、新闻社、印刷厂、材料室、采访室、通讯室等。过印刷厂（分七部）时，道经严岩之下，石像石碑石碣甚多。过制版部，此间石壁间刻有"环翠"二字，系篆文，为督学使者吴大澂题，又有陵阳沈煜题诗石碣。再前下，上临高崖，下临延水，人行崖畔石磴。崖壁间，石碣甚多，多为游清凉山之题咏，有题韩琦、范仲淹二公祠诗，有嘉庆十年督学使者，及延安、安塞、保安、宜川、延川、定边、靖边等处教喻训导等九人游清凉山诗石刻。有明万历、嘉靖、正德年间，清同治年间题咏甚多。装订部在万佛洞内，洞中石壁高及数丈，四壁皆雕石像，层层排列，号称万佛洞。洞中又有碑志，洞口刻"万佛洞"三个大字。机器部在鹫峰泉之崖下，崖上刻"鹫峰泉"三字，其高处又刻"涌月"二字，崖下壁间仍有佛像刻字。印机有各种机 8 架，其中有三色机 1 架，印书报机 4 架。参观毕，缘石路而下，回头上望，各部室皆在悬崖峭壁之间，最下一门，颜曰"清凉第一"。至此，绕过延水，经东城历南关而归寓。

6 月 11 日上午，海、仲来，言明日同回到安塞，饭后各归寓。午后参观延安大学。出北门，过延水至该校。校长吴老玉章、副校长赵毅敏、法学院院长何思敬等导之参观。全校学生有 550 人，教职员工有 200 多人，专职教师 20 多人，兼职者亦 20 多人。

三

6 月 12 日，午后，到建设厅座谈。厅长高自立，副厅长霍子乐。据谈，过去此间并不造纸，并不纺织，往二三年之提倡经营，逐渐发展起来。厅设四科一室，一科主管农、牧、开荒，二科主管厂、矿，三科主管商业、合作事业，四科主管交通、水利、道路工程，领导运输。厅直属单位有农场、三边牧场。工厂有安塞难民工厂，1938 年开办，工人 500 多，织机 40 架，日出布 40 匹。织毯机 20 架。三边尚有难民分厂。振华造纸厂，工人 90 余，月出纸 300 令。又金鹏湾有小纸厂，月出纸几十令。机器厂，制弹花机、纺花机、织布机、军事用机。皮革厂，制军事用品。华侨毛织厂，产毛毯、毛袜、毛布等，并染毛色。有织机 20 架，日出毛毯 70 条。化学工厂，制肥皂，月可出 4 万条。牛油缺，不易推广，指导性的商业有：自办的光华商店，各处有分店，合作社有两处。七里铺之群众合作社，系群众投资，资本 200 万元。群众自办的合作社在延长、延川、安塞、固林等处有 200 左右。纺织业，群众所织之布尚不少。棉花由西安、韩城、三原等处购买。本年提倡种棉 10 万亩，可收花 300 万斤，足供本地纺织之用。水利，本年开出杨家畔、安边、靖边三处水利。经济方面要发展农工商业。农业发展，在开荒，移民。今年开荒 60 万亩，发展农业，并要发展私人生产。工业，先发展手工业。此外还有机关经营的瓷窑、煤窑。边区出产，有三边之盐，年可出30万驮，每驮150斤。三边出甘草，年可出6万担，每担60斤，又出皮毛、麻油、蜂蜜。羊出境售于洛阳、山西。牛、驴合计全区约有30万头。缺草，价亦昂，每斤1元5角，今年提倡种苜蓿。粮食，今年可产200万石，不足吃用。延安市物价较贵，外来货物，有布匹棉花、文具纸张、其他消耗品等。

综上所述，可见边区建设之变化改观。荒地多开，粮食增加，一变也；手工业发展，纺织遍地，二变也；旧年不种棉，本年种15万亩，三变也；旧年不造纸，今印报印书纸张均可自给，四变也。从此益加改进，工农商业之发展，自是无可限量。

6月13日，参观七里铺群众生产合作社。该社1936年成立，尔时只有3人，入股者150多人，股金仅160元。现在社员1500多户，财产计有200余万元，各机关及个人有活投资的，有数千元。又有分社16个。社有织布厂，机8架。织袜厂，机6架。毡房2处，粉房，皮房，运输队。运输队有驮骡120头，大车15辆。此外尚有店房7处，亦代售货物，成为分社。

社内会议制度及组织：先是由会员大会选出理事、监事。后改为代表会。每社员20人，选代表1人。由代表选出理事9人，9人中推选主任1人，总管社务。理事会每月6日，开会1次。每月将营业状况递交监事会审核。监事会5人，互选主席1人。每3个月，理事会、监事会开联席会议1次。年终理事会将营业情况送交监事会审核后，提交代表大会，另报告政府备查。

该社集股容易，发展迅速，盖纯以群众之信任为基础。浮存之款，亦可作为股本，得享分红之权利。分红前欲提取存款，以1分5厘行息。社员可以原价买铧（不计运费），去年市上每铧价8毛，以3毛出售社员；今年市上每个55元，售社员40元。全区每年需铧2000个。今年春为普及家庭妇女纺织，制纺车400具（每具本钱50元），发给妇女，纺纱1斤，给工资棉半斤，纺的好者还有奖，因是无家不纺。又寄居该区的难民，当时无食粮者，借给小米，由纺棉工资陆续扣除。借给妇女之纺车，给该社纺棉1斤，即作为己有。

又有优待纺棉妇女买布办法：门市上每尺布价18元，纺妇则12元，其他洋火等项，亦有优待。本区社员，1500户，人口6000多。总之该社注重工农业之扶植，为人民谋利益。座谈会毕辞出。

6月15日，上午参观中央医院及保育院。乘大车出北门，沿延水而上，道侧高高低低，窑洞排比，尽属机关所在。川面甚宽，道旁田地，遍种蔬菜秋禾。医院所在之村为李家窊①，距城12里，住户仅七八家。医院门前，植柳多株，门为栅门，一边写"中央医院"，

---

① 窊：音 yǔ，这里是陷凹、低下的意思。

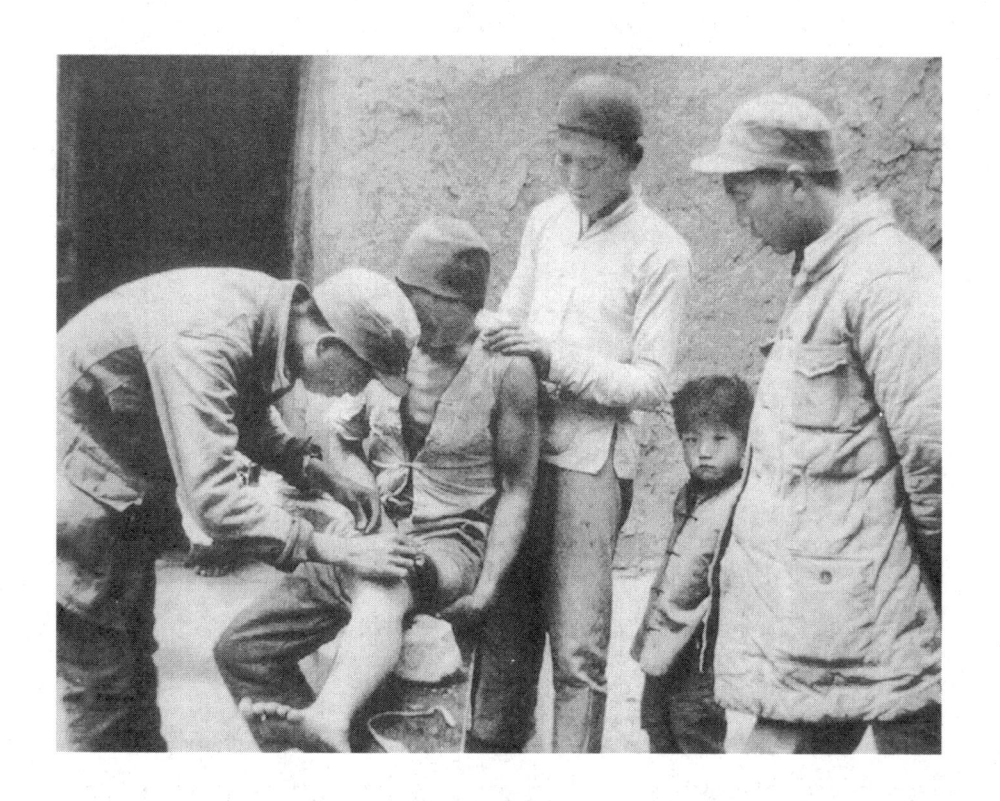

一边写"延安学生疗养院"。该院自低而高，窑洞七八层，于1939年11月正式建成，经费除药品外，月需6万元。院内分妇科、产科、外科、小儿科、传染病科、内科、特别科七科。院长何穆，副院长石昌达。高级医生6人，多系留法、留德、协和医院出身的，此外还有十数人。护士长十几人，护士四十多人，助理护士十几人，新护士十几人。病号130人，院内能容病人190人。什务人员六七十人，职员30人。药品、器械，医生多能自制。医生生活费实报实销，每月津贴80元，护士月津贴6元。病人日菜金3元。为人民医病，

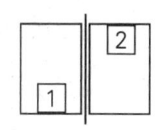

1. 中央医院设在延安北川李家窑
2. 八路军医务工作者经常为群众免费治疗

不收费。聚餐后，参观各部门。医疗器械，进口者甚多，设备虽简，而工作秩序井然，看来应有尽有，如妇产科，陈列仪器甚多，小孩皆在框中，铺盖棉被褥，干净雅洁，吃奶有次，每日量体重一次，每日洗浴。有生产修养室，等候生产。有小儿病室、药房。

又到保育院参观。石接窑口，一线有窑孔十八九孔，计两排。乳儿科窑壁间刻有谢觉哉书"男娃女娃盼望你们一代赛过一代"。徐特立书"保证儿童身心发育"。该院于1938年秋成立，先名托儿所，在北门外，以后扩大成为保育院，有300多人，成立以后，又到安塞，本年移到此间。小儿至七八岁，由保育科入教导科，再大则入保小校。卫生科医生3人。保姆分3班，即乳儿班，有乳儿40人；婴儿班，50多人，幼稚班，100多人。1儿日食鸡蛋1个，或蒸蛋糕，或素肉半斤，分顿吃。或吃枣泥、大米稀饭、白面、鸡汤。衣服单棉各两套，有鞋。每周洗澡一次，每日洗足。保姆薪金第一年，月6元，二年9元，迭加至15元。褓长月7元。经费前以捐助为多，今寄不到，中央给每个小孩月法币70元。此间各室后边，皆有防空洞。乳儿班窑眉间石碣，有林老伯渠题"新的战士在孕育中"。幼稚班窑眉间，有吴老玉章题"培养我们的新生力军"。1940年朱总司令题"耐心的培养小孩子"。幼稚班课室，壁间刻王明题"保育国家小主人"。毛主席题"好好保育儿童"。洛甫题"保育革命后代"。

晚，南汉宸来，在院中开座谈会，讲世界战争形势。6月16日到柳树沟中国医科大学参观。全校教职员工共有300多人，学生130余人。预科1年，本科3年毕业。学校成立已11年了。经费月支三四万元，不足，自力更生，经商务农，月可收万元，教材自编。学生除供给外，每月津贴3至5元。学生来源，先为机关部队保送，现按程度招考。先参观参考书室，精装书很多。再参观寝室、教室、实验室。实验室分材料、解剖二部，内有骨架、生理图、真尸体3具及人体各部实物标本，浸酒精中。病理室，又有各种酒浸标本。材料室，药品多系实验品，用动物试验药之好坏。又有生理实验室、外科实验室、组织实验室、微生物实验室、种牛痘室，今年种牛痘30万人，痘苗自培养。

中国医科大学

继又便道参观鲁迅艺术学院，院址在桥儿沟，居民几十户。院长周扬。据谈该院1938年成立，经费每月2万元，食粮在外。院中计有600人，教员60人，分4个系。文学系100余人，戏剧系40余人，美术系70余人，音乐系50余人。学制3年，各系均有研究生。美术研究室二十几人，戏剧研究室6人，文学研究室十几人，音乐研究室20人。此外有实验剧团，人员30多人。座谈毕，到各系参观。

又到附近建设厅所属化学工厂参观，该厂1939年9月成立，资本100万元。工人

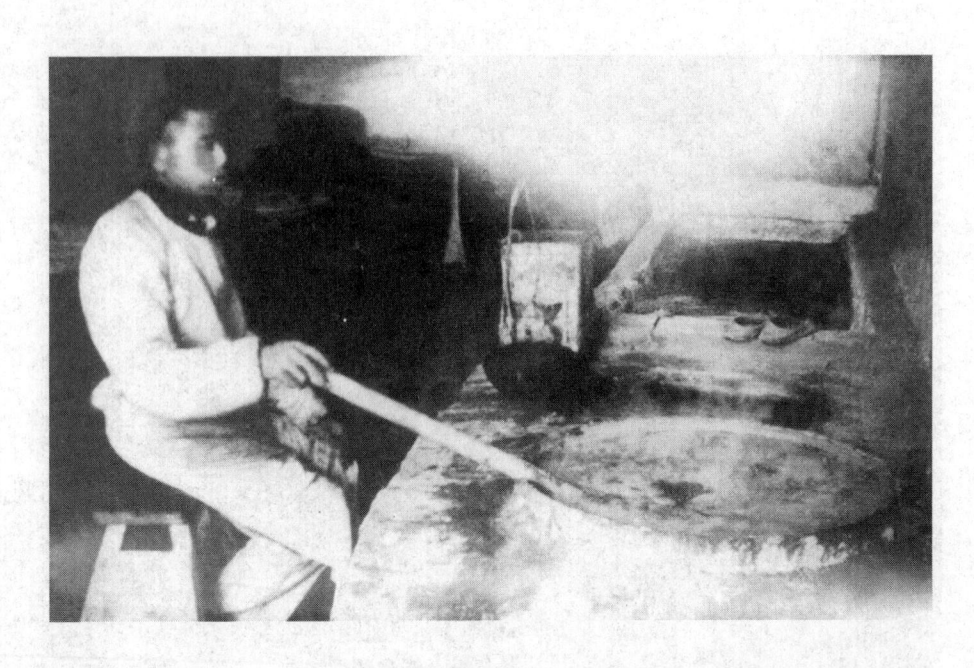

新华化学工厂在研制肥皂

三四十人，日出肥皂 100 条，每条需羊油 5 两。肥皂配合成分：羊油 20 斤，清油 6 斤，烧碱 22 斤，石灰 30 斤，水 140 斤。先将石灰与碱入锅熬成稀糊，再加油，再着颜色，搅匀凉冷，入模型，烤干。主要供给部队之用，有余则售于延安及西安。每条可售法币十几元。技术工人月工资 30 至 100 元。该厂又制粉笔、墨水、精盐、酒精、牙粉、蒸馏水等。此外又有分厂四处，即榨油、制酒、造纸、瓷窑。

6 月 17 日，上午游新市场，见市政府布告：延安市营业税纳税等级数额表：私商一等 3 万元，二等 2 万元，三等 1 万五，四等 8400，五等 4300，六等 2200，七等 1100，八等 500，九等 200，十等 100 元。公商 22 万元。

6月19日，早归来。上午乘车到北门外文化沟（大砭沟）民族学院参观，学院成立于1941年10月，分教育处、研究处、总务处。学生200人，干部什务人员100余人。民族有汉、满（人少）、蒙（人多）、彝、藏（10人）、苗、回（人较多）。学生住室，分为三区：西南民族区、蒙古民族区、女生区。吃饭以各族习性不同亦另吃，自己管理。学习日8小时，自学与授课各半。课程各以本民族为主，因各有各的光辉历史、语言，为各民族之进步发展，待以平等地位。各民族中，贵族者有之，各阶层者有之，思想信仰，各听自由。分班上课（研究班在内）。有学生会，各族皆有同学会。除上课自习时教员帮助外，其余主要靠学员自理。教学内容有本民族史、中国史、世界史，也学本民族语文，学时事政治。教室壁间，有吴老玉章题词："民族政策，为合而分，各得其所，各遂其生，互相亲爱，竞求前进，改造社会，共享太平。"民族俱乐部有朱总司令题词："努力参加反法西斯大同盟工作，争取东亚各民族同时解放。"职员每月津贴3至5元，专任教员每上课1小时津贴1元至1元5角，平均每月津贴20至30元。均为供给制。学生系自愿而来，年龄15至40岁，学制2年，毕业后可以回去。

6月20日，上午讨论，下午到中处，伊刚回寓，在彼饭后，与之到中宣部，晤董纯才，询新教育学会组织情形。据谈，学会宗旨是研究建设新教育的理论与实际。由全体会员选出理事会，下设秘书处、研究部、编辑部、联络部。理事长为徐老特立，并兼编辑部主任，副理事长为范文澜，研究部主任为罗迈，联络部主任为柳湜，秘书处处长为董纯才。会员200余人，分两种：一为基本会员，必须参加研究工作；一为普通会员，主要参加一些学术报告即可。研究组织，分有小组，总的研究有四大项目，即杜威教育思想、陶行知的教育理论与实际、国民党的教育（陈立夫为教育部长）、苏联的教育。其他小组，以问题为中心，如教育行政小组、幼稚教育小组、抗日根据地教育小组、敌区教育小组等十余种。总之通过研究，以建立新民主主义教育的理论与实践为目的，工作人员均不脱产。

6月23日，早饭后，到沟草渠振华纸厂参观，厂由建设厅领导，厂长王元一，全厂80人，生产者60人。该厂先在瓦窑堡，规模小，1938年移此，厂内捞纸池16个，每池日出五刀至七八刀，每刀百张。捞纸按件出工资，每刀工资1元7角，衣食供给，100张为1刀，10刀为1令，每刀纸重2斤14两至3斤，售价边币100元，边币3元值法币1元。制纸原料以马莲为主，日用千斤，8斤至10斤，可制1刀。稻子、麦秸、高粱秆皮，及山草之有纤维者皆可制纸。

又到本村一二〇师所属之皮革厂参观。该厂于1939年创始，规模不大。1940年9月移此，始扩大。工人100多人。原料主要为羊皮，牛皮少。生产皮鞋、皮衣、皮带、皮球外皮、皮包、牲口用之皮件。此外还制胶、制毡、做口袋。月出胶二三百斤。自1941年至今，每月做件用皮2000张。月出皮鞋300对，布鞋1000双。牛皮价每斤（24两秤）30元。成品供给部队用。工人有职工会，有学习文化时间，有俱乐部。系供给制，另有津贴，津贴以工种之不同而有差异，也有按件计工资的。

参观毕，过窑湾，到段庄难民工厂参观。该厂有工人400余，始建于1938年，名为毛织工厂，后改为纺织厂，10月间改为难民工厂。先在高桥，移永宁，又移川口，1940年7月移段庄。资金现在增至200万元（1939年由3万元渐增至10万元。1940年、1941年又有增加）。该厂分棉织股、毛织股、纺织股、漂染股、纺织机械制造部。棉织股70余人，有木机20架、铁机35架、木毛巾机4架、轮经机4架、穿扣机3个，还有打穗打纬车80具，打经车、打筒车、络线车等若干。毛织股，织裁绒毯、毛毯。毛机14架，工人日织毛毯5床，每床宽4尺，长6尺。裁绒毯机5架，二五的裁绒毯，值千元，需10日始制成。机械制造部，有木工房、钳工房、翻沙房等。洗染工房，洗纱、染纱、染毯子。至此，参观了一大部分，吃饭休息。

6月25日，继续参观难民工厂，参观了厨室、宿舍、保管科。保管科下属10个单位。另有医务所，给群众看病不取资。均为供给制。护士每月津贴6元，医生20元，司药10元。有职工会，由全体会员选出执行委员会，再选

振华造纸厂的工人在制作马兰草纸

常务委员,再选出主任一人。主任以下有秘书、组织股、文教股、生产股、劳动保护股、抗战动员股、青年股、妇女股。今年1月份,产大土布76匹,粗洋布250匹,土经洋纬斜纹布2匹半,条布15匹,大毛呢7匹,毛毯779条,手巾789条,袜子648双。其副产品利用废毛制毛被套70条,毡鞋14双,毡145条。6月份以后,增加机器,产量要大增加。参观毕,午餐后,仍返高桥。

6月26日,由高桥出发,所过小村为多,可种宿麦,川宽土厚,枣柳榆槐,触目皆是。川口住户十几家,有机关、饼铺。山高水清,一脉清流,引溉稻田,山头老麦渐黄,道旁桃柳成林,等等,不一而足。行至木家湾,参观团结工厂。该村住户20余，绕村树木，蔽隔天日，茄子白菜种种菜蔬，种树林之下，横纵成畦。全厂70人，织机30架，日出布20余匹，产品供部队，一部分出售。1941年3月建厂。现在资产值四五万元，流动资金40余万元。现由中央工业局领导，资本由马列学院、建设厅、市政府投资。去年8月至今，停止营业，政府供给原料，只织布，不纺棉，产品供给部队。该厂种菜12亩以自给。此地米斗45斤，价145元，白面每斤9元，鸡蛋每个1.5元。安塞参观，至是毕矣。

6月27日，上午，晋西北区党委书记林枫，华北局党委书记杨尚昆，毛主席秘书王若飞来交际处。王谈：现在中国唯一之目的在抗日，实行新民主主义，要达到有衣穿，有饭吃，有事做，人人各得其所。实行三三制，保障人权、财权、地权、政权，吸收地主资本家参加，反对一党一派专政。希党外人士批评党的实施，共同负责解放区的建设。

杨讲：前年日军"扫荡"，实行"三光"政策。今年2月，"扫荡"更残酷，计去年至今，华北八路军旅长阵亡20人，团长阵亡50人，是抗战五年以来少见的。战争现还在继续，搜山搜沟其所以如此者，知八路军之大，畏八路军之强也。根据形势估计，二年之内，即为其末路，相信希特勒一二年内垮台后，日即随之。我们现在虽苦，还比不上第一次世界大战时欧洲之苦，将来恐其还要困难些。现在我们不仅是要采取各种形式继续开展对敌斗争，而且要积极准备反攻。游击队要灵活地打击敌人，游击战是日本人最怕的。我们坚持二年，胜利就会到来。讲到负担，抗战胜利了，才可减轻。战士们浴血奋斗，每月才有1元的津贴，是最苦了。于无办法之中想办法，只有开源节流。自力更生为开源，精兵简政为节流，皆谋所以减轻人民负担也。讲到干部：下级干部是很出过力的，是有功劳的，但其经验不足，如果发现有缺点，可反映到政府纠正之。三三制是要认真实行，希望大家负责，使晋西北成为更好的晋西北；又靠陕甘宁边区，可以得到各方面的帮助。且晋西北产粮甚多，较晋东南好多了。

林枫书记讲：二年以来财政困难，军队甚苦，干部甚苦，前年吃黑豆，是其事实。不得已，想出两个办法，一是闹生产，一是咬紧牙关。至去年比较好些，但收入只有粮食，田赋、税收，只能解决1/2的问题，不足之数，亦不能再向人民摊派，所以要自力更生，为减轻人民负担也。征收公粮，须详细调查，以期公允。村摊款，脱产干部是暂时的，武委会村警脱离生产，亦是暂时的，以后搞好时，皆要取消。开会亦是轮训干部的办法。

王又讲：抗战五年，打倒日本军阀，是有困难的，不过要先击败希特勒。今年明年，还得忍受二年的困难，克服此困难有四要点：一是团结，二是游击战，三是要精兵简政，四要大家负责。

6月29日，八路军后方留守处主任肖劲光来谈：山陕经济调剂起来，军民便利。工厂自力更生，可以解决衣服菜食，政府只供粮食，即可度过。国家大事，不是少数人可以管好，所以要实行三三制。警备区20多个县，南自宜川以北，西通甘肃陇东，东至黄河，北及榆林。

午后谒朱总司令，朱总讲：山西有唐俗勤俭之遗风，五年来支持抗战之力，较各省为多。华北抗战情况：在河北晋察冀方面，前为点线形，今为梅花形，敌我力量有了变化。我党政军民，合作得很好。山东豫北晋东南一带，区域宽广，人民强悍，条件较冀中为优，但工作有逊。晋西北山岭重叠，地方宽阔，为抗日之良好根据地。此时尚是相持阶段，困难之时。克服困难，要党政军民一致，要生产，要扩大民兵，要发展农业、工业。八路军目前要精兵简政，训练游击队。经济建设，有粮食，一切困难好解决，以开荒增加生产。农业手工业发展，可自给自足，农工畜牧业发展，则商业亦发展。我们有煤油、石炭、山西铁的好条件。地方力量以前多用于打仗，今后要注意经济建设。公营事业与私营者，相辅而行，并行不悖。谈毕，在青年食堂请饭。

7月1日，是日为建党21周年纪念日，在边区参议会开晚会庆祝。首由高岗主席作报告，次由李副主席致欢迎词，牛致答词，有文艺节目，至12时会始结束。

7月3日，上午偕师海云到教育厅晤二科科长吴伯箫、莫扬。所要的材料尚未印出。边区直属学校八处：边区师范在延安小砭沟，第二师范在关中马栏，第三师范在定边城内，第四师范在鄜县（今富县）城内，绥德师范在绥德城内，陇东中学在庆阳城内，米脂中学在米脂城内，保育院小学在安塞白家坪。中午边区工业局赵一峰、屈伯传在大生客栈请饭。

7月4日，交际处金处长介绍到边区师范参观。

四

7月6日，讨论明日赠献旗及送挽联等事宜。

7月7日，今日为抗战五周年纪念日并追悼阵亡将士，会场设在南关大操场。各机关团体、学校、自卫军等20多个单位，各竖旗帜，摇曳场中，挽联花圈幛子，陈列满前。主席宣布开会后，由高岗主席、李副主席、周立五、林主席，日本来宾先后讲话。会场人众，在万人以上。

7月8日，午后，请李副主席谈精兵简政问题。李讲：兵不要只贪数量之多，历史上常见以少数胜多的事例。如楚汉相争，其时势力与人数，全在项羽手中，高祖兵力不多，结果得胜。苻坚要打东晋，尔时，东晋之兵不过为苻兵1/20，苻曾率其兵众，有投鞭断流之言，结果还是苻败。说到简政，政繁赋重则乱，政简刑清则治，古今如出一辙。政府条条太多，使人民应接不暇，此我所以提到精兵简政之意见也。具体讲有三点：（一）如人身百体，皆有用处，唯骈拇指无用，可以径行取消，政体亦然。（二）延安机关林立，食者众而生者寡，形成头重脚轻之势，政再繁，则险象必生。（三）党政军是不可分的，而在工作要分工，要调整。尔时开会，皆荷采纳，现在正在进行。至于我来此后之感想：对地方人民要顾及，对国家全体要顾及，对共产党，决不朝秦暮楚，只有休戚相关，患难与共，只要心有所计，即行提供。再者，社会主义与资本主义虽是相反的，但是后来又来了个法西斯，所以两家可以团结起来，共同对敌。两家孰进步，孰落后，好比二人赛跑，谁先到谁成功。我们现在最重要的是抓住群众。困难有二，即人才、财力，两感缺乏，所以有些事一时办不好，皆由此也。好在大家皆向好的路上前进，纵有困难，亦不足虑。现在延安政治，我们党外人士，亦可参与。但下面党内党外尚存在缺点。党现在提出整顿三风，也是为解决这方面的问题。要联合各党派及无党无派人士，共同奋斗。

7月9日，王若飞秘书长来谈，说伊来延已6年，晋东南去过，晋西北未去，民国七年曾去北平待了二年，到过石楼、水头、大麦郊，又至汾西、隰县、永和，转到陕北。延安各县参议会，尚有搞得不好的，要纠正，三三制要实行，自前年开始，去年秋，始上轨道，我希望在晋西北也要实行。晋西北新旧军冲突时，我们有些政策不适当，也限于当时的形势。现在抗日已熬过五年，最后还得熬一二年。你们提出负担问题，问题在于生寡食众。晋西北吃公粮的人数有八万人，边区吃公粮的有六万四千人，食从何来？李副主席提出要精兵简政亦为解决这一问题。我国经济落后，此时的抗战是治标，抗战以后，还要治本，经济就会好转，更要进行合作。谈顷，林主席、谢老先后亦来。王继续讲：才说的三三制，参议会正在实践研究中，以企做到完善。从前的先知先觉，不外乎学。孔子说："我非生而知之者，好古敏以求之者也。"我们也是在学习中不断求得改进。继而李副主席亦来。

饭后李副主席谈话，主要是讲"打倒一切""外国的一切都好"都是不对的。孔子是那时的圣人，我们批评历史，不能完全否定，如礼义廉耻，孝悌忠信还是要的，不过内容可以改造。继承历史，但要加以批判，接受外国科学，也要批判地接受，不得不咀嚼而生吞。取长去短，适合时代可也。

7月11日，叶参谋长来谈：此地原是荒山，人民生活苦，出产有羊毛。贵州在山中，较冷，不产棉，炭是有的，乡间人用谷草稻草絮被褥居多，身体甚弱。山西虽吃小米，尚有调和。广东天气很暖，吃食很好，来此地后，我感觉困难一些。山西抗战情绪，较贵州、湖南、四川要高。前年冬季，长江一带，各军队互相怀疑，不相配合，各保其势力，以致失败。以后政权交于人民实现民主，泯去一党自私观念，能如此，自不会有内战。如今团结抗

1941年，参议长高岗（中）与副参议长谢觉哉（左）、安文钦（右）在延安

日，明日团结建国，是可企的。此时的不团结，是局部的。我们先做起，坚决实行三三制，如治病然，延许多医生，共同研究，对症下药，病始可治。不过事属初创，以后还要研究改善，登高自卑，行远自迩，做好了，他人自能相信。各级干部，都应互相交流经验意见，取长去短，增长阅历，壮大力量。游击队要和群众打成一片，不能离开群众，本来就是从群众中产生的，要团结好。谈后吃饭，5时许到杨家岭赴杨尚昆主任、王若飞秘书长之宴。灯后归来。

7月13日，海海来，言明日回去。午后，贺师长、林枫书记请饭。贺讲：晋西北脱产的有8万人，全年开支需洋3900万元，收入只靠田赋、公粮、税收，四大动员时收几十万元。军队自己生产，政府只给1/7，6/7全系自力更生。军队没有打骂老百姓，政治上力求改正从前不好的影响，工业上竭力生产，人权力求保障，不用说一般人，就是汉奸，还争取过多人。我们有××万队伍，晋西北出了7万人。我们的队伍，除服食外，3年还没有拿一个钱。与赵承绶的军队相比，纪律如何？打仗如何？有人说我们不打仗，又叫负担重，是不公平的。希望你们回去，注重农业、工业、水利、麻棉，农工业在晋西北是很重要的，应力求发展。经济搞好，金融不致紊乱。法币在大后方，1元只顶硬币1分，晋西北尚不至于如此，现在农币较边币为好。军队的工厂，都有了基础，衣服、鞋子、煤、铁、蔬菜，我们自己可以解决。总之，主要的是要大公无私。

林讲：你们参观50日，把所见的可与晋西北比较一下，你们要全面考虑问题，特别要爱护军队，照顾军队。至于负担问题，现在晋西北自己负担1/7，以后恐怕还要负担7/7。你们可以把军队的生活了解一下，则不至于有误会。遇事幻想是不行的。问题是要一步一步地去做，不要求治太速。你们在延安了解到的情况，要发挥出来，要让更多的人了解，共产党，在秦在晋都是一样的，是一个态度。

是日上午，同白玉成等在新市场为仲买胜利茶，每包1元。晚任范九、辛安亭来。

7月17日，林枫书记来寓座谈。林讲：过去对共产党不了解，且有误解，此恐系由历史及个人行为引起的。晋西事变时，地方上事，有些不太合理，则更加误解。事变以后才有了党的领导，现在三三制实行，党才能更好地提出自己主张。二年以来，为克服困难，党做了最大的努力。干部不尽是共产党员，且愈到下边，党员愈少，作风问题，也可能就多些，这是个教育问题。总之，在事变前，共产党没有权，干部大部分不是共产党员，要克服混乱现象，党是不能的。二年以来，渐渐上了正轨，有了头绪。至于二年来的建设，前已言之，不再说了。晋西北执行政策时，对党外人士，工作做得不够，对违反党的政策的，

杨尚昆(左)、李伯钊(中)和许光达(右)在延安

我们是坚决反对的,坚决纠正。你们此时相信共产党,还需学习,要有个过程,如有不同意见,可互相商量,对政府的批评,是好现象,不管意见对不对,都是为了搞好工作,向好的路上前进的。我首先承认批评是善意的,不是反对。贺师长所说,也是更进一步地使我们互相了解,不致片面地看问题。你们所提意见,是则采纳,不是的则可研究。我认为都是善意的。互相信任,有意见大胆说出。以后可写信,多有接触的机会。可参加议会或政府工作,都是需要人的。共产党员,有的不与党外人士接触,非党人士,不肯表示意见,都是不好的。以后要采取积极态度,

吸收党外人士参加政权及议会工作、财政经济工作。你们回去，与政府机关，要互相了解，使彼此得到互相信任。

7月17日，上午，去看王仲娴。下午林副主席来开座谈会。会上林副主席讲：初来延安时，延安只有800人，公家与群众人数之比为5∶1。此时公家3万，居民9000。公粮去年征了20万石，今年拟只征16万石，因要精兵简政。三边一带，雹灾旱灾，差不多年年有，鄜县夏收很好。边区只患人少。如遇丰年，粮食足用。棉花今年种11.8万亩，可收棉花350万斤。过去军阀盘踞时，不讲种棉，来年经提倡种棉后，衣亦解决。边区现在财政收支不平衡，再过二年，即可达到平衡。希望你们回去后，积极参与政治、经济、民主各方面的建设工作。

7月18日，休息。延安木工，每日吃饭外，工资边币35元，泥工大工30元，小工25元。

五

7月19日，下午2时，毛主席偕王秘书长若飞乘车来交际处，到客厅，金处长通知我们到客厅晋谒。当我们到了客厅门外时，主席出门笑容相迎，并一一握手后，相偕进客厅，让我们依次环坐，主席亦坐，由张干承同志一一介绍后，主席又照名单履历，一一问好。继言：诸位先生，由晋西北不远千里而来，冒暑参观了一个多月，是很辛苦了，我们是很欢迎的，我应早来拜访，但因有些事，一直延至今日才来，实在抱歉，对不起得很。晋西北我未去过，晋南曾到过，由陕西渡河，经石楼、水头、大麦郊，至汾西、隰县、永和转至陕北，那时还是内战时期。我在北平亦曾住过二年，国民党第一次代表大会，我曾参加（1924年），民国七年离开北平，民国八年五四运动，我就不在了。全国各地，除内蒙古、新疆外，差不多都到过。诸位所提问题，我都看过，一切都无非是为了团结抗战，此是日本人教我们提的，今天我们开会，也是日本人教我们开的。诸位从晋西北远道而来，不管是参观，不管是开会，一切都是为了抗战，一切都是日本人教我们做的，所以我们唯一的目的，就是要打倒日本帝国主义。我们团结各阶层、各党派的人，共同抗日，不仅抗战中坚持团结抗日，就是胜利后，还要坚持团结建国。因为抗日的目的，就是要建设新民主主义的新中国。中国是四万万五千万人的中国，不是少数人的中国，所以要各党派、无党派，不分阶层，一致团结起来，打倒德、日、意法西斯主义，共同走上和平的道路，建立新民主主义的新中国。现在的抗战是治标，需要团结，抗战后的建国，是治本，更要团结，要合作，最不好的是一党专政，国民党一党专政，是行不下去的，共产党也不能，所以要建立新民主主义的联合专政。实行三三制，这对无产阶级、资产阶级、地主阶级都好。对农民要减租减息，对地主要保证交租交息，对任何方面的利益，除汉奸反革命外，都要调节、兼顾、一致维护的。各党派应团结，采取什么形式？开参议会，实行三三制。抗战开始前二年，没找到方法，后二年才找到这种形式。边区参议会，前年开始开过第一、二届会议，搞得不好，现在第三届就进步了，搞得好了。初时人民对选举的意义不了解，所以得不到好的效果，后来渐渐了解议员对他们有切身的利害关系，有了进步。但是还要继续提高，因为人民向来没有民主习惯，有包办性的传统，提高还得有个过程。希望大家共同研究，如何把这一工作做好。参议会三三制，现在还在学习研究中，离合理正轨的真正民主，尚需相当时期。譬如，学做桌子的木工，尚得当3年学徒，才能会做，学一政治干部，当然更难。所以我们的整风，要经过相当时期，才能收效，即是先知先觉，也不外乎是学。学，就是集思广益，反映人民的要求，听取人民的呼声，否则就是主观主义、关门主义，永无进步。孔子说，"吾十有五，而志于学"，14岁时还是个顽皮学生，15岁那时才有志向学。"三十而立"，30岁时，才有一贯主张，29岁上，还是乱七八糟。"四十而不惑"，40岁上，才有绝对的信仰，39岁前，还是有所动摇。孔子是千古圣人，尚且如此，何况我们常人。所以先知先觉，也得从社会上学。假如人一生出，而置诸密室，永不见人，隔绝半世后再出来，恐怕他无论如何聪明，永不会有什么知觉。先知先觉不过是早一点罢了。三三制参议会将在晋西北实行，希望诸位老先生诚心诚意帮助，把它做好。各抗日根据地都要实行，并要推广到全国。共产党绝不主张一党专政或一派包办，要集思广益，开诚布公，与大家共同办理，有人说：共产党为什么不实行共产主义？共产党当然是信仰共产主义，确是更好的主义，但不能目下在中国实行。因为革命要有客观条件的，不能无原则地硬干。苏联人民，生活甚好，每一工人，月有数千元收入，而我们国府地科长，过去每月不过有240元之薪金，相差甚远，不能看见苏联人民的生

毛泽东在陕甘宁边区第二届参议会上作参政议政动员演讲

活好，我们即实行共产主义，苏联的经济条件，我们现在还不及。要实现社会主义、共产主义，非先经过新民主主义不可。现在外蒙以经济落后，尚未到社会主义。社会主义的基本条件要工业发展，中国人口有四万万五千万，工人只有三百万，工业如此落后，如何能应付社会主义之需要。所以施政纲领上规定资本私有、土地私有，不仅抗战时如此，抗战后建国，亦是如此，政府绝无力量把所有农工商都包办起来。正如孙中山先生所主张的支配人民生活的大企业归国家办理，其余各种事业，由人民自由经营。这是不能当下实行共产主义的一点。

中国的文明史，只有五千年，始有战争，战争促进进化。这次世界大战，是好现象，是世界进化的过程。一方面正义的，有中苏英美等二十六国，有十五亿人口；一方面是侵略国，有德日意三国，人口二亿五千万。现在看，侵略国败局已定，今年总可打垮希特勒，明年即可打败日本。我们已经熬过五年，再熬两年，即可渡过难关。要求和平，已成世界潮流和趋势。我们国内一定要长期合作，不容分裂，再起内战，多年来经过多少艰苦，流过多少血，战后大家一定要说话，一定要求民主和平，谁还能来包办，来一党一派专政。至新民主主义行多少时候才能实行社会主义，要看客观条件的发展而定，此时不能说个肯定时间。不过只要我们能团结到底，实行新民主主义，以后自然也不需要经战争手段，进到社会主义。

诸位提出的负担问题，原因是生寡食众，边区吃公粮的有6万多人，李副主席提出的精兵简政，我们立刻实行。晋西北300多万人口，大半是沦陷区，吃公粮的人要有几万多人，食从何来？这是应考虑的问题，也需要精兵简政。

谈至此，林主席、李副主席、谢副议长先后亦来，即行聚餐，系由毛主席设宴。

饭后，在院间环坐，主席又讲：中国共产党成立于民国十年7月1日，才过了21个周年纪念。五四运动，是中国历史上一大转折，是最重要的节日。五四运动是受第一次世界大战及苏联十月革命的影响，反帝反封建的，所以反对孔子。当时的口号是所有旧的都要打倒,不无缺点。历史不能一笔抹杀,我们要以中国为主,上取古人,旁取外国,批评地接受。旧的完全不要,是不对的。如以外国的一切都好。马列主义亦随时代需要而来。打倒老八股,欢迎新八股,也是不对的。要知是非不能离开时代而空谈,要依时按地。各种思想,各有其优缺点。道德观念是要的,礼乐名分是要的,外国科学是要的,外国制度是要的,我们要上承历史,旁采各国,但需加以批判改造,取长去短,使其适时合地,绝不可囫囵吞枣,播弄教条,欺人害己。

我们今天,谈话很多,大家无非是为团结抗战,团结建国而已。

时已9点,始散会。

7月21日,寄镇信,言在此的人都见到了。此间物价:蜂蜜1两5元,大麻油每斤22元,好花椒每两6元,猪肉斤30元,卤肉斤32元,粳米斤38元,干粉斤26元。新市场菜蔬俱全。

7月22日,今日要离延返晋。

附记

此行于4月中旬由临县起程,至8月下旬始返临,历时4个月余。往返长途跋涉,到延后,又日事参观,即时记。事所记,特别是领导同志的讲话,亦只述其大意,而又限于理解,漏误难免。年迈之人,虽云劳碌,然乐在其中,亦不知"苦"为何物也。

(本文选自《山西文史资料》2000年第8—12期。内容有删节)

延安标准化生活

赵超构

> 赵超构（1910—1992），浙江瑞安人，新闻记者，专栏作家，笔名林放。1934年任南京《朝报》编辑，1938年任重庆《新民报》主笔。1944年6月参加中外记者西北参观团访问延安，回重庆后发表系列通讯《延安一月》。新中国建立后，先后被选为全国政协常委、上海市政协副主席、中国民主同盟中央常委、上海市委员会副主任委员和中华全国新闻工作者协会副主席等。

一

我说过，延安一般机关人员对于货币看得不像我们这样重。原因是他们的生活并不靠薪资，而是靠供给制度和个人的生产。

供给制度有一个公家规定的标准。这标准依着物资情形，每年都有修正。依据今年的标准，一个人的基本生活，如衣食住日常用品，以及医药问题、文化娱乐，大体上都有了保障。

但是这种生活用品的供给，并不是全部由边区政府发给的。有的机关，几乎全靠本机关人员生产来自给，有的机关，自给一部分，另由边区政府发给一部分。完全自给的如三五九旅，除了不要政府负担外，每年还能缴几万担公粮给政府。不完全自给的，如中共直属的机关，自给40%，政府供给60%。自给的程度，各机关也不一致，大体上，各机关总尽量生产，不足之数由政府负责。

除了基本生活以外的消费，就须靠自己生产。所以，每一工作人员的生产，可以分为两部分，一部分为本机关生产，一部分为自己生产。因此我们可以说，

延安的各机关学校部队工作人员的生活，大体是标准化的，即使有差异，距离也不会太远。至于发生差异的情形，只有下面三种：

第一，是供给标准上规定的差异。譬如食米，机关干部每人每天1斤3两，部队每人就有1斤8两。高级干部每人每月吃肉4斤，普通干部每人每月吃肉2斤。技术人员每月另有5000元边币的津贴，普通人员就没有。

第二，要看本机关的生产情形。生产努力的机关，除了按标准供给生活用品之外，还有多余。这一部分多余的生产，就可以用在本机关人员的福利上去，或者每人多吃几斤肉，或者每人多分到若干日用品。

第三，还要看你个人生产的情形。个人生产除

边区贸易总公司门市部，位于市场沟里银行对面，前门销售，后院收购。销售的是民众生产、生活用品，收购的是陕北土特农副产品

一部分归公外，另一部分是自己可以支配的，当然生产得多些，生活也可以比较好一些。

所以，综合起来讲，边区政府所规定的供给标准，事实上只是一个标准。公家并不保证标准以上的生活。但如果机关的生产努力或个人的生产丰足，则超过这个标准的生活也是容许的。

对于工作人员的家属，能工作的，当然生活照标准保证，不能工作的，公家帮助他们学习生产，而给以一部分的补助。

就我们在延安视察，一般工作人员的生活享受，虽说有小小的差异，也只是量上的差，而不是质上的异。没有极端的苦与乐，这件事对于安定他们的工作精神自有很大的作用。

除了生活标准化，延安人的思想也是标准化的。

我在延安就有这么一个确定的经验，以同样的问题，问过二三十个人，从知识分子到工人，他们的答语，几乎是一致的。

不管你所问的是关于希特勒和东条英机，还是生活问题、政治问题，他们所答复的内容，总是"差不多"。

在有些问题上，他们的思想，不仅标准化，而且定型了。说主义，一定是新民主主义第一，这不算奇。可怪的是，他们对于国内外人物的评判，也几乎一模一样，有如化学公式那么准确。

也不仅限于公众问题，就是他们的私生活态度，也免不了定型的观念，甚至如恋爱问题，也似乎有一种开会议决过的恋爱观，作为青年男女的指导标准。

在延安，我有好几次向他们表示，这种千篇一律的答案，刻版一样的思想，是不是党和政府有意造成的？

但是，他们一致坚决否认党和政府对他们的思想有直接的管制。他们承认大家的思想的确是差不多，至于差不多的理由，则由于大家对事实的认识一致，大家对党策的理解一致。

据我的观察，他们这种解释一部分是对，但并不全是。我以为延安人的思想标准化，应该从下述三方面去理解：

第一，我们应该承认他们的生活是差不多标准化了的，因为生活标准化，对于生活的希望、需要、趣味、感情等等也逐渐趋于统一。这是由于生活决定了意识，是自然而然的结果。

第二，我们应该认识到他们的小组批评，对于他们的意识观念有绝对的影响力。所谓"对事实的认识一致，对党策的理解一致"，就是通过小组讨论来实现的。

最后，由于边区和大后方的隔膜，思想文化的交换陷于中断，就延安看来，简直是在闭关状态之中。许多延安人都向我们申诉过书籍杂志进口之困难，这使得他们的认识不得不局限于边区以内所能供给的资料之中。

这种标准化的精神生活，依我们想象，是乏味的。但在另一方面，也给予他们的工作人员以精神上之安定，而发生了意志集中行动统一的力量。

和延安人士接触多了，天天倾听他们的理论，慢慢地使人感觉某种气氛之缺乏。什么气氛呢？现在才想起来，是缺乏"学院气"。

延安人不像我们，我们大都是受了正规的教育，而且凭着这种教育在社会上经营职业生活的。我们的教育训练我们"英美""大陆"各宗各派的理论，一提起笔来，讲坛上的思想学说就不自觉地露出来。

在这一方面，延安的空气是淡薄的。当然，延安并非没有留学生和大学生出身的人。不过我很怀疑他们过去所学的有无应用的机会。他们口口声声以群众为第一，少数服从多数，即使有少数的"精神贵族"，恐怕也免不了向群众低头。因此，假如在延安提出什么英美派、大陆派的学院理论，无疑会饱受嘲笑。他们称呼这些理论曰"洋教条主义"。一个干部倘犯了洋教条主义，是免不了要受批评和清算的。

延安的作家总算不少，据我所知，其中有几位作家的文艺修养是可以在任何讲坛上立足的，可是在我们和他们的文艺性的交谈中，他们都深自掩藏，决不提到外国某作家或某一派的文艺理论。他们所谈的，只是毛泽东先生在文艺座谈会上所谈的一番话。有一位作家说："我们觉得，动不动就掮出外国名字来吓人，是可耻的。"所以他们情愿"大智若愚"。

这种风气，自然有其强处。打倒了"洋教条"，所有工作人员都从事实中建立朴素的理论，使得一般人都能了解接受，这无疑要比那些漂亮然而脱离实际的学院议论有效些。延安人就坚持着这种意见。他们以为一个大学生学习英美式的经济学，不若精通边区的合作社和骡马大店。

这种风气同时也有其弱点。因为摒弃了"学院派"的学说，延安青年干部所赖以求知的途径，只有向经验探索。虽然他们还保留着"马恩列斯"的学习，但也可以说他们的理论水准，将以马恩列斯的理论为最高的界线。这结果，免不了要形成褊狭的思想，并且大大地限制了知识的发展。

有一次，我不客气地把上面这一节感想告诉一位延安人，这位先生的回答很妙："看情形，我们现在不需要洋教条，所以要打倒它，等我们需要的时候，不妨把它请回来。"

我非常记得这一句话。这句话最简明地表露了共产党的所有政策，是依着客观的需要而定的。

延安所最缺乏的空气是"学院气"，或"书卷气"。这个，在前节已经说过了。另一方面，我觉得延安又有一种气氛是过于浓厚了，浓厚到几乎使人窒息。这便是过度紧张的空气。

生产运动差不多把每一家人都卷进过度忙碌的生活里面去了。这虽不是强迫的，却也带有精神上之强制性。报纸小册子好比球场上的啦啦队，提高嗓子，向劳动英雄不断喝彩。每天《解放日报》第二版上所披露的，十有九是生产消息，什么人半夜就上山开荒；什么人开荒多少，打破纪录；哪一家的婆姨每天纺纱几两；劳动英雄吴满有的生产工作进行得怎样。所有这些消息，跟着一阵喝彩的声音，送到穷乡僻角去。于是有人向某人"看齐"了，有人向某人"挑战"了！

这风气，不仅已普遍于民间；就是机关部队学校以及工作人员的眷属，也够得上说努力。所有机关部队学校的生活供给，多少要自给一部分，个人的零用，更须自筹，所以不生产也实在不行。每个工作人员，在种地、纺纱、捻毛线三者之中，必有一种。每天11小时的工作，7小时办公，2小时学习，2小时生产。实际上，有些人为贪图收入，生产时间超过2小时是极普遍的。一星期中，除星期日外，延安街道上的行人真是寥寥可数。星期日是颇为别致的，家家户户，挂上国旗，显得是忙了6天，好让他们舒畅一下。也只有忙坏了的人，才了解星期日挂旗祝贺的滋味。自然，这其中还有许多人是牺牲了星期日在生产的。

边区特等劳动英雄赵占魁

在延安，我们也参观过好几个工厂，所得的印象也是紧张。工作时间普遍是10小时，但由于时间排列得紧凑，加之精神刺激的力量，10小时的产品必定不止通常的10小时，这是从"赵占魁运动"的成绩上可以看出来的。

总括起来讲，忙，实在是延安生活的特征。因为过于忙，空气也似乎过于紧张。紧张的情绪还不止于生产忙，而在"计划"的严格，在机关学校部队工厂工作的人，差不多每人都有一个计划。毛泽东、朱德诸氏，也每年在报上宣布他们的生产计划；

不识字的乡农，也会有地方的劳动英雄替他们拟订计划。计划的结果，就是一年到头的紧张。赶不上计划的被批评，"加油""超过"的被鼓励，人类的好胜心被发挥到极点。劳动力的利用也达到了极点。我真要怀疑延安人除了"忙"以外，还有什么生活。

特别要附带一笔，延安的作家们的生活是比较安闲的，虽然他们也生产，却没有一般人那样严格的义务。

太紧张的工作，太短促的时间，对延安人的精神生活发生了显著的影响。这影响，可以说是好的，也可以说是坏的。就好的方面说，延安市上很少"闲居终日，言不及义"的惰民；从坏处方面说，则是剥夺了精神的余裕和生活的趣味。虽然每星期一日的休息权还是被保留的，而每星期六的晚会也多少可以解除一下疲劳，但在什么东西都带着新民主主义气息的情形之下，这种娱乐也无时不给人以紧张之感。它给你的感受，与其说是安慰，不如说是刺激。

多数工作人员，对于他们的工作都很自信自负，这是唯一的安慰，除此以外，我不能发现他们还有什么优裕的心境。一般地说，都因为工作过度而失却了轻松的情绪。在我的记忆中，在边区时从无机会使我们解放开来大笑一场。我们看到的延安人大都是正正经经的脸孔，郑重的表情，要人之中，除了毛泽东先生时有幽默的语调，周恩来先生颇善谈天之外，其余的人就很少有能说一两个笑话来调换空气的。至于空闲时间的享受，烟和茶，始终难于令人满足。酒却很多，有梨酒，有高粱酒。说起酒，我记起了一位酒徒，简直可以算是"延安的人瑞"了。那是在我们参观一个酒厂时，在那个蒸馏烧酒的地方，遇见的一个老工人。他坐着看管，手里就拿着一小瓶的酒，插一支竹管，不断吸啜，两颊通红，醉态陶然，一面只是笑，不断地自赞："好烧酒，好烧酒！"据管事的告诉我们，这位老头子是整天喝酒，每天在醉乡中，外面什么事他都不晓得。据我个人的感觉，全延安恐怕只有这个酒徒还能保有他自己的悠闲的享乐——大有你们忙你们的，我还是喝我的酒的意思。

我们很知道，延安是一个紧张工作的社会，一时忙于衣食，还没有工夫理会细腻悠闲的享受。所以我写了这一节，其意不在批评，而在报道延安生活的一方面。自然，人总是人，在长期的紧张生活中，总免不了感到枯寂单调。就这点说，我觉得这样的延安生活是不能给人以满足的。

二

进入边区以后，首先使我们注意的，当然是共产党员。共产党员是怎样的一种人？一个共产党员要具备怎样的品性和气质？这是我们有必要知道的。

我不能依照共产党的资料来解释这些问题，以我们非党员的地位来观察，有的地方诚然不免隔靴搔痒，但也许能够比他们自己所说的客观一点。据我看来，共产党党员，除了他的党员身份以外，就很少有他个人的身份……

再详细地说，共产党的最大本领，在于组织。党员的最大义务，也就是服从组织。这样说，似乎很滑稽，因为天下既没有无组织的政党，会有不服从组织的党员么？但是我们应该知道，共产党之所谓组织，是比我们所说的组织有更大的约束性的。一般政治组织所要求的只不过是个人一部分自由之让与；而共产党，作为无产阶级政党要求党员的，则是贡献90%以上的自由。换作他们自己的说法，就是"一个共产党员，应该在任何时候、任何问题上，都要估计到党的整个利益，都要把党的利益摆在前面，把个人的问题、个人的利益摆在服从地位"。

共产党员并非了不起的人物，倘就知识水准来说，一般共产党员的文化教育颇使我们失望。就是共产党本身，也并不绝对要求党员精通党义和政纲，他们所要求的是忠实服从；至于头脑，则最好在入党之后，由党来负责教育。这种特别的征求党员的态度，是由于共产党的特性所决定的。他们的党以工农阶层为基本，所以工农入党手续特别容易，而所谓知识分子或小资产阶级出身的人入党，则比较繁难。因此，一般共产党党员的文化水平，不得不停留在一定的阶段。

但是我们若就另一个观点来看，把这些党员的农工身份来对比他们现在的知识，则我们不能不承认他们的知识已经提高了许多。他们本来对于国家社会是茫然无知的，而现在接受了共产党的教育，已多少懂得了一些。正因为他们先前还未受过教育，所以更易于接受共产党的教育，而把整个的头脑定型于共产主义，无条件地接受着党的指导。

一个知识分子或小资产阶级入党，就没有工农入党那样顺利。第一步，所需的介绍人要多一些；其次，候补的时间也比较长。这是因为知识分子多少有点知识，不仅"去旧迎新"颇费气力，就是品性方面，也需要长期的克服工作。

因此，我们可以了解共产党员的一种特质，是入党之后，仍须不断接受训练。所谓"党性"之增强，一方面靠组织的力量，同时也依赖那无时无刻不灌输到脑中来的党教育，它使得每个党员依照党的要求来改造自己。

共产党的另一个特异之点，是"精兵主义"。他们固然希望很多的同情分子，可是他们对于所谓同情分子，愿意尊重，努力争取，却决不信赖。在欧美的政党，凡是承认党纲经常赞助党的人，总可以被接受为党员，共产党则要求党员必须亲身参加党的组织，整个献身于党，他们不以为所谓同情者或赞助者一定可以成为党员。过多地吸收同情分子，对他们是要发生冲淡党性的危险的。因此共产党情愿在文化水准比较低下的工农之中，选拔堪以施教的党员。对于党员出身的成分之重视，共产党比任何政党都严格些。

在如此严格的要求之下，共产党员还能保留多少的个人自由，是可以想见的。由于党性，同志之爱必然超过对于党外人的友谊；由于党性，个人的行动必须服从党的支配；由于党性，个人的认识与思想必须以党的政策为依归；由于党性，决不容许党员的"个人主义""英雄主义""独立主义""分散主义""宗派主义"。

这样说来，共产党党员岂不是精神上的苦行头陀么？这个，在我们观察，确是如此的。但在他们的党员中，却并不自觉如此。他们认为他们党的组织，是集中同时又民主，也就是所谓"民主集中制"。他们自觉民主的一点，是在小组讨论或会议中，不管党员的大小新旧，都可以尽量发言批评。所有党员的意见感情，在这里都获得宣泄。根据他们的原则，党员中如果有某一种错误，则大党员所受的批评要比小党员所受的严厉些，老党员所受的责难要比新党员所受的苛刻些。党员和非党员共犯错误，对于党员的处分要比非党员重大些。再根据他们的原则，党员相互之间倘有不满意的情绪，也可以在会议中当面批评责难，却不许在背后攻击。这叫作"斗争"。这一切，使得每个党员自觉言论自由思想自由了。但在另一方面，批评一经总结，讨论得到结果，则每个人都要服从，不能再坚持个人的私见了，这就是所谓民主集中制。

我无意讨论这样办法的民主程度。因为我们没有机会参加这种党内的民主批评。不过，这种办法的作用是不难估计的。第一，它至少给党员以说话的机会；第二，它也给党员以认识党策的机会，使得共产党的教育能够实施；第三，它用说服辩论的方式，贯彻上级的决定，而尽可能地避免了强迫与命令；第四，它使得党内的纠纷，立刻获得合理的解决，而不至于积蓄仇恨，形成内讧。

以一个党外人来批评共产党，究竟没有他们自己人批评的亲切。一部《整风文献》就充满了他们的自我批评。从那里，我们可以看出共产党内也有若干的弱点。但就大体说，共产党员给人的印象是一个人身加上90%的党性，再加上10%的个性。他们不是了不起的英雄，却是结实的细胞。

共产党党员中，最可以作为代表类型的，不是那些出了名的模范党员，而是"女同志"们。从那些"女同志"身上，我们最可以看出一种政治环境，怎样改换了一个人的气质品性。

所有延安的"女同志"，不管是本地的还是外来的，倘要考查她们的过去，她们都可以提供给你一篇曲折的故事。她们的故事大多是现实的，苦楚的。在到延安之前，她们都是在时代的大风雨中漂泊过来的。她们充分领略过社会生活，充满着人事经验，所以再不是那种天真、脆弱和易受情感所牵制的女性了。

她们有的来自天津北平，有的来自上海，有的已在各沦陷区工作过，长远的旅途以及工作的经验，加强了她们的倔强性。一般说起来，"女同志"的好胜心理，都超过男的，她们唯恐受到"弱者"的批评，所以尤其要特别表示她们的倔强性格。

另外有一部分女党员，是工农出身的，旧时代的家庭生活磨折过她们，因而她们此时的急进，也甚于普通人。

所有这些"女同志"都在极力克服自己的女儿态。听她们讨论党国大事，侃侃而谈，旁若无人，比我们男人还要认真。恋爱与结婚，虽然是免不了的事情，可是她们似乎很不愿意谈起。至于修饰、服装、时髦……这些问题，更不在理会之列了。

凡是女党员，多在机关工作，家庭生活已经减到非常简单的程度，所有的孩子都在托儿所或学校里。在他们那里，男党员和无党籍的女人结婚，是有的；至于女党员的丈夫，那就一定是有党籍的人；女党员嫁给非共产党的男人，可以说绝对没有。

有一次我曾放肆地向那边一位C女士说："你们简直不像女人！"

她反问道："我们为什么一定要像女人？"

这种执拗的答语，竟使我无辞可驳。

政治生活粉碎了她们爱美的本能，作为女性特征的羞涩娇柔之态，也被工作上的交际来往冲淡了。因此，原始母权中心时代女性所有的粗糙面目，便逐渐在她们身上复活了。而我们也可以

一个北平走出的年轻女子，穿过了前线来到延安，成为医院护士

从她们身上直感到思想宣传对于一个人的气质具有何等深刻的意义！

三

　　陕甘宁边区的人口，大约是150万，活跃于这块舞台的共产党员，据说只有4万人。

　　4万个党员统治着150万的人民。这就是说，在每一个共产党员的后面，几乎有40个老百姓跟着他走。他们用什么方法带着这大批的民众走上共产党的道路呢？他们凭着什么本领，把自己的表情教给老百姓仿效呢？

　　这照共产党的口气来说，就是所谓"领导群众"的问题了。

　　整个共产党的活动，可以分作两部分说明：其一是政策，其二是作风。关于共产党的政策，我将另外说明，关于他们的作风，我们可以大胆加一评语，是"全盘承受苏联共产党的经验"。中国共产党是根据苏联——也就是列宁斯大林两人的战略来做群众运动，来鼓励民众从事一切工作的。

　　执行这样战略的人，把"群众"分作三部分：其一是"积极分子"，其二是"中间的游疑分子"，其三是"落后分子"。假如把抽象的群众描绘成具体的形象，那就是鸡蛋形的，两头小，中间大。换句话说，中间分子最多，积极的和落后的都占少数。成功的群众工作者，"必须善于团结少数积极分子作为领导的骨干，并凭借这批骨干去提高中间分子，争取落后分子"——这是共产党对于群众的认识论。

　　根据这认识，共产党先在群众中配备干部作为"领导核心"，以这个核心为枢纽，转移四周的群众。

　　这样，我们又可以把共产党的群众运动，描成天文学上的彗星形，即是干部作为核心；核心之外，团结着一批积极分子，作为领导骨干，吸引着中间分子；而在这一切的后面，拖着一条"落后分子"的细长的尾巴。核心是凝结的固体，越到外层，结合的力量越松，至于那一条尾巴，则已不是固体而是被固

体吸引着运动的稀薄的尘埃。

核心的任务，不仅在团结积极分子和争取其他分子。它必须通过骨干，将群众中分散零乱的意见愿望集中起来，加以研究整理综合，化为有系统的方针与意见，而后又向群众宣传解释，使这种方针化为群众的意见，"并使群众坚持下去，见之于行动，同时在群众行动中考验这些方针是否正确"，再集中，再整理，再向群众推行，循环地转进，一次比一次增加经验，一次比一次适合群众，这就是"从群众中来，到群众中去"的具体说明。

所以做着这样工作的核心分子，除了须善于"联系群众"之外，还必须具有分析事实、总结经验的能力。

以上所说的是他们的"战略部署"。"战术"呢？可以说明的有三点：

其一，可以称为"攻取据点"。那就是推行某种工作时，除了一般号召之外，负责人还必须选择若干机关学校部队，亲自指导，个别的具体的观察情形，取得经验。再从这些据点出发，扩充推行的范围。

再一方面，可以称为"集结兵力"。那就是"在一定的时间一定的地方，只能有一个最中心的工作"。动员全部的人力来突破这个中心工作。次要的工作是可以有的，但决不可以妨碍中心工作的进行。譬如说，生产是中心的工作，而教育与生产不能并行时，他们就暂时牺牲教育，让那些学龄儿童留在家里帮助生产。一个县长或乡长，可以分别轻重缓急，选定中心工作来做，不想"百废俱举"而其实一事无成。

最后一步工作可以称为"上下呼应"。他们推动一事，尽可能地避免强迫的命令。

普遍的方式总是这样的：攻取据点，集结兵力之后，在上者一声高呼，在群众中的核心和骨干，便在各据点向外进行宣传说服讨论批评的工作，鼓

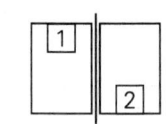

1. 抗战时期延安街头的时事宣传
2. 年纪最小的劳动模范——7岁的吴萍

励群众响应上面的号召。这一层响应的工作，必须做得十分完美，必须做到由群众自己来发言要求的地步，不由少数的核心分子来包办。因为包办的呼声只可以敷衍上面的面子，却不能对群众发生推动的作用。

这是共产党推动群众的理论，实际做的工作是否有如理论那么好，因为考察时期不长，我未能确切判断。不过，从理论上，我们也可以了解4万名共产党员怎样管束着150万民众的秘诀了。

四

延安的妇女如何生活？

先说延安的"女同志"，也就是知识妇女的生活。许多人想象，延安一定是"娜拉"的世界，这想象有几分对，也有几分不对。当娜拉的丈夫命令她尊重为妻为母的神圣义务时，她宣布："在为妻为母之前，比什么应该要紧的，是对于自己的义务。"假如是延安的娜拉，她的话便应该改为这样："在为妻为母之前，比什么应该要紧的，是对于群众的义务。"

易卜生的娜拉代表着个人的觉醒，将女性从家庭牢狱解放出来，希望经营个性自尊的生活；延安的新女性，刚从家庭里解放出来，却立刻淹没在群众的大海里面去了，仍然是没有个性了。

但这并不是说，延安新女性比起男性来，还有什么不平等的待遇。因为事实上延安男性之为群众的仆役，与女性一样，其间自然无所谓不平等了。

家庭的锁链，也就是为妻为母的工作，现在是大大地减轻了，服务的机关可以包办家庭的琐事，女性大可不必再为明天的小菜而皱眉头，自然，也就失却了"应否回到厨房去"的问题。我们曾问一位交际处的女同志，能不能烧一两样小菜。她的先生在旁很滑稽地代答说："我这位内人，最拿手的好菜是烧白开水。"

小孩子交给托儿所、保育院，再不然就是保姆,因此免除了大半为母的责任。

延安地区的妇女在纺线

如此一来，诚然失却了一部分家庭生活的甜蜜趣味，而在女性方面则恢复了大部的自由，她可以工作，她可以不必再依靠男人生活，她可以不必再死心忍气听受丈夫的无理谴责。因倚赖男人生存而产生的"太太"生活，自然也消灭了。为了劳动力缺乏和家事的简单化，私人雇用老妈子，是不可能，也是不必要的。没有老妈子，怎能做太太呢？岂仅没有太太生活，连"太太"这个名词也"革"掉了。当我们快进延安时，来迎接我们的C先生和C太太

S女士都在车上，C太太突然站起来："喂，我要告诉记者先生一声！在延安，'太太'这个名词是不时行的，以后请改叫我本人的名字好么？"到延安一看，果然没有"太太"称呼。通俗化的"婆姨"，倒是在所不禁的，像丁玲的外号就叫作"陕北婆姨"。

鲁迅先生曾提出一个问题："娜拉到哪里去？"延安的解答是：到机关、学校、医院、保育院、工厂、农村、秧歌队、妇纺小组去！只要你是健康而又甘心吃苦，出路总是无问题。可是我要说清楚，出路虽然甚多，但是条条路都通到一个叫作"群众"的粗糙的地方去。在这条路上休想保持你个人的喜怒爱憎，连涂脂抹粉都是犯批评的事情。英美的女性就是穿上了军装也是忘不了涂一下胭脂，延安人似乎还迷信着爱美与工作的不相容的。从家庭获得解放，在群众中又失却了女人之所以为女人的个性，是幸福还是苦痛？这只能等待她们自己回答。

恋爱与结婚差不多是标准化了。似乎听说，过去边区发生过一件情杀案，掀起了全党男女的研究批评。结果，自然少不了一个"正确健全"的适用于边区男女同志间的"恋爱观"。标准的恋爱观，自有标准的恋爱方式，决不像我们这里有"柏拉图式""至上主义""唯物主义""灵肉一致"等等的千变万化。

另外一点标准化，依我个人的私见，觉得在"增强党性""削弱个性"的政策之下，延安人的思想、态度、品性、趣味、生活似乎都定型了。个性的差别是愈来愈狭小。甲同志与乙同志之间，A女士与B女士之间，实在看不出有多大的分歧，再加上择偶的标准又是一致的，除了考虑一下年龄身貌之外，还有什么条件值得推敲呢？嫁给甲先生，或者嫁给乙先生，似乎不会有什么不同的结果，这在择偶上的确省了许多麻烦，不像我们的择偶，要从无数不同型的个性中选出自己所喜欢的对象来。

被极力夸张的"同志爱"，对于延安女性的恋爱与结婚一定也有重要的影响。既然同志爱应该高于一切爱，那么恋爱结婚也应该以同志为第一条件了。个人爱憎的选择也只能在同志之间运用了。这正如旧式婚姻以门第为第一条件，难道不会损伤到个人的恋爱自由么？

结婚方式很合乎"实事求是"的精神，唯一的手续是向乡政府登记，领取结婚证。离婚手续，亦复如是，离婚的权利是男女平等的。

虽然我们对于恋爱结婚的标准化，免不了有些异议，她们的性道德却是正常的。所谓"喝开水"主义一类的男女关系，也许是很早以前的事情吧？现在，由于批评的严肃，工作之紧张和生活的简朴，没有什么事实可以证明她们的性行为是随随便便的。

娼妓是犯禁的，不过变相的娼妓所谓"女二流子"一类的还有少数的存在。这些女二流子，也就是农村中的交际花，过去相当多，现在受了"改造二流子"的影响，大部分也转变为妇纺能手了。从各医院的病历统计上，我们也看出了花柳病患者逐年减少，这似乎可以反映同样的趋势。

最后，总结我对延安新女性的印象，是她们那样泰然活跃的精神，确是配和男性做同样的工作的。

虽然延安的新女性是那么活跃，农村妇女却依然停留在旧日的生活形态里。共产党人是尊重实际的，他们知道在陕北的农业环境，家庭依然是生产的堡垒，破坏了家庭，也就妨碍到生产。以前那些女同志下乡工作，将经济独立男女平等一套理论搬到农村去，结果是夫妻反目，姑媳失和，深深地引起民间的仇恨。现在呢，决不再提这一切，尊重民间的传统感情，家庭仍是神圣的。妇运的"同志"，决不再把那些农村少妇拖出来，或者挑拨婆媳夫妻间的是非了，而只是教她们纺线、赚钱、养胖娃娃。一句话，是新型的良妻贤母主义。

想想吧，哪一个丈夫不喜欢他的婆姨多赚几个钱来贴补家用？哪一个婆婆不喜爱媳妇养个胖白的孙儿？女同志的"威信"恢复了，做丈夫的无须再怕女同志和自己的婆姨打在一道了，很快地，便在农村妇女之间，成立了妇纺小组。有组织有计划地纺线，有一个组长负责替她们领棉花，开销产品。

组织妇女群众，实在需要极大的耐心与牺牲。乡下妇女多数是顽固的，得用种种的方法说服她们，并且需要具体的例子教她们信服加入组织的好处。乡下女人又多是小心眼的,对她们工作,须得公正廉洁,还要保证她们不吃亏。可是,一组织起来,什么事情都好办了。不识字的,成立识字组,慢慢地,成立读报组,慢慢地,教她们怎样养小孩。通过生产的小组织,施行群众妇女的文化教育,这工作在延安附近,已经开展起来了。

陕北一带,过去的衣料是全靠外面供给的。农妇全不知道纺织。自提倡妇纺后,去年民间手纺车已达12万架,有13万名农妇摇着纺车。大体上说,这些妇女群众的生活形态还没有多大的变异,所有平等的权利,她们还是不敢问津;婚姻生活,也还遵守旧习惯;医药卫生,改进得不多。为了买棉、卖纱,参加各种活动,交际来往日渐频繁,集体化、社会化的生活已经开始了,再因为经济生活稍为改善,旧日家庭的痛苦减轻了一些,也是自然的。夫妻吵架、婆媳失和、生计问题常是主因,现在她们已能负担一部分家用,或许可以改好一些吧。

为了打听妇女群众的生活情形,我曾会见过延安几位妇运的领导人。她们的谈话,无可记录,然而她们朴素的衣装和"改组派"的小足,却清清楚楚地说明了她们群众妇运的特色,是折中于良妻贤母与社会主义之间的改组派主义,是由农村出身并且熟习农妇生活的干部来干的。她们不需要"摩登"的女权论者。

(本文选自《众说纷纭话延安》,广东人民出版社2001年版)

延安归来

黄炎培

> 黄炎培（1878—1965），字任之，江苏川沙（今属上海市）人。我国近现代著名的爱国主义者、民主革命家、政治活动家和民主主义教育家。1917年赴英国考察，同年5月6日，联络教育界、实业界知名人士在上海发起中华职业教育社。次年，创建中华职业学校。此后数十年时间的教育和社会活动主要通过中华职业教育社来展开。1921年被委任教育总长而不肯就职。曾参与起草1922年学制，进行乡村建设实验和筹办南京高等师范专科学校、国立东南大学、上海商科大学、厦门大学等高校。1931年"九一八"事变后，积极投入抗日救亡运动，创办《救国通讯》，宣传爱国主义；组织上海市民维持会（后改为上海地方协会），支持淞沪会战。1941年，与张澜等人发起组织中国民主政治同盟，一度任主席。1945年又与胡厥文等人发起成立中国民主建国会。同年7月应邀访问延安。写成《延安归来》一书，如实介绍延安。

延安归来答客问

这回，我偕褚辅成、冷遹、左舜生、傅斯年、章伯钧五位先生离重庆到延安，从7月1日至5日，往返共五天。回来以后，各方面朋友纷纷问我延安的情形。这样，那样，说了一遍，又是一遍，着实应接不暇，怎么办呢？且把各位所发问题，用一番整理工夫，每个问题作一个答案，一个个写在下边，用书面来替代口头，也许可以省却些诸位发问的麻烦吧！如要知道我们整个的行程，还有一篇延安五日记。那写得比较详细些，诸位尽可参考。

1945年7月1日，国民参政会六位参政员由重庆到抵延安，与中国共产党商谈关于结束国民党一党专政，成立联合政府等问题

一、你们延安一行，究竟是怎样的动机？

答：我们六个人虽都在参政会[1]，有相同的主张，但有各不相同的立场。褚先生是国民党老党员。左、章两先生各有他们所代表的党[2]。我和冷先生、傅先生都没有党，但傅先生是以学者的身份，而我和中间几位先生，还有些民主同盟的关系。可是立场虽有小异，主张却是大同。

我向来这样主张，抗战要必胜，建国要必成，先须完成三大合作，就是：政府与民众合作，中央与地方合作，国民党与各党各派合作。我呢，愿竭尽一切力量来协助它。这是我抗战以来基本的一贯的主张，在这上边当然我是愿意卖力的。

---

[1] 参政会即"国民参政会"，是抗日战争开始后国民党政府成立的一个咨询性质的机关。参政员都是由国民党政府"遴选"的，其中国民党员占大多数，只有极少数是中国共产党和其他党派的代表。
[2] 左代表青年党。章代表第三党，即农工民主党。

五五宪草[1]在宪政实施协进会里，研讨了不少次，末了一次，我起立发言：这份宪草有值得极端重视的一点，就是必须在全国和谐一致的空气中产生，否则万一酿成纠纷，反为宪政施行的障碍。褚辅成先生立即发言：我的主张也是这样。隔几天，褚先生招我和冷、左、章、傅诸先生及王云五先生等，提商这问题的进行方法，这是5月25日的事。

6月2日用褚辅成、黄炎培、冷遹、王云五、左舜生、傅斯年、章伯钧七个名字公电延安毛泽东、周恩来两先生，大意是说：团结问题的政治解决，为全国国人所渴望，某等鉴于国际国内一般情势，唯有从速恢复商谈，促成团结，盼复。同月22日，接到延安复电表示，如果当局愿意，是乐于商谈的。并欢迎我们到延安去。同时表示他们不参加本届参政会。

接下来我们七人作数度深切的研究。我们发电的意思，只愿促成国共商谈，希望造出和谐空气来。我们自己并没有预备提出什么主张。但现在延安要我们去，我们倒需要考虑一下。

我们数度会商的结果，一致认定双方商谈的门，是没有关闭的。蒋主席3月1日演词[2]，和毛先生《论联合政府》文，都说得明明白白的。但从3月初延安表示中止商谈以后，如果在商谈没有恢复以前，国民大会问题，尽管一步步进行，那么，国民大会可能被人认为某方面的国民大会，所通过的宪法，可能被人认为某方面的宪法，那就僵了。若一面尽管进行国民大会问题，恐于商谈的进行上，也将受到影响。因此，我们七个人一致主张两点：（一）要从速恢复商谈；（二）把国民大会问题的进行展缓些。

主张既定，共同去见蒋主席。主席很希望我们到延安去一趟。并在我们充分说明一致的主张之后，以伟大的、恳切而坦白的精神，答复我们：国家的事，只须于国家有益，都可以商谈的。我们听到了，就决定去延安。但是到临走那天，王云五先生病了，结果只有六个人去。

---

[1] 五五宪草，即《中华民国宪法草案》，发表于1936年5月5日。

[2] 指1945年3月1日蒋介石在重庆宪政实施协进会上的演说。蒋在演说中，坚持国民党一党专政，并提出由美国代表参加的三人委员会来"整编"八路军、新四军，公开要求美国干涉中国内政。

二、你们六个人去延安，用什么名义呢？

答：我们是用个人名义。虽都是参政员，但并没有受参政会公推。冷、傅两先生在去年参政会里，曾被推为延安视察团五人中之二人，但他们两位并不用视察团团员的名义。更不管有党无党，我们是自由的，自动的。不受任何方面的委托，所以不受任何约束。我们不是第三者，不是和事佬，我们也是国民，我们是有主张的。我们去延安，我们先认清自己的身份是这样的。

三、你们究竟对于大局是怎样的看法？

答：内战是绝对不应该，也是绝对不可能。这不是谁能打、谁不能打的问题，而是国内和国际情势上所绝对不允许的事。这是从消极方面说。积极方面，在全世界高唱和平与民主声中，无论国与国间，民族与民族间，乃至一国之内，任何单位与单位间，凡是两个以上，都在由联系而合作而团结。波兰问题，算是一个僵局了，到底圆满解决。印度西姆拉会议的破裂，舆论都不满意于教派代表的固执。世界思潮的新倾向，不是已经显明了么！这是我们一致的看法。而况国共问题，双方商谈之门，本没有关闭呢！

四、你们到延安一般的观感怎样？先请说说延安的风光好么？

答：我们是坐飞机去的。一下飞机，首先使我们注目的，是左右两行山脉，高高下下的峰壁上，凿着无数圆形而平底的窑洞，这都是老百姓的家。延安是经过几次日寇的大轰炸，最近从瓦砾堆上，建筑起房屋来，成为疏疏落落的街道，当然说不到繁荣。但在新市场区域，把重庆来比，仿佛像信义街、棉花街一带，中间不断的是新建的房屋。商店二分之一，至少三分之一，都是合作社，或类于合作社的组织。中间不少的商品，是公务员家庭所制造出来的，所种植出来的。警察是没有见过。游民，他们叫作"二流子"，也绝对没有的。标语很少，或者竟可以说没有，有的是街上宣传小品。我提出一两点比较琐碎而可以作描写延安风光的助力的。书店门外揭示着的广告，出售书籍和文具，在黑板上每一种用粉笔画一个图，标明价目，民众都在围观。还曾到理发店里去访谈，每一次理发流通券七十元。理发用凳的靠背，窄窄的木板一块，板向后方，人斜卧在上边，理毕，将木板竖直，回复原状。这个办法倒比一般流行的理发椅来得简单而省事。这边一般的木器，都是制造得非常坚致的。

忽然看见一个招牌，是"韬奋书店"，使我顿时忆念到长眠地下的老同事邹韬奋先生，发生无限的哀感。

延安城靠着一条延水，河身很阔，但水极浅，一般人涉水时，水不过膝，我们是坐着汽车过河的。问他们才知道到发水时，流量和流速大得了不得，在平时老是这样的。

延安到处总是一条水，水边一条路，路两旁是人家，水两旁是高山，仿佛一式的。

党政军三个中心区域，我们都到过，房屋高高低低的都在山坡上下，和民间的建筑没有多大差别，但各有一个大会堂。大会堂的规模当然不能比重庆中华路的青年馆，但也还有中一路抗建堂模样，实在超出我们想象的。

我不再说下去了。请读我延安五日记吧！

延安大众合作社

延安时期的街上老乡

五、再请说说延安的人物。

答：说到人物，我愿意先谈谈延安的民众。现在延安有五万人口，其中三万多是公教人员和他们的家属等。这种人员，不论男女都穿制服，女子学生装短发，都代表十足的朝气。当地老百姓，衣服也都很整洁，衣料是蓝或白的土布。绝对没有褴褛污秽的流浪者。女子皆天足。此等士人，是代表朴实和体格的健全，却从没有发现过绅士式的男子和涂脂抹粉、洒香水、着高跟鞋等摩登装束的女子。

至于中共重要人物毛泽东先生，依我看来是一位思想丰富而精锐又勇于执行者。朱德先生一望而知为长者。此外，轰轰烈烈的贺龙、彭德怀、聂荣臻、林彪、刘伯承……诸位先生（徐向前先生在病中没有能相见）在一般人想象中，一定脱不了飞扬跋扈的姿态。料不到，这几位先生都是从沉静笃实中带着些文雅，一点没有粗犷傲慢样子。真是出于意外。

我们来去统共只五天。在延安三天，每天总有半天，忙的是正式谈话。观风问俗的工夫，用得太少，这也是无可如何的。

六、延安的政治作风究竟怎样？

答： 我们在延安，倒自自在在的。要到哪里，看哪些人，都绝对自由。你不需要带路，你就自己去。可惜我们时间实在太短，没有能出延安，到四乡去走动。就在延安，看到的地方，也实在太少。就所看到的，只觉得一切设施都切合乎一般的要求，而绝对不唱高调，求理论上好听好看。举几个例，他们知道贫农的要求，不一定在自有其田，只在乎有田可耕，而减轻租额，于是变分田政策为减租保租。他们知道贫民要求有钱可借，而减轻利率，于是不禁止债主放债，但严定减息保息。有人将怀疑中国共产党在开倒车，然毛先生说：那些都是党八股，万要不得。他们知道老百姓最苦的是贫而且病，只在都市设医院，施医给药，是不够的，于是组织医疗队，巡回四乡，医和药是送上门的。他们常常抓住了一个人或一个地方办出优良成绩的，来一个扩大运动。离开延安二三十里吴家枣园吴满有耕地办事成绩好，赠他一个劳动英雄徽号，各地举行大规模吴满有运动。毛先生说：我们要打倒主观主义和宗派主义。我们要向老百姓学习。工农分子的知识有时倒比知识分子多一点。读了马克思主义，没有能根据它来研究中国的历史实际，创造出合乎中国实际需要的自己的理论，做了中国共产党党员，看不见中国，只看见书架上的革命文献，这种马克思主义理论家，还是少一点好。他主张有些书本知识的人，快回到实际工作里去。这都是中共三年来的新方针。至于执行得比较彻底，不马虎，在延安几天里，随处可以见到。这是事事有组织、人人有训练的缘故。

我们应该知道中共政治作风已变了。不是变向别的，而是变向平凡。

七、你们和延安诸位领袖正式谈话的经过怎样呢？

答：我们和毛先生等谈话，在三个半天中间合起来，倒有十来个钟点。第一天我们叙述来意，并充分说出我们对于大局的看法。说到双方商谈之门，并没有关闭，毛先生很表同意，还接着说，只为了门外有一块绊脚石，就是国民大会问题。第二天彼此交换意见，几乎每一个问题都充分讨论到，时间也占得最长。第三天谈出结论来了。对我们所主张的两点，表示完全赞同，而另外提出些他们的意见。总之这三天的谈话，彼此都十分坦白，十分恳切，不当作"办交涉"，而是亲亲切切地谈心。因为大家对于大局有相同的看法，这基本观念是一致的。

八、你们回来怎么办呢？

答：我们回来以后，六个人共同去见蒋主席，很坦白地据实报告，接下来就忙着参政会开大会了。

九、这次参政会，你们的态度怎样呢？国民大会问题的结果怎样？

答：我们商定依各人的地位和环境，用不尽相同的方法，希望完成我们共同的贡献。有人关心到中共不参加参政会一点，我们对这点在延安并未提及。我们认为如果从商谈而获得团结，根本上得到解决，枝叶自不成问题的。

这次参政会关于国民大会问题的经过，倒是值得一述。7月7日开幕的那天，蒋主席演说中，有这样的一段话：

> ……本年五月国民党第六次代表大会有于本年十一月十二日召集国民大会之决议，至于与大会有关各问题，在未听取贵会诸君之意见以前，政府将不作任何决定。因为国民大会的召集，既在结束训政，还政于民，则大会日期，自应由国民党来负责决定。至于与国民大会的召集有关的各种问题，在现况之下，虽不易得到理想的解决，但各方如能虚怀讨论，政府自将虚心接纳，当亦不难觅得相当满意的方案。……政府对于与国民大会召集的有关的问题，拟不提出任何具体的方案，可使诸君得以充分的讨论。……所要求于各位的，在排除一

切党派的成见，纯然站在国家利益的立场，提供合理的主张。到讨论这问题那天，同人对这问题的提案有二十四件，登台发言的有三十六人，所有各人态度，确不愧为自由和充分。我和冷先生遹、江先生恒源，有如下之书面声明：

> 炎培、遹、恒源对于国民大会问题，素抱一种主张，以为此事诚发于国民党结束训政还政于民之善意，其惟一先决条件，即必须在全国和谐之空气中进行，则一切问题，庶可迎刃而解。盖国民大会责在制定宪法，树立中华民国百年大计，如各方主张，尤其是有组织者之意见，尚未融通，而遽欲仓卒召集，仓卒制定，则其后患将不堪设想。欲完统一，而适召纠纷，以善意而获恶果，以百年大计而演成百年大害，在此存亡生死千钧一发之间，实私心所深忧大惧，而不敢苟同时论，偷取一日之安者也。何以造成全国和谐空气，则以为群策群力，凡在国民，皆当有以自效。……今本会将讨论国民大会专题，在同会诸君子自可各抒所见，而论国家利害关系，则一出一入，何去何从，诸君子善为国谋，必能审慎抉择，舍小己而取大公，抑感情而伸理智，民国前途，将决于诸君子之一念。……

到审查会那天，又经过一番详尽的讨论，结果制成一份审查报告。

这份报告，提出大会之结果，以起立赞成一百八十七人对出席一百九十六人之绝大多数通过。此项审查报告，其文如下：

> 本审查会关于国民大会之提案，二十四件，经郑重研讨，佥认为政府召集国民大会以实践还政于民之意愿，全国人民，咸深欣佩。本会同人对于国民大会问题所提意见，彼此虽不无出入，然宪政之必须从速实现，宪政筹备工作之必须加速推进，国民大会之必须具有完满代表性，全国统一团结之必须继续求其实现，则为本会同人一致之期望。爰本斯旨，谨请大会作次列四项之决议：
>
> 一、关于国民大会之日期，本会同人意见未尽一致，本会兹不

提出具体建议，由政府斟酌情形决定。

二、关于国民大会代表问题，请政府参照本会各参政员提案，衡酌法律与事实，妥定办法，务使国民大会具有极完满之代表性。

三、宪法制定时，应即予实施，俾政府还政于民之旨，早获实现。

四、国民大会召集前，请政府从速采取次列各种措施：

（一）继续采取可能之政治步骤及协调之精神，求取全国之统一团结，本会同人并盼中央方面亦深体统一团结之重要，使政府今后所采取之政治步骤获得其预期之效果。

（二）保障人民身体言论出版及集会结社之合法自由。

（三）对于各政治党派依法予以承认。

（四）依限完成后方各省各级民选机关之设置，以树立地方政治之基础。（本会同人原有各提案及本审查会各审查委员所提之意见，连同本决议案并送政府。）

这是本届参政会对国民大会问题之结果。

十、你推测这件事的前途怎样？

答：事实的经过，已详尽报告如上文了。至于前途怎样，我不想轻率地加以推测。只认定两点：（一）这一问题的利害，已经明明白白，更没有怀疑余地的了。（二）我人服务，苟利于国，成败应非所计。

延安五日记

日记，我是从辛亥革命那年写起的。但这五天的日记，含有特殊意义。从延安回来，问我延安情形的太多了。我无法一一口头报告，在友谊上又不能不报告，发于良心的驱使，而有这回的奔走，我们的态度，是绝对坦白的。为了国事，在公义上更不能不报告，特把日记来发表。

我的日记，是句句老实话。如果有人以为太这个了，也许有人以为太那个了，"见仁见智"，对于诸君，只有报之一笑。

延安的一行，发动于六月一日，我们七个人——我与褚辅成（慧僧）、冷遹（御秋）、王云五、傅斯年（孟真）、左舜生、章伯钧，公电延安中国共产党毛泽东、周恩来表示希望国民党与共产党从速恢复商谈，促成团结。因为国共双方在二月以前本在商谈，后来才停顿的。延安复电希望我们前去，经各方接洽的结果，决定一行。

民国三十四年七月一日（晴）

前两天才决定今晨飞延安，内子维钧用她周密而亲切的心思，准备简单而必要的行李，装成一皮包，随身带着。晨7时，离开了重庆张家花园寓楼，杨卫玉、贾佛如、许荀八、尚丁等送到观音岩，握手告别。维钧陪我上小汽车，在这时候，二龄女当当大哭，一龄的丁丁呆看着，什么都不懂。

小汽车到九龙坡机场，得王云五信，昨夜忽感寒热，体温高到一〇三度[①]，医生力阻出门，结果我和褚、冷、傅、左、章六人同行。临上机，先练习降落伞使用法，说万一遇到敌机，这件东西是必需的。

9时35分起飞。自和维钧结婚，将满三年，这回还是第一次分别，因维钧的富于情感，一时无法抑制，使我大为感动。

机从晴明的天空中北行，白云朵朵，显出萧闲的姿态，好像绝不了解世界正在打仗，我们正在忙碌着。嘉陵江一弯一曲，自北而南下，我们的机，迎着它直线前进。过了一个半钟头，飞机忽然升高到八千五百公尺，秦岭山脉来了。我在八年以前，从上海飞西安，转飞绥远劳军，曾过秦岭，这条山脉最高的太白顶比华山、峨眉山都高。但在飞机里俯视，只见倾斜着的青绿而满布着林木的大山坡，在白云掩护中间一幅一幅在倒退。秦岭以北又一片青绿的是平原，我旧游的西安，在马不停蹄的飞行中过去了。

---

① 此处为华氏温度。

从重庆到延安，空程四百五十英里，飞机每小时行一百二十英里。

陕北一片丛杂的山岭，一条延水自西北而东南，流入黄河。经过延安的一段，两道山脉隔着，两岸背靠着山脚的，是延安的城市。

飞机选定了两山中间一条最适宜的空中路径，从远处直线飞下，一落地，欢迎者成群而来了。

毛泽东、朱德、林祖涵、吴玉章、周恩来、邓颖超、秦邦宪、张闻天、林彪、叶剑英、徐特立、李富春、杨尚昆、谢觉哉等等。

从机场周围一看，好像四面皆山，山壁上凿下无数的洞，洞的外形，上边是个半圆，下边是一画，无数无数个排列着，好像扩大的龙门佛像，却全是老百姓的家屋。我曾经游过晋北，住过这种窑洞，但没有这边的规模大。今年陕北苦旱，延安一带，恰在我们到着以前三星期下过两次雨。

我们坐着十人座位的汽车，到了王家坪第十八集团军总司令部，进客堂，宾主围坐。主人比来宾约多三倍，在欢洽的空气中，新旧朋友分别杂谈。进会堂午餐，这堂有讲台，很像重庆白沙沱中华职业学校的礼堂。这不是说中华职业学校建筑宏伟跟中共礼堂一般，也不是说中共礼堂规模简陋和一个私立的苦学校一般，事实确是这样。只是这礼堂的梁和柱要比中华职校的礼堂粗得多。这里有一点遗憾。这"遗憾"两字，用得特别准确，是遗传下来的憾事，就是山上很少林木，不是天没有生，是在中共到这里以前，给某种军队砍光了的。我曾经游过岷江上游，光秃的丛山，那种惨象，写入我的《岷源一曲》。这里山顶，带青绿色，还算好哩。

餐后，仍乘车行，渡过浅浅的延水。我们南方人读《孟子》，"子产以其乘舆，济人于溱洧①"。车子怎能渡水呢？是不能了解的。那年到曲阜，坐着车渡汾水②，才恍然大悟。我们是客，坐着水陆两用的车，还有许多人，褰裳涉水而过。

过了延水，穿过了小小的延安城，眼帘前忽然闪过一块牌子："韬奋书店"。

---

① 溱（音 zhēn），古水名，洧（音 wěi），地名，均在河南。全句意指坐着车子渡水，言水浅。
② 汾水，应为泗水。

出延安城南门，到着陕甘宁边区政府招待所，地名瓦窑湾，每人一间卧房，凡是你所想到需要的，都替你预备着。

小睡后，偕慧僧、御秋出门，没有告诉别人，自由自在地散步新市场。

排列着好几家大规模的北方式的商店，叫"过傲行"，是一个大院落，养着不少驴马，问过他们，知道是代客运货，运到的货，也代客买卖。慧僧问他们运些什么东西，说一部分运进棉花；问棉花的价格，说每担流通券五万多元，就是法币十三万多元。

这里向来通用的边币，须七元多换法币一元。现在发行一种流通券，仿关金券（流通券一元抵边币二十元），现在法币二元六角，换流通券一元。

这里妇女的装饰分两种，一种是短发制服，大都是公务员；又一种是从乡村来的，穿着窄而长袖的大襟的白布短衣，小而圆的裤脚，不穿裙，天足，梳着扁形的圆髻，髻上插上十来个白银的针，中心一针较大，周围较小，眉目有些特别，鼻梁是平而长的，两目和两眉，各成一字形的直线，显出一种天然的秀美。我所看到的乡村装饰的妇女是一律的。一个这样装饰的少妇，在驴夫扶助下，跨上驴背，盘着一脚平置驴背上，一个六七岁的男孩，跨在仿佛是他的母亲的背后坐着，他们骑驴的技术这样老练，真使我惭愧。

一家是联合木器厂，去访谈了，他们说是若干木器制造的工人，合组起来的。这里的木器不坏，是工作很道地的旧式木匠，用当地的材料，做成新式的木器。刨得很光，拼得很紧密，角和边线，都把棱去掉的，漆用淡黄色，着热不退。我从木器厂里、招待所卧房里，和各朋友家里看来，是一律的。诸位：休笑我写得太精致，要研究群众文化的程度，这种地方倒是值得注意的。

一家是供应总店，又去访谈了。原来各机关各公务员衣食用品凡是公家供给的，都经供应店供应，有分店，有总店。

街头墙壁上贴着一份拥军公约，是四言的二三十句话，都是讲民众对于军人，和军人对于民众应该互助的工作。

一家妇女联合会开的合作社，所售商品，都是公务员家庭制造的，吃的用的穿的，种类着实不少。

到处是新建筑，我和御秋去访问，你们这屋是自己筑的吗？答是。有没有公家贷款给你们或是补助你们？答没有。看各家的建筑，各式各样，可以证明这确是他们自己的建筑。

街头一块黑板，一边粉书解放区名称，又一边粉书含有很丰富的卫生宣传意义的一桩故事。黑板的角上有个意见箱，什么人都可以把意见书投入，如果他要向政府说话的时候。

三个人走了好多时候。街道是整洁的，阶下有水道。却没有看到茶馆，没有看到一个游手闲荡的人，他们叫作"二流子"，男女都气色红润，尤其是女子，特别秀硕。据说，当地人家吃小米，小米很能增加女子内分泌，可是我没有研究过食物化学。

在街上绝对没有看见过一个面带烟容而颓唐的人。晚餐了，一大群朋友围坐着杂谈，商定了从明日起的进行顺序。

今天恰是中国共产党成立第二十四周年纪念日。在二十四年前即1921年中华民国十年的今天，在上海举行了第一次代表大会，中国共产党就这样成立了。

夜半12点钟才就枕。这里的气候，中午温度也要比重庆早晚低十几度，初进卧房见床上堆着很厚的棉被，一时感觉这种设备也许未免过分周到，哪知到了晚上，我的胴部①已抢先在欢迎它了。

在枕上，成一首新诗，还没有定稿，就在雪一般白的窗月下朦胧着。这里南边的邻县，是鄜州②，不免生"今夜鄜州月，闺中只独看"的感想。

二日（星期一）晴

清晨5点钟起身，朝阳给一道山脉挡住，还没有露面，而红霞已布满天空，这时候空气最清新，很像北平秋天之晨。肌肤和它接触，发生无法形容的爽快。

---

① 胴（音dòng）部，指躯体。
② 鄜（音fū）州，陕西省鄜县，今改富县。

就招待所室门外空地，照例举行早操，散步小园里，成七律诗一首。早餐，鸡蛋、牛奶、小米粥、馒头，大碗盛着的白塔油，等等。

早餐甫毕，许多新旧朋友陆续来了。

陈学昭、丁玲两女士，我很早读过丁玲的不少作品，但见面还是初次。陈毅（号仲弘）新四军军长、张仲实、张曙时、范文澜。二十多年大学老教授范文澜，忽对我深致敬礼，原来还是四十二年以前，浦东中学第一班毕业生，我亲自教过的，他是绍兴人。他们不全是共产党党员。

从许多新旧朋友口中，知道不少这里的事实。

这里有延安大学，有医科大学，有自然科学研究院。地方军队大多是土著，他们的责任在保卫地方，从事生产，不开赴前线。

绝对不拉兵，前方士兵缺额，都就地补充。这里也常有志愿从军的青年，最近有二十多人愿赴东北，政府替他们饯行，勉励了他们不少的话。

个个人得投书街头的意见箱，也个个人得上书建议于主席毛泽东。

有人说："我是1938年来的，那时候地方妇女还穿着破烂的裤子，我亲见过的。现在好得多了。"

政府好像对每一个老百姓的生命和他的生活是负责的。

医院不多，但有若干医疗队，巡回各乡村替老百姓看病。最近一个护士节，曾经大规模为医疗队护士慰劳。

乡村有变工队和扎工队。变工队是交换工作。扎工是地方的名称，扎工队替人家做工，或受酬金，或答还工作。

全部边区，到去年年底，已有三十多个信用合作社，存款总额达四万万元，吸收白洋一万多元，元宝十几锭，手镯四十副。这是建设厅长的报告，到今年5月单是延属分区，也已有三十五个信用社，资产总额七万万五千五百万元。

边区银行，是为边区人民服务的银行。在信用社资金调剂不过来或无法调剂时，银行负责扶助，给以必要的贷款。

离开延安三十里地，有吴家枣园，有一位吴满有，他的村庄工作干得太好了，

| 1 | 2 | 3 |
| | | 4 |

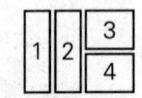

1/2.1945年的陕甘宁边区贸易公司商业流通券五百元正背面
3.1941年的陕甘宁边区发行的十元
4.1942年的陕甘宁边区银行三边分行布钞一百元

不但自己工作，还替人工作，还劝人家替人工作，所以称为劳动英雄，借来鼓励各地方，仿他的作风。这种运动，叫作吴满有运动。各区劳动英雄还不少。

有一位是1936年来的，说那时候地方一片荒凉，很多土匪，医院也遭过抢劫。有一次周恩来坐在车子里，遭土匪狙击，打死了同车的另外一人，这人身边有周恩来名片，土匪以为被打死的，就是周恩来，一呼而散，周恩来仅免于难。

延安西北，有一个很热闹的保安县，现在改名志丹县。那时候县城内老百姓只有九家。保安之西吴起镇，现改吴起县，当时只有些破窑，今成闹市了。

中共初到时，实行过分田，就是把富户

的田分给耕农，现在没有办。延安现有八大富户，其中有田一二千垧（这里每垧三亩，我曾游东三省，那边每垧十亩）的不少。商会会长王克温就是八大富户之一。

富户虽是把一部分的田分掉了，但余下的田，收租倒有了担保。这里现行的政策，对田主们替他们保租，但须减租。对债主们替他们保息，但须减息。

到处有庙会，不禁止的，但趁此举行各种有关教育卫生等宣传。

这里公务员的衣食用品都是公家供给的，每一公务员每人每年有棉衣一套，单衣一套，衬衣一套，棉鞋单鞋各几双。每日米二十两（今年为了备荒，改为十六两，有的人特别报效，自动改为十五两），蔬菜一斤。每月猪肉二斤（去年三斤，为了备荒故减），油一斤半。

生育一切公费，连纸都由公家供给。孕妇产前公家车送医院检查。婴儿六个月以下，公家给钱。六个月以上到一岁半，每月给面二十斤。母亲如乏乳，则供给牛乳。

医药公费，其他用品，如纸笔等，皆供给，但有限量。

一位女士笑着说："连妇女卫生纸都由公家供给的。"

体弱的皆给保健费。并非体弱，但有特殊情形，如年龄过高的也得用保健费名义加给。这种保健费多少不等，每月由几千元到一万元。

作家特别优待的，例如作家领取纸笔，不加限制。

因为膳食是公给的，所以延安大学假如有位教授，今天要到这里招待所午餐，必先向延大方面领一证明纸，交给招待所，使延大减一客饭，招待所添一客饭，才不致浪费，也不致仓促难办。他们立法是精细的。

我问："无论公家供给如何周到，总有包括不了的地方，例如买书、买小食、买香烟等一切零用，哪里来呢？"答："政府奖励每一公务员和他的家属努力生产，或就屋旁余地种蔬菜，或纺纱织布制衣服及一切手工艺，如儿童玩具等等，这种生产所得，都归他本人的。这是一笔很可靠的生活补给。而街头日用品的丰富，以及墙根屋角没有闲地，也就为这一点。"

延安现在人口五万，但其中公务员占三万以上，据说中共初到时，这里城内不过二千多人。

下午坐车赴杨家岭，访问中共主席毛泽东，直到他的家里。这里称毛泽东便是毛泽东，不大连用他的衔名。

杨家岭是中共中央机关所在地，同样是高高矮矮的山坡，离延水稍远些，风景很好。有一所大会堂，规模相当宏伟，背靠着山坡。大概中共重要人物，他们的家，都在这山坡上下，因为我访问许多老朋友，大都在这里的缘故。

从大会堂右边绕到后方，走上山坡，便是毛泽东接见我们的一间会客室，仿佛就是大会堂后身的上层。室是长方形，光线很足，中间安着长桌，四周各式椅子约可容二十人。四壁挂着清清疏疏的几幅画，中有一幅是沈叔羊画的，一壶酒，上写"茅台"两字，几个杯子，我题上一首打油诗。这是某年沈叔羊在重庆开画展，要求我在这幅画上题字，忽然想起了二万五千里长征中间，共产党人在茅台酒池里洗脚——一桩故事的传说，就提起笔来游戏式地写上一首七绝：

　　喧传有客过茅台，酿酒池中洗脚来；

　　是假是真我不管，天寒且饮两三杯。

料不到这幅画落在共产党领袖的客堂里。

毛泽东和我们已经谈过许多小时了，都是随随便便的闲谈，这一回我们事前约定的要谈正文。我们六人，毛泽东以外，朱德、周恩来、林祖涵、刘少奇、张闻天、任弼时、王若飞。先由褚辅成简略说明这一次我们来延安的大意，接下由我们五人一一发言，很充分地说明我们对于国际及国内大局前途的看法，认为团结是有绝对的必要；其次，我们平时对于团结问题的稍稍效力；又次，依我们所知道的国共两方关于团结问题的经过，以及最近商谈停顿情形，但蒋委员长3月1日宪政实施协进会演说词尚在继续寻求合理的办法，以期中共问题得以圆满解决，而中共方面毛先生《论联合政府》大文在发表各种主张之后，也有愿意恢复谈判的表示，所以我们认为商谈的门是没有关的。我们说话是你一段我一段，姿态是很自然的。我们说到这里，毛泽东就顺着上文说：双方的门没有关，但门外有一块绊脚的大石挡住了，这大石就是国民大会。这一点我们的看法倒是相同的。那一天谈得很久，可以说都是我们述明来意，还没有达到交换意见的阶段。但时间不许可再谈下去，外面报告要进晚餐了。

晚间，中国共产党中央党部就大会堂设宴。入席以前，就别室一一介绍。因为中共最近举行七中代表大会才了，从前方来的，都还没有散。向来闻名，这回才见面的如下：

贺龙、刘伯承、彭真、高岗、康生、彭德怀、聂荣臻、陈云、吕正操等等。有若干人，已记在前面。徐向前在病中。

堂上放六个圆桌，我的一席主人朱德，陪坐者，贺龙、陈毅、陈云、吕正操、陆定一等五人。大家随便谈天。只觉在座各位高级将领，一般定以为飞扬跋扈得了不起，哪里知道一个个都是朴实稳重，和我平时想象的完全两样。和贺龙同桌谈天，就有这种感想。像朱德的厚重温文，更不容说了。

餐毕，接开欢迎晚会。这地方仿佛是民众教育馆，到者也许有千人以上。毛泽东、朱德等带领我们在热烈的掌声中入场。主席李富春登台简略说明了欢迎会大意以后，周恩来致欢迎词，特别强调民主和团结。我们同行的推我致答词，我就简短地说明来意，我们来延安的目的，就是想在促成全国团结上而努力。我们相信现今世界有一种新的趋势，每一个角落，每一个国家，都在由分而合，走向团结的一条路。就是国与国间，也形成了大联合，因此产生了五十个国家合组的旧金山会议。这是世界新的潮流所构成的不可抗的力量，哪一个国家顺着这潮流，哪一国家就有生命；反之，将会失去生命。我们来延安，就是发于这些基本的感想。第二目的想来看看延安。我们来到这里，还只有一天半，当然不够资格说什么话，不过就我所看到的，没有一寸土是荒着的，也没有一个人好像在闲荡。有一位朋友告诉我，政府对于每个老百姓的生命和生活好像都负责的，这句话做到，在政治上更没有其他问题了。多谢诸位厚待。这是我答词的大意。

接着左舜生简单说明了中国民主同盟的经过，及对于中国局势的看法，说中国需要团结，只有实行民主，才能保障团结。

唱欢迎歌以后，接着音乐，秧歌剧，话剧，到夜半12时才散会。

使我最欣赏赞美的是一出《兄妹开荒》的秧歌剧，表演得特别绵密而生动。据说表演的不是北方人，而方言、音调和姿态，十足道地地写出北方农村，这真是"向老百姓学习"了。我是读过王大化关于演出《兄妹开荒》经过的报告的。他说：要表现出边区人民活跃而愉快的民主自由生活，要表现出他们对生产的热情。事后，我怀疑这位主角就是王大化，可惜当时没有问。

三日（星期二）晴

清早起来，散步园角，发觉四面村落间，一片鸡鸣声，远远近近连续着不断，使我感到非常的诧异，每天都是这样。我所写诗"相忘鸡犬闻声里"，固然脱不了积习，在运用一个古典，写出政治环境的恬适，实在也是记录当时实际的情景。同时联想到也许是普遍提倡家家户户家畜生产的结果。

诸友好陆续来谈了。

位于杨家岭的中共中央办公厅旧址

　　时间太局促，只能分工，一部分同人参观延安大学，我愿参观农场，坐车到杜甫川，参观光华农场。我曾经游过四川的三台，观苏东坡洗砚池。古来有名人总免不了给人家拉拉扯扯，杜甫川也许是这个例子。但杜少陵也可能来到这里，他从三十五岁起到四十八岁一直在秦中的。我只没有工夫去考证。

　　光华农场场长陈凌风，广东人，岭南大学毕业。闻夫妇俩很早离开他家乡，八年前创办这农场。

这农场有平地二百多亩，山地一百多亩。农夫三十多人，职员二十多人。

（一）农事试验组。（二）畜牧兽医组。（三）乳牛场。若干外国种乳牛十几头。

1945年7月1日，毛泽东与黄炎培

自制牛瘟血清。各县很多牛疫，是生产界的大敌。曾有一次七县同时患牛疫，注射血清后都愈。现有三千一百多头牛，都已注射防疫血清。

陈场长一面导观，一面说明。

小米 特产是狼尾谷，因为谷芒特别长，鸟兽都不敢窃食。这是从土种中间品成的，经改进后产量增加了百分之十。

玉米 特产是金皇后，这是刘少奇从鲁豫前敌间采集来的种子，杆高一丈二三尺，每亩可收七八斗，每五穗可打一升，有双穗的。经改进后生产增加了百分之五十。

洋芋 美国种，增产了百分之二十五。

棉 特别优良的一种，名"猴子爬杆"，因为棉铃生在全杆顶上的缘故。产量特别丰富，现已推行十几县。

羊　　畜有美利奴羊。还有一种滩羊，收获更丰，它的皮就叫滩皮。

糖萝卜　　正用土法试验制糖。想从外面运入机器和改良种子，都被阻不得运入。

蜂　　一箱可收蜜五十磅，普通只收三十多磅。

农场一部分试验区在山坡，种得青绿可爱。

同去参观的冷遹对农场经验特别丰富，参观后大感满意。

地方民众主要的食品：（一）小麦；（二）荞麦；（三）玉米。

毛泽东等来续谈正文。今天谈话时间特别长，谈到的事项特别多。各抒所见，但不涉辩论，尽大家自由发表。结果约定由中共方面把意见写出来，明日公开阅看。

那天晚上，陕甘宁边区参议会议长高岗、副议长谢觉哉，主席林祖涵，副主席李鼎铭，在边区政府会堂邀餐。高、谢[①]都是陕北人，中共在陕北一切设施，有今天的基础，高岗的力量很大。李鼎铭，陕北米脂县人，米脂县在陕北各县中文化水准较高；李已高年，长于算学，长于医，又精研易经；在边区政府后山头养病，我们到后，先去拜访，略谈即辞出。

民政厅长刘景范、财政厅长南汉宸、教育厅长柳湜、建设厅长高自立、延安大学校长周扬、保安处长周兴及来宾二三十人，一一相见。一位须发苍苍、民国元年同出席中央临时教育会议的安徽汪雨湘，料不到在这里相见。柳湜亦是《生活周刊》的老友。上文提及的劳动英雄吴满有从几十里外专程赶来参加。这位英雄年龄近四十，身体强壮，红光满面，是一位十足天真的当地农村领袖。主宾满堂，都表现着兴奋，惜时间不多，还没有畅谈，便入席了。

全堂全六席，和我同席的是南汉宸、柳湜、杨秀峰等。杨秀峰，北高师毕业，当大学教授多年，抗战以来在太行山一带打游击，现任晋豫冀边区主席，和他长谈，得知哪几省敌伪实在状况。

---

①此处记述错误，谢觉哉，湖南宁乡人。

中共军队每到一个地方，必首先争取民众。现时他们所用的方法，是使民众站起来，聚拢来，让他们自由投票选出他们所认为满意的人，做这一地方的乡长或其他公职。军队绝对不参加意见，地方政治，就让这地方民众去监督。他们认为只有这样，才能使老百姓兴奋地出心出力。

凡兵士和地方老百姓发生纠纷，必须责备兵士，因为老百姓没有枪，决不敢也决不能欺侮有枪的兵士。中共高级军官告诉我，中共对这一类问题的处理方法，一律是这样的。

四日（星期三）晴

韬奋次子嘉骝来谈，多年不见了，见了人，笑面相迎，很肖他的父亲。他在笑，我悲伤了。他现在延安大学科学研究院习机械工学，问他功课有兴趣没有。答上课以外，半日做工，很感兴趣。生活费怎样。答一切都是公费。这里是这样的，凡学生声明愿在课余担任生产工作的，政府给予公费。这院学生连杂费都由公家供给。问功课满意否。答满意的。紧张得很。

若干位朋友又来杂谈了。

中共今天的局面,是从艰苦中得来的。

他们是从被压迫里奋斗出来的。

他们是进步的。他们在转变。

他们现在望着"不扰民"的目标上尽力做去。

公务员体格很好。妇女勤于生育。有人说:食品中小米很助营养,于妇女尤相宜。但民间生育似乎还是问题。只看庙会时,许多乡村妇女们,都在拜神求子。有人这般说。

今天我不去延安大学,准备去参观一件更有趣的事,就是日本俘虏学校做工。

坐车到郊外,参观日本工农学校,入门,许多人在建筑一新屋,有搬运砖木的,有爬在屋面上涂泥的,他们的面目,一望而知是日本人。有的还戴着眼镜,显见他们不尽是劳工出身。立定看一下,他们工作很努力,很有条理。学校在山坡上,一级级上去,还看见他们各种工作。

全校日本人一百七十三名。校长冈野进,是日本共产党首领,和我们长谈,李初黎译述。

这里的日本人约分三类:一类是初到的俘

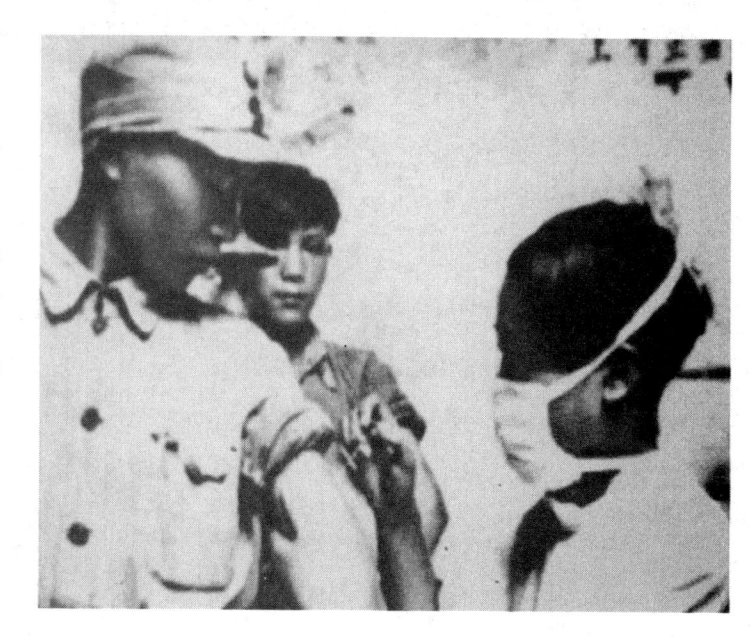

1. 光华农场的技术员在指导推广优良品种

2. 1944年,医务工作者为军民接种牛痘

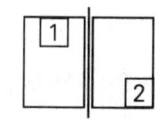

虏，观念尚未改变；一类是已经改变了；又一类不是俘虏，志愿来这里服务的。

处理这俘虏们的方法：第一步安定他们的生活，然后慢慢地转变他们的思想。他们的学力，大中小学都有。

向冈野进发问了：现今世界共同的要求，是民主，是和平。日本军阀恰恰和它相反，这一类人，在这个世界，当然无法生存的。但我们深信日本的民众，并不和军阀一气，可是已经中了很深的毒，今后怎样消毒？怎样回复他们善良的本性？怕很费力气吧！他答复：要回复他们善良的本性，重在改造环境。逐渐消除他们怨毒的心理，是一种艰难的工作，但吾人必须努力的。我说：是的。要改善政治环境，要使他们认识世界和世界人类，不是这么一回事，过去戴着某种有色眼镜，看出来的一切一切，是错误的。这种工夫，你们是日本前进分子，当然责无旁贷，我们中国人，也很愿意帮同努力的。

写到这里，我想起一桩故事了：1917年，我是第四次去日本，那时我们最初提倡职业教育，在东京拜访东京高等工业学校手岛精一，是一位七十余龄的老校长。承招待到他的家里长谈，从职业教育谈到日本劳工问题，他深深慨叹：日本劳工被压于资本家魔力之下，连职业教育一名词，不许成立，只能说到实业教育。他说：实业教育，是代表资本主义的。你们中国，竟公然喊出职业教育，我们惭愧了。他老人家大发议论了：中日两国，有真正亲善的必要。像现在，表面高唱亲善，骨子里哪里是这回事。转下来，大骂日本一班年轻小子。他大声说：照他们这样干法，结果，只有同归于尽。他大哭了，且哭且说：我老了，看不见了。黄先生，你还年轻（其时我四十岁），你们定须大大地努力，挽回你我两国的劫运。这一段记录，写入我当时东南洋考察笔记。这种书，在流亡生活中早不在手头，仅默写些大意。三十年来，天翻地覆，回想！回想！不能不感叹手岛老人的先见和热肠。

我感觉这一个日本工农学校，生气蓬勃得很。

冈野进有告日本国民书，结语是：立刻停止战争，打倒军部，打倒战争政府，建立人民政府，建立和平自由的日本。

沿着学校所靠的山坡，向右行，在近宝塔之下，石壁上刻大字，虽已模糊，仿佛是"老子胸中有数万甲兵"这几个字。分三行，高约有十丈。传闻延安城是宋朝范仲淹筑以防西夏的。闻尚存地方志一部，不知是府志，还是县志。惜无暇考查一下地方掌故。

归途，同车浦化人夫妇，我已认不得。化人自言三十余年前，曾由我的手考取他入上海浦东中学，说了许多许多故事，我还能隐约记得。化人后来服务司法多年，曾任最高法院院长，现在延安长住招待盟军。

午后，走访若干老友，陈绍禹、吴玉章……绍禹在养病中。

我和冷遹两人同毛泽东畅谈到两点多钟。把紧要的语句，就我所记忆到的，写在下边：

中共作风，到民纪三十一那年转变的。那时觉悟到过去种种错误，错在中了主观主义、宗派主义、党八股的毒。

当了中国共产党党员，没有看见中国，看见的只是书架上马克思主义等书。

中国的贫农，他们要求的是什么？要求让他们种田。他们情愿缴租，苦的是租太重。至于自己有田，当然是很好，但是第二步的希望。所以我们提倡减租。不反对田主收租，如果减租，可以保租。

我们也不反对债主取息，但须减息。如果减息，可以保息。因为贫民正要借钱应他们急需的缘故。

我们很愿意向老百姓学习。

我们很愿意使仅有书本知识的人，回到实际工作里去。

我们自称知识阶级，实则工农分子的知识，有时倒比我们多一点。

在共产党里，只想消灭别的党，简直和在别的党里，只想消灭共产党，一样的错误。这就是宗派主义的毒。我才是正宗，我以外都要不得。

毛泽东还说：我并没有其他资格，我只是一个师范学校毕业生。我说：我只觉你所讲的，都是教育学说上的要点。二三十年以前，提倡的新教育，不就是讲实际知识么？不就是讲尊重人类本能和个性么？不就是讲适应人生需要

1945年7月2日，毛泽东在延安宴请国民参政会参议员

么？我总觉真理只有一条路，不会歧出的。

我们的正式谈话，今天是第三天了。再到毛泽东家，做一个结束，毛泽东就慎重地分送我们一份谈话记录。第一部分，是中共和我们共同的意见，也就是我们来延安以前预定的主张。第二部分，是中共对中央的建议。

把这份建议，很充分明确地对着我们一一说明。末了，毛泽东从席上十分庄敬地起立嘱我们归去时务须向蒋委员长多多道谢，给我们难得的机会，有诸位到延安，使我们听受到许多平时不易听到的话，增加了不少了解。并祝蒋委员长健康。

正式谈话就此结束。

当夜，军司令部公宴，为我们饯行。高

级将领都作陪。我和朱德、周恩来等六人同席。有一段谈话很有趣味。

鼎鼎大名的各位高级将领，外面没有见过的，总以为个个都是了不得的猛将，说不尽的多么可怕。哪里知道天天见面谈笑，真是古人所说"如坐春风中"，这一点太出我们意外了。——我说。

他们答复了：我们这班人到底年纪都是五十上下了。过去的经验也不少了。不知不觉中在那里起变化。加上近年来大家有些新认识，也是促成我们改变态度的一种因素。这几句话，真觉得够使我们深一层更深一层地寻味。

公宴毕，邀我们观剧。在致辞答词以后，特演一出《三打祝家庄》，是旧式的平剧，而特别添上若干部分的新资料。祝太公家一群司账、门公，见钱伸手便要，做事一塌糊涂，对主人一味献媚，对田户欺压骄横，无所不为，弄得田户怨气冲天。宋江等一大群梁山男女，打进祝家庄，就得这一般农民助力。一面救出七位弟兄，一面还高呼解放。

我哪里会批评戏剧，我就是有一种认识，今天谈艺术，只有能深入民间的，合居第一位。顾曲的周郎[①]赞叹了，而无法博取民众同情，贡献哪能算大？像这剧，我确信是一种利器。

在男女老少一千多群众极度兴奋之下闭幕，已快到夜半1时了。

到寓所，稍稍收拾行李，快快睡下，鸡已在唱了。

五日（星期四）晴

在邻鸡乱唱声中，急忙起身。中共诸位朋友，很好意地坚持留我们多住几天；毛泽东正式留我们多住一天。我们本无所谓，就是回程的飞机，约定今天从重庆开来的。而褚老先生在第二三天身体感觉不适，到底年纪较大，天空的飞行，长日的奔走谈话，是很伤精神的。还是决定早回去吧！但到今天他老人家身体倒又恢复健康了。

今天是在延安的末了半天。这个清晨，我可忙了。我有一种怪脾气，欢

[①] 顾曲，欣赏音乐、戏曲。周郎，三国时吴国名将周瑜，精音乐。

喜在百忙中干完多量的工作，而又绝对不许马虎。这是我母我师的遗教，越是结束，越要做得道地。这是关于人生品格和福泽的。这当然是一种老辈的说法，但我从小很深刻地印在我脑海。

4点钟起身，预计在这两个钟头之内，要做完下几件事：

写一封信寄给重庆我的夫人姚维钧，把前天所作一首七律附去。闻重庆、延安间邮信很难到达，我要试一试。并且这是我和维钧结婚以后第一封信，在延安发，做一个特殊的纪念。（这封信终于在7月25日那天收到，特补记一下。）

这里去兰州较近，再写一封信寄兰州，给我的妹子和我的女儿。

中共朋友说：如有上海去信，可以设法递到的。第三封信，寄给上海陈陶遗等几位老友。

还有一件事，要替亡友邹韬奋写一篇一周年的纪念文。韬奋是去年7月24日那天在上海过去的。好几位朋友要我写一篇留在这里。这也是自发的情感逼迫着我，觉得不能不做的文章。就做吧！在枕上先想过一下，提起笔来写。

韬奋逝世一周年哀词

呜呼！韬奋，人人为他的理想而奋斗，君之生命遂因奋斗而牺牲。不牺牲于沙场之炮火，乃牺牲于流浪的生活与黑浊的气氛。不是东西南北的奔波，君或未至于病，病亦或未至于死，而君竟以是捐生。

呜呼！韬奋，君而有知，倘犹忆五年以前之巴州，张家花园之寓楼，一灯如豆，百端悲涕，我欲留君而不得，从此生离死别，一瞑千秋。

写至此，我哭了。接下去：

呜呼！韬奋，只留下一副又香又洁的骸骨，问何年得正首丘？今日者，距君之死，岁星忽焉其一周，君身何在？君魂何归？而我乃飘然为延安之游。犹得见君之名于书店，犹得见君之少子嘉骝。此一年来，提及君名，辄为哽噎。呜呼韬奋，被君称为知己之我，乃仅仅报君以热泪之双流。——

我大哭了。一面还接着写：

呼天不闻，呼君不应，此寂寞之人生，欲解脱其何由。

写至此，有人嘣嘣地在敲房门了。我急喊："请隔壁坐三分钟，就来。"赶快接下去：

虽然，死者已矣，凡我后死，忍忘天职之未酬！今日者，暴敌行将就歼，国事亦将就轨。胜利！胜利！民主！民主！君所大声疾呼者，虽不获见于生前，终将实现于生后。呜呼！韬奋，呜呼！韬奋，死而有知，其又何求。

急急忙忙地开门，到隔壁一室，许多朋友来了。差不多天天来的朋友以外，加上周扬、张仲实、张宗麟、柳湜、汪雨湘等等。若干位名字已不及记。坐下话别。

有人说：中共还在试验一件事，开会太多了。时间费得越多，效能越少。正在极力归并，集中，减少。

这里标语已经减到极少极少。觉得消耗了物力，毫无作用，徒然使人讨厌。

陈学昭陪我去买纪念品了。我所定买物的标准是能代表地方特殊性的土产。学昭陪我买了几种食品，儿童玩具，还替我奔走兑换货币。所买到的，最得意是黏土模型一匹白马，一陕北妇女骑坐在上边，服装形态，完全是当地模样，不折不扣。据说是一位大学教授太太的杰作，可爱得很。也是响应政府提倡公教人员家庭工艺的一种表现。学昭还赠我白玉水盂一座，同样地可宝。

飞机到了。提早午餐，匆匆上机场，毛泽东、朱德、周恩来和在这里天天见面或见过一次两次面的老朋友新朋友，几乎没有一个不在场，热闹极了。我所抱歉的，招待我们的许多新朋友，不及普遍记录他们的大名，但这情意是没有一位敢忘掉的。同行六人一个个握手道谢，依次登机。一转眼间，只见地下一大堆人，越来越小，小到像蚂蚁一般。和我们最后分别的，到底是山头整整齐齐几百千个窑洞。我们应牢牢记住：在这几百千个窑洞中间的，才是真正的延安老百姓。

下午4时左右，冒着倾盆豪雨，飞到了重庆。褚老先生安然无恙。夫人维钧早在观音岩等着了。

在延安仅仅九十五个小时，为的是接洽团结问题，并不是为了视察，如果是视察，这短短时间当然不够；单看延安市，也不够；就论延安市，我所看到，也不过一个角落罢了。同行六人各有各的接触，上文所记，也不过是我个人所见到、所听到的是了。

有一回，毛泽东问我感想怎样。我答：

我生六十多年，耳闻的不说，所亲眼看到的，真所谓"其兴也浡焉"，"其亡也忽焉"，一人，一家，一团体，一地方，乃至一国，不少不少单位都没有能跳出这周期率的支配力。大凡初时聚精会神，没有一事不用心，没有一人不卖力，也许那时艰难困苦，只有从万死中觅取一生。既而环境渐渐好转了，精神也就渐渐放下了。有的因为历时长久，自然地惰性发作，由少数演为多数，到风气养成，虽有大力，无法扭转，并且无法补救。也有为了区域一步步扩大了，它的扩大，有的出于自然发展，有的为功业欲所驱使，强求发展，到干部人才渐见竭蹶，艰于应付的时候，环境倒越加复杂起来了，控制力不免趋于薄弱了。一部历史，"政怠宦成"的也有，"人亡政息"的也有，"求荣取辱"的也有。总之没有能跳出这周期率。中共诸君从过去到现在，我略略了解的了。就是希望找出一条新路，来跳出这周期率的支配。

毛泽东答：我们已经找到新路，我们能跳出这周期率。这条新路，就是民主。只有让人民来监督政府，政府才不敢松懈。只有人人起来负责，才不会人亡政息。

我想：这话是对的。只有大政方针决之于公众，个人功业欲才不会发生。只有把每一地方的事，公之于每一地方的人，才能使地地得人，人人得事。把民主来打破这周期率，怕是有效的。

延安五日中间所看到的，当然是距离我理想相当近的。我自己也明白，因为他们现时所走的路线，不求好听好看，切实寻觅民众的痛苦，寻觅实际知识，从事实际工作，这都是我们多年的主张，也曾经小小试验过，为了没有政权和军权，当然一切说不上，路线倒是相同的。我认为中共有这些表现，并没有奇异。集中这一大群有才有能的文人武人，来整理这一片不小也不算大的地方，当然会有良好的贡献。我认为中共朋友最可宝贵的精神，倒是不断地要好，不断地求进步，这种精神充分发挥出来，前途希望是无限的。至于方针定后，他们执行比较切实有效，就为组织力强，人人受过训练的缘故。

也许有人怀疑着：这样，中共不是开倒车了么？说这句话的人，也许就是中了洋八股党八股的毒，像毛泽东所指斥的。我想不妨先请他把中共的整风文献研究一下，再说。

我常想：做人必须自己立定脚跟，切不可依墙傍壁，人家说好，就是好，说坏，就是坏。且必须服从真理，也许好之中有坏，坏之中有好，不宜有成见，必须真真切切地查明它的存在。可是，不要单听人家怎样说，还得看人家怎样做。

诗

自重庆之延安

飞下延安城外山，
　　万家陶穴白云间。
相忘鸡犬闻声里，
　　小试旌旗变色还。
自昔边功成后乐，
　　（延安城，宋范仲淹筑以防西夏者）
　　即今铃语诉时艰。
鄜州月色巴山雨，
　　奈此苍生空泪潸。

（本文选自《八十年来》，中国文史出版社1982年版。内容有删节）

外国记者、国际友人看延安

在红色的堡垒中

[美]尼姆·威尔斯

> 尼姆·威尔斯（Nym Wales，1907—1997），又名海伦·福斯特·斯诺。1937年5月至9月，独自访问延安，采访了毛泽东、朱德、周恩来、张闻天等中国共产党领导人，并广泛接触了陕甘宁边区的战士、工人、农民、文艺工作者、妇女和学生。根据采访，写出了《红色中国内幕》（即《续西行漫记》）一书，向全世界介绍了中国共产党和解放区。

延安是个古城，在成为中华苏维埃共和国流动的临时中央政府之前，已经有悠久的历史了。早在它杂草丛生的城门在宋代建成之前，延安就是中国历史上多次大动乱的通道或侧门。来自中亚细亚的强大铁骑，一次又一次横扫延安的有战略意义的狭谷，以此为征服中国大西北的走廊，正如日本人眼下从伪满来威胁中国一样。今天，多处山头还耸立着当年的堡垒城堞，今天步枪和机关枪的掩蔽体阵地，正是当年有毒的梭镖长矛横飞之处。像延安一样，其他村落的名字也都是用"安"或"平"字开头，这是人们在这兵家必争之地把自己的夙愿寄托在地名上，想借助它的法力来祈求和平。

我不知道延安是把历史看成一个谜呢，还是把它当作经济决定论中的一个过程。我始终认为，它依然主张清静无为的古老道教哲学，时至今日，这种哲学似乎仍是愚弄着中国的幻影。在伟大的黄河怀抱保护下，这个经渭河浊流滋养灌溉的陕北山谷和它的富饶西安平原，成了中华民族的摇篮。也是在这里，在那些产生远古文化的窑洞中，依然住着嗷嗷待哺的黄帝子孙，而不是昌盛的中华后裔。这些住处，今天仍能有效地防御空中炸弹，一如当年能防御锋牙利齿的老虎。因此，经历二万五千里长征的青年红军，在这史前期穴居人住过的地方找到安身之所时，当然要感谢他们有预见的祖先了。伦敦地下避弹室不如它安全，也没有这样舒适和干燥。

四周是逝去的时代遗留下来的一片荒芜残寂，但是意料不到，延安却是一个十分引人入胜的风景如画的小城。群山似冠，它是冠顶的一粒明珠，各处山头则布满了射击工事和瞭望塔。古城四周有一条混浊的小河，缓缓而流，起着自然壕沟的作用。山头有一座辟邪的"风水"塔，另一座山上有个古丘，是母系社会原始时期举行祭奠的遗址，这种仪式现在湮没已久。到处是形形色色的坟墓，牌坊和字迹模糊的石碑，覆盖着戈壁沙漠大风刮来的尘土，记录了整个时代的变迁。沙漠性的气候把最古老的碑碣完好地保存了下来，像是近时的遗物。

常见的佛教和各种来源错杂的造型比比皆是，但也有原始的鸟兽图案的东西，这在其他地方好像是和古代铜器那样用作随葬品的。每一家住宅的大门口都有一个小小的道教神像，忠诚地维护着古代某种泛灵论的尊严。

每所小屋都收集了自己的一份雕刻得很美的石制纪念物。也许只是两个石鼓或石狮守在门口，或者是当酒槽或打谷用的空心石柱。但是，如果把任何普通石器或石阶的表面灰尘擦掉，一般总可以在下面发现一个雕刻的石面。

年代较近的那部分现代城区似乎带有穆斯林色彩，街上有许多按照阿拉伯图案设计的石坊，也有千姿百态的花卉和其他图案。窗户也常是仿照摩尔人的拱圆形，尤其那些拱顶窑洞房子。延安的前身的确曾经是个繁荣的穆斯林中心。只不过几年前，穆斯林叛乱期间，这些河谷区的穆斯林教徒都被屠杀了，留下来的只有他们的艺术图形，作为他们历史上一时光荣的见证。

每逢日落，这座中古城堡常使我想起美国画家麦克斯菲尔德·帕里什为《天方夜谭》所画的插图。它的令人难以置信的蓝色紫色光辉，在清沏的沙漠气氛中像是磷光。萧然无一物的黄土峭壁肌理光鲜，就像粉绘的一样。太阳西沉之际，群山又招来耀眼的返照，使峥嵘万状而又浅深交错的起伏岗峦，沉浸其间，到暮色苍茫以后还有好一阵子兀自作神秘吓人的投影。

下午集体做操，是全苏维埃居民的习惯。5点钟时，山谷里突然响起一大阵喧闹声：孩子们冲出校门，先是一阵混乱和喊叫，然后，都跑到运动场，这时候有十分钟相对的安静，接着真正的喧闹开始了。这个小山谷的围墙把声音聚在里面，而不起回声作用，你可以清楚地听到远处人说话，你可以听到在上头的牧羊人赶羊群下山的声音，在对面四周环山的平原上，一队红军士兵在练拳术和大刀的呐喊声也一样听得很清楚。这以后，他们照例唱同一个歌，那是按照美国民歌《狄克西大地》所谱的歌曲。此外，凡是可以利用的空地都变成了排球和篮球场。但是，最受欢迎的运动场地都在城外。在城的一边有条河，河里有很多皮肤晒得黑黑的游泳者。另一边是可以进行各种运动的大体育场。那些举止持重或者说懒一些的人就打网球，或是慢悠悠地在路上来回地骑自行车。真正的体育家则多去踢足球。在那里，你也可以看见朱德热心地等待人家选他参加篮球队，或者看见洛甫遵从医嘱，过不多久就得停止工作，骑着自行车认真去兜个圈子。在场地的另一端，红军大学的学生或者延安卫戍区的战士在演练严肃的战术动作。在这样的场合，每个人都愿意穿上适应场合的白色运动短裤和鲜红色印有图案的上衣，两边还有条纹，因为红军爱好一切"摩登"的东西。其中有一种最流行的图案我看了觉得挺眼熟。

"那个滑稽的小动物是什么？"我问一个天津来的学生，他短裤上面好像印着一个胖胖的中年米老鼠。

"是米老鼠。"他回答说。

这简直是一次童子军的夏令营——或是一次青年会的出游。城的西边，日落的那一边，是供旅游者参观古代遗迹的地方。妇女和在医生照管下正在恢复期的病人在进行小运动量的散步活动，有时候也能看见几个年轻的红军军官勇敢自任地教女学生骑马。多么愉快的休养所啊，它坐落在小山旁，四周环绕着河谷里仅有的林木，是个与世隔绝的好地方！

我有时带上勤务兵、翻译和一两位采访对象，去到有古迹的地方，边走边谈。通常散步的路线是走出城去看河（这条河时常发水，因为山上没有树，一场阵雨就会使河水猛涨，但消退得也同样迅速。雨在延安是不常见的，老百姓留心着这条貌似平静的小河，从来不敢懈怠）。我们沿城墙顶走，出城走到一处死一般寂静的碑林之中，有一座荒废的天坛，百无聊赖地坐落在那里。附近，是公元前二百多年秦始皇的儿子建成的城墙残迹，那时长城也刚刚建成，在不到几里远的地方转个急弯，蜿蜒而去，形成陕北和内蒙古之间的边界。这座城市曾经是压迫劳工建筑长城的中心，那残暴的昔日仍在人们的记忆中回荡。陕西当地人说，这个巨大的砖石工程之所以坚不可摧，是因为它的灰浆里注入了千百万强迫劳役者的鲜血和白骨，他们累死了就埋在城墙里。在云台村，他们指给我看孟姜女的坟墓，她是有名的中国传奇故事中的女英雄。据说，她的丈夫去造长城，没有回来，于是这位忠贞的孟姜女就去寻找他的尸骨，凭着直觉，她找到了她亡夫葬身之所在，用双手扒开砖石，使他的尸骨重见天日。

但是，秦始皇和他的儿子所做的事，有一件是共产党赞成的，这就是，他们重视中国的工匠。在山谷的碑中，有许多是为了纪念几位铁匠而刻制的。

一般认为，陕北的老百姓在中国可算是最落后的了，因为入侵蛮族的波浪一到长城，就扑向他们的文化，不断加以摧毁，因此灰心丧气了。他们似乎是失去了希望，退到先人远古穴居的窑洞里去了。很久以前，这里的山谷并不这样贫瘠，而是富饶青绿的，可是现在，由于中亚细亚的沙漠不断内移，却日渐处于干旱的肆虐之下。黄土高原是从戈壁沙漠吹过来的，而沙漠现在却来找它逃跑的沙土了。寸草不生的地方，人类生活如何维持？这是个谜。但是，人们确实还在那儿活着——胖胝憔悴的老农民和牧人，在光秃秃晒得滚烫的小山上兀自跋涉着，不得不戴上黑眼镜，免得耀眼的强光和灰尘伤眼。他们许多人都戴耳环和手镯，长着回族人的鹰钩鼻子。有些人的头发是卷曲的，我还看见三四个人长着某些土耳其人特有的灰色蓝色眼睛。他们大半依然拖着辫子，或梳着垂肩的长发。女孩子仍缠足，她们母亲的脚是我在中国见到的最小的脚了，总是套在精心绣制的花鞋里。男人和妇女一样喜欢绣花，他们的袜底总是绣满

延安时期的街上老乡

了色彩鲜艳的花样,围在腰上的肚兜也是这样。不管怎么穷,老农民们把谷物运到城里市场上去卖的时候,总爱在他们的骡子骆驼身上扎上一些穗子和绒球,招摇而过。但是,炎黄子孙的精神总还在陕北保存几分,因为刘志丹和他的属下在没有和遥远的南方苏维埃运动接触以前,老早就在1929年造过一次反,并在1933年成立了自己小小的苏维埃。

中国共产党在许多方面实现了欧文－傅立叶时期的原始乌托邦社会主义者所梦想的公社生活,只是以英雄气概代替了田园风味。(我在延安访问时,"流动的革命"正享受着十年来第一次美滋滋的和平时期——即使如此,它也只有七个月短暂的田园生活,从12月西安事变停止内战,到7月份开始对日作战为止。）这里的生活则是简单到无法再简单。个人的私产几乎不存在，物质需要缩减到了最低限度。粮食、衣服和棉被一律由国家发给，住处由当地人民提供——这就是当时的情况。士兵的任务是俘获枪支和战争用品。燃料只用于做饭。冷天，士兵们想要取暖，只好在土地或炕上挤作一团，或者在食物里多放一点辣椒。我可以肯定，在任何环境下，除了共产党，再也没有别人能够把这样多的人塞在一间屋子里，或者用一个碗喂这么多张嘴了。不受干扰的私生活就是在最有条理的中国家庭也是不存在的，每个人都是从放在桌子中间公用的碗里夹菜吃。中国的共产主义是最原始的共产主义，平分了又平分，一直分到原子。人们整年都在亲密友好的精神下吃着家常饭。有十年工夫，这些人一直过着最严格的军事共产主义生活。这就是"各尽所能——各取最低需要"。除了军人穿灰蓝色制服，政工人员一般穿黑色衣服之外，所有其他人吃住几乎都是清一色。然而，香烟对于知识分子，却属于最低需要，有些脑力劳动者每月可以拿到五元香烟津贴。在医生照管下的病人可以得到鸡蛋和鱼肝油的特别照顾。一个人社会名望的上升和他降低自己生活标准的能力（在低标准情况下仍能保持工作效率不变）正好成正比例。能以最少量的东西来维持生命，这就是天生优越的标志，也是天然领袖的资格。这也就是彭德怀和朱德的斯巴达人习惯获得普遍尊敬的原因。全体军队每天只吃两三顿少量的小米饭，配上一点蔬菜，每周一次，多半在星期天，有几小片肉。任何其他的军队，一定都会由于营养不良而得上坏血病、脚气病、佝偻病等各类疾病，但红军却照样茁壮成长。自然，他们有大量的运动，新鲜空气，阳光里的维他命。然而，事实是：当地农民看起来多半都像是灾民，而红军士兵则身体健康，充满活力。我肯定这纯粹是心理问题。我想在永远紧张危险的情况下，战士们的内分泌腺随时都处于戒备状态。但他们能保持高昂的情绪，所以身体好。或许，他们的精力是由于长期大量吃辣椒的结果。

不过，精神粮食倒不像青菜那样少。有夜校，有日校，到处是课堂。除了专门的共产党党校之外，还有由原来的红军学院扩大而成的"中国人民抗

日军政大学"。非党学生被招到延安来受特别训练，大批人响应前来。有些穷苦的学生是一路步行来的。这是仿照了1925至1927年大革命时期国民党建立各种院校的做法，以推动进步学生投身革命活动。

延安街头出售的香烟

这所抗日军政大学每周有四十课时，为期四个月，以后，又有新注册的学员到来。第一期有一千四百名学员。申请的人多得使共产党都照顾不过来。这些人分成十二队，每队约一百人。第一队，除了十名红军女生之外，由受过特殊训练的青年红军军官组成。入学必须考试，但并不按阶级来区分。中国各大城市的优秀的学生领袖都纷纷来到这里。我遇到了1935年学生运动时期我在北平认识的大约十二个学生，其中两个是燕京大学的。东北的学生有一百人。一千四百人中只有五十个是女生，可是这些女生都非常杰出，才识过人，弥补了人少的缺憾。

1937年5月，海伦·福斯特·斯诺在延安采访朱德

课程有下列各科：辩证法，列宁主义，中国革命史，统一战线理论，日本帝国主义分析，游击战和军事训练战术，还有像毛泽东和洛甫等重要共产党领袖的专题演讲。

一有大的房子可用时，就设立分校。但是，从国民党城市来的女生，主要都集中在第十三分队里，由三个最高大、最漂亮的红军指挥官来管理——一个是聂鹤亭，黄埔军校1927年毕业生，以前曾任彭德怀的参谋长；另一个是边章五，保定军官学校1923年毕业生，延安地区的军事领导人；第三个是何长工，1921年参加了共产党，曾在法国和比利时留学多年，曾经做过罗炳辉的政委。有多少佩戴红星的女生看上了这三位骑士，我说不上来，可是，这三个人再加上军校校长林彪，肯定是吸引女生入伍的一个因素。据我所知，这三个人谁也没陷入情网，倒是那个二十九岁的运动战专家林彪，在那年的夏天，发现自己的战术全然无法逃脱婚姻的罗网，完全被一个漂亮女生所俘虏了。

我初到时，聂、边、何三人陪我参观了分校。他们的四百名学生中有百分之二十是大学生，其他是中学生。一切都是军事管理，可是，学生们似乎活得很高兴。他们必须在五点半起床，进行半小时的健身操和几分钟的自我批评（真是一天里作自我批评的绝妙时间），然后安定下来一堂又一堂地上那些刻板的课。晚饭后，有一小时的军事训练和一小时的娱乐。接着，在一个半小时的小组讨论或开会之后，九点半睡觉。他们每周可以举行一次文娱晚会。

"在西北这地方，从军校毕业的只有大约四千名学生。"他们闷闷不乐地对我说。"在南方，红军大学的情况要好得多。我们有两个步兵学校，一个炮兵学校，一个工程兵学校，还有别的学校。目前，我们在甘肃庆阳有另一分校，有二千名学生，全是红军的下级军官。"

我从自己的院子里，对中国共产党的群居生活方式做了一番仔细观察，同时也是我了解这里其他生活方式的良好开端。

我一到延安，他们就叫我暂时住进另一个美国来访者史沫特莱以前住过的客房，她这时已搬去山边一所僻静的大窑洞了。我的房间坐落在一个由许多进房屋组成的迷宫大院里，过去曾是一个地主家庭的祖产。

这个独院住了大约五十个人，还容纳了《解放》杂志编辑部，组织部的总部，无线电部，医务室，一间房给四五个女共产党员住，另外还有一个很大的"招待所"。这种招待所是东方常见的一种车马店，是给到这个红色堡垒来巡礼的人住第一夜的。通常总是住满了来上学的学生，男女都有，他们住在那里等候在红军大学里给他们找宿舍床位。有几次，从前方来的红军军官和警卫们也在这儿住几天。还有许多来自"白区"的有趣的代表，譬如南方江西苏维埃副主席邓洪。这所房子还招待"外交部"宾馆收容不下的客人，那里总是人满为患。在这个临时招待所里，客人们睡在土炕、铺草席的地板或借来的门板上。第二天清早，所有的东西都赶快搬走，于是这个房间白天又腾出来给五六十人的大班上马克思主义课。

这个庭院的"花园"是由石板组成的，有四个小土堆，上面有两棵树，挣扎着向着阳光生长。此地到处都看得见"小鬼"和警卫，面临两条大街之一的主要入口处，台阶上总是排满了来探望这些住在这里的孩子的朋友。其他一些人，有自由主义的倾向，常把很多时间消磨在屋顶上，俯视下面街上的社会生活。后院，是一个广场，分列着几个篮球和排球场。每天早上6点钟，这里出现一次狂欢的场面——下午5点又照样闹一次。隔墙邻居的院子住着几个延安本地的基督教徒，每逢礼拜日就在那儿聚会，一早上都回响着赞美诗的歌声，有些调子和共产党用来谱革命歌曲的一模一样。

这些房间除了简陋的桌椅草席之外，没有别的陈设，所有窗子都是纸糊的。白天，这个地方是个嗡嗡然的蜂房，夜里就变得无比安静了。晚饭后就开始安静下来，一到8点，人人似乎都安息了。9点钟熄灯号一吹，全城便笼罩在黑暗和寂静之中。这时，外面街上执行着戒严令，偶尔可以听到哨兵向夜归人喊问口令，答对了才得通过。

那时延安的空间肯定要比华尔街的宝贵多了。整个城市里住人的地方和华尔街相比，不说是更挤，至少也差不多。事实上，警卫部队竟住到山上长期弃置的窑洞里去了，或者多半就随便住在什么地方。陕北一向是地球上仅有的几个鼠疫仍旧流行的地方之一（这种疫症曾毁灭了世界的一半人口，甚至在笃信上帝的牛津大学里也有四分之三的大学生得过这个病。可是，在中国没有像在欧洲那样因此引起爱好清洁的风尚）。在过去，天花、伤寒和斑疹伤寒等传染病总是有规律地定期在延安发生，至于痢疾之类的小病更是习以为常了。共产党怎么竟敢把军队带到这样一个可能是全中国疾病最猖獗的地区？不管怎么说，他们反正这样做了——可是来到之后常见的那些传染病却一种也没有发生过。他们清扫了街道，让小贩在食物上一律蒙上纱罩，还在夏天发动了一场大规模灭蝇运动。陕西缺水，当地人又受蒙古传统的影响，据说是全国最脏的地方，积重难返。他们一生中只洗两次澡：一次出生时，一次结婚时。想来一定是由于当地人营养不良和他们不清洁的生活习惯才发生传染病的，因为这里的气候原是有益健康的——高爽干燥，夏天凉快；除非风沙天，总是空气清新，阳光明亮。

如以陕北为背景作一对比，我认为红军里的人似乎最清洁不过了（在中国各地旅行，我可是遇到过不少脏东西）。他们大批人在混浊的河里洗澡，但也设立了两处公共热水澡堂，供男女分用。红军由于来自南方，要比北方人干净，对于水，也不迷信。在全延安，没有一个私人澡堂——我敢肯定整个陕北也没有。（据别人告诉我，共产党人一到西安，首先做的一件事就是上公共浴室去一清宿垢，国民党的特务人员知道他们这种习惯，要找他们就径直到澡堂去。凡是在那儿洗得特别欢畅的人，都有南方红军之嫌。）

那年夏天，在我自己的院子里，就有一个人得了重痢疾，一个人得了伤寒，我的警卫得了肺病。一天，我去采访一位政治局人士，当我问起他时，一个"小鬼"意外地把我领进一间用大块白布遮起来的房间。他躺在床上哼着。我见他病得很厉害，就决定不去打扰他。第二天，听说他突然得了伤寒症，看来活不成了。

晚上，我房间的屋顶，成了老鼠王国奥林匹克运动会的训练场。冠军似乎在练习一种特殊的百米冲刺,末了以跳栏告终,把房上的尘土都震了下来;而它的一两位朋友则对一场慢悠悠的马拉松赛更感兴趣,用仔细算好的时间一圈又一圈地转着跑。在我的行军床底下,有一个大老鼠夹子,旁边还有几个,但是我通共只夹着了一只老鼠。它像小猫那样大,拍拍打打地挣扎逃命,弄出极可怕的声音来,这使我大叫一声惊醒过来。三名警卫拔出毛瑟枪冲进来,发现不过是杀死了一只老鼠,没有什么了不起的事,不禁感到懊丧。那一声大叫,真让我丢尽了脸,从此以后,人们看我也不过是个女流之辈了。另一个晚上,我把手臂伸出去,觉得有个软软的毛茸茸的东西在我的床上,我吓坏了,差一点又叫出声来。这个动物却不肯动一动,反而开始呜呜地叫起来。最后我点上蜡烛,才发现是一只可爱的迷途小猫,在天真的惊讶中,抬头看着我。这次我没惊动警卫,免了一次丢脸"事件",这使我太高兴了,因此也就不忍心去责备那只猫。在这种场合,往往要当机立断。砖地是本地蝎子和蜈蚣的大本营,我总也弄不清是老鼠的威胁大,还是光脚在地上跑危险性更大。(自从在北平我的一个仆人被蝎子狠狠地咬了一口之后,我一直对蝎子有一种胆怯心理。因为以后不久,某晚,我穿一双鞋头空着的拖鞋站在院子里,忽然觉得有什么东西在我的光脚趾上爬——那自然是只友好的蝎子。)在中国,许多铺石板的地方,似乎都有很多这类动物。因此,当我在延安的时候,晚上总是恭恭敬敬地把鞋子放在高处,清晨,还小心翼翼地再抖一下。

当我在西北停留或者旅行的时候,我也学会了向跳蚤致以最大的敬意。我克服了对老鼠本身的厌恶,集中精力对待跳蚤,担心它们在我房间的地板上传播病菌。传播鼠疫的,毕竟是跳蚤,而不是老鼠啊。

我把行军床的四只腿放在盛了煤油的香烟罐里,按照常规,这样做是可以挡住某些较文雅的小虫子的,可是跳蚤却似乎有着某种撑竿跳的器官,因为它们跳的高度是没有限度的。我陷入了重围,不得不在地板上撒满了石灰——即使这样,情况好像也并没有发生多大变化。啊,大自然的芸芸生界,岁月不能使之枯萎,习俗不能使之陈腐!

我一到延安，保卫部门就给我派了一个随身警卫，或者叫特务员。来人是个皮白颊红、漂亮的男孩子，拖着一杆大毛瑟枪，围着一条差不多和他身高一样长的宽弹药带，我见了不禁有点惊奇。他敏捷地行了军礼，红着脸，羞答答地站着。

"你叫什么名字？"我用我说得最好的中国话问，希望和他进行一场长长的友好谈话。

"对不起。"他回答，赶快夺门而出。

一两分钟之后，他和我的翻译一起回来了。翻译说："你的新警卫要我告诉你他不懂英语。"

"英语！"我尖叫了起来，转向那个警卫，感到太伤自尊心了。那不是英语。那是中国话——是我会说的最好的"国语"啊！

那个警卫茫然地看着我，直到重新把这句话翻给他听时，他才明白。然后，他显出不相信的样子。

那时，随便看见什么人，我都要练习一下我的中国话。据我看来，这就是有一名警卫在身边的主要原因，而现在情况如此，未免太令我失望。

"告诉他"，我对翻译说，"他只有一项重要任务，那就是捉摸我的中国话。一个人连很好的京话都听不懂，还谈得上什么秘密侦探工作！"

这使得这个可怜的小警卫极为沮丧，看起来，他好像宁愿再重新来一次长征，也不愿意每天克服山一般的困难来听我的中国话。我们就在现场上了一课。只是在翻译详细地告诉他我怎样在北平诚心诚意地学中国话和家里的勤务员没有一个会讲英语的时候，他才似乎对自己的工作有了一点信心，相信我真的是努力想学会他本国语言中的一种话。（我真怕他整个夏天都自认为是在学听英语，而实际上他是在学听我的中国话。）

"好了"，我抱着希望说，"你叫什么名字？"

"邓明远。"他回答说。

"你多大了？"——我不得不重复好几次。

"十八。"

"行啦",我对翻译说,"可是我不知道这个腼腆的嫩娃娃是否能抵挡得住别人把我当成帝国主义分子揍一顿!"

"把他派给你是为了防止细菌的",他告诉我说。"他干净、整洁,受过个人卫生的专门训练——你在这儿需要的只是这种警卫。保卫局选人的标准是聪明伶俐和政治觉悟高,而不是看膀子有劲。"

终于我们搞出了一种可行的方式,足够应付每天相互间的寒暄,但是,每当我突然向邓明远说些什么话,他认为自己又听懂了一些新的话时,他总忍不住欣然一笑。

"我宁愿他背上大口径的喷雾器,也不愿看见他满身挂那么多装饰品。"我非常严肃地说。

就这样,邓明远和其他五个"特务员"还有两个马夫一起住在院子里,靠近我住房的一角。每当我向大家说些什么话的时候,我想他们就在打赌,看谁能第一个猜出我说的那句中国话的意思。(其余时间,他们就猜我的年龄。)

中国红军怎样解决中国在语言上的困难,是件饶有科学趣味的事,因为士兵们都住在一起,各说各的地方方言。对于北方人来说,某些南方口音是绝对听不懂的,反过来也一样。事实上,在中国的其他地方,在许多中国人的集会上,用英语进行谈话要更简单一些。就连上海的中国妇女俱乐部,在试验了一阵子用中国话谈话之后,也不得不放弃这种做法,用英语来代替中国话了。我发现在红军中,人人都用耳朵来学各种方言,但却继续讲自己的方言。政工人员一般都懂"国语",即所谓"北京官话",可是在日常谈话中,我没看见他们愿意找那样的麻烦。虽然词和语完全不一样,一般说,在不同方言中,唯一不同的就是声音了。因此,他们只要记住某些关键语调,在脑子里再译成其他方言就行了。遇到不同的词,两省的人就用翻译的办法相互来补充,因为他们从经验上知道其他方言的用语,即使他们自己从来不使用它。无论如何,大伤脑筋的语言问题,似乎使得战士们的头脑变灵了,因为他们很容易就彼此了解了。（事实上，他们是故意尽量用本地话来把词儿说得含糊不清，好让对方猜，他们是用这样的办法来闹着玩的）。

总之，我发现和那里的人练习我的中国话比在中国的其他地方要容易一些，因为他们对奇怪的声音反应灵敏，并且习惯于艰苦的脑译工作。另一个理由是我们都真心希望彼此互相了解，所以，我的中国话尽管在北平害了像小儿麻痹症那样的畸形，经过一番艰苦努力，却大有进步。尤其运气好的是有好几个星期，我没有翻译员陪同。这段时间我的中文词汇急剧增加了。在那四个月里，我学到的要比在北平好几年学得多。在北平，我只是重复着那几句在城里兜圈子必须用到的老一套话。在采访或者和人们谈话的时候，我总是带着个翻译，但是，很快我就发现自己懂得了许多话，虽然我还掌握不了讲话用的词汇。

我院子里住了八个当警卫员和马夫的红军士兵，我对他们始终兴趣很大，他们提供了红军生活的很好的横剖面。这些人是我们美国人所谓的"一帮好人"，我不久就变得非常喜欢他们了。在这一片嘈杂声中，四个是陕北的本地人，三个来自四川，一个来自江西。他们住在"厨房"里，那是我房间对面的两间房子，他们都睡在沿墙砌起的土炕上，直挺挺地排得整整齐齐。每个人有两套制服，一套是出客穿的，一套是平时工作穿的，一根皮带，一杆毛瑟枪和子弹带，一个背包，一条薄棉被——大概就是这些了。每个人有六七枚宝贝铁钉，对称地钉在墙上，好把自己那几件东西挂起来。每人还有一把牙刷、一把梳子和一面可以放在口袋里的小镜子。大家都奢望有一件白衬衫、一条手帕和一条短裤当衬裤。两三个人好像已经有了几件这类的奢侈品（可是，我闹不清是一件大家轮流着穿呢，还是确实有好几件）。他们只是在隆重的场合才穿这类衣服。平时，他们一点钱也拿不到——过去也一样，任何红军士兵都不能把没收来的一点小东西据为己有——可是，当我在那里的时候，每个士兵都可以得到两元钱的津贴，用来买必需品，延安城里就成了他们大手大脚破费的地方。他们怎么都不肯接受我给的一个铜板。"五卅"周年纪念时，我竭力想给他们六七块钱，让他们好好地吃上一顿，可是他们把钱送回来两三次。后来，只是在我拒绝收回，并明确表示他们的拒绝使我非常不高兴时，他们才召开了一次苏维埃全体大会，讨论如何对付这笔帝国主义分子不义之财的贿赂——但是他们仍然拒绝用它来买什么食品。这类事对军人是一种耻辱。可是，我终于给成了一件小小的礼物。我给他们买了几码白布，给厨房洗碟子用——马上进来了一个代表团，要求我给一两块布，包他们的毛瑟枪。这事给了我启发，于是，我就到全城各处去搜索购买最鲜艳的红绸子，买了不少，足够他们包枪之后还能漂亮地挂下来一角。他们对于有红绸子包枪感到非常光荣——这样，我立刻赢得了他们的好感。这些大而笨重的毛瑟枪都是从国民党军官那儿缴获来的，它们装在挂在皮带上的一个木壳里，绸子就包在金属外面，以免枪被磨坏。他们多么爱惜他们的枪支啊！每天，你都可以看见他们中有一两个人无时不在勤快地检修这些被士兵们视若珍宝的随身家伙，像磨金刚钻的工匠那样不断上油和擦亮。

他们把住处保持得很整洁，用旧报纸把墙糊上，把图画贴在适当的地方。他们最钟爱的墙纸是《字林西报》的插图栏，厨房炉子上面的墙上，就贴着一大排电影明星和上海白俄芭蕾舞星的照片。马夫老王有一张非常好的珍妮·盖纳的照片。每个人都收集了一套随香烟赠送的中国电影明星照片，经过精心安排，贴在各人的炕头上，虽然他们谁也没见过一个电影明星。没有一个人像国民党士兵那样，有那种通常是着了色的古代中国战神的旧画片。全体红军士兵都愿意尽量摩登一些，我认为这是件很有趣的事。一个陕北的孩子穿着后跟上绣了花的袜子——我猜一定是他妈妈给他的礼物。夏天到来时，他们都自己用粉红、绿、红蓝色的棉线做成凉鞋，鞋头上还带绒球。

六个卫兵是保卫局派来的受过专门训练的警卫员，分别属于院子里不同的人，两个马夫是照顾两匹小马的，马厩就在厨房的隔壁。这些枪手充当勤务员，送信，必要时候还烧饭。这是件责任重大的工作，这些警卫在给领导人做了一个时期保卫工作之后，常常会成为红军军官。警卫员只是派给那些工作非常繁忙，需要助手以节省时间的人，或者是那些实际上需要保卫的人。自然，在民主的红军中是没有仆人的。高级红军司令员和政治工作人员都有一或两个警卫员。朱德和毛泽东各有一个班的警卫，和他们一起住在院子里。虽然延安四周都是苏区，城市本身却是个红白混杂的地区，因为共产党是在统一战线条件下占有延安的，它有个"白色"的县长，"赤色"的卫戍军。总之，这个城市挤满了旅客、农民和各式各样的人，还有商人、土匪和地主——自然，对于一颗脑袋早已被悬赏几十万元大洋的人，有个警卫员是无害的。然而，当我在那里的时候，从未出过什么乱子。

这些警卫员5点钟起床，早点是大米或小米粥，然后上操和学习功课，每天上下午各上一小时的课；每周两次到保卫局总部，听两个小时的专业报告。他们大声读书，就像在中国旧式私塾那样。每个人都有一支铅笔和写满了字的笔记本，并盼望有朝一日能得到一管破旧的钢笔做装饰。他们既学拉丁化的中文，也学汉字。

他们生活在严格的军事纪律之下，班长是个二十岁的四川农家孩子，个子大，身体壮，心肠好，名字叫曹新村，可是他的同志们却管他叫"沙兴村"（他们彼此总是用三个音节的名字一本正经地相互称呼的）。"沙兴村"是我的专职骑士——我在心里总是叫他波托斯，因为他使我想起了女王卫队中的那个身强力壮的枪手。他圆得像月亮的脸上总是带着笑容，声音却尖得像个女孩子。只要看他一眼，也会使人心情愉快起来。他执行任务非常认真，听见叫"特务员"的声音，简直就跳起来，像一个个子太大的小熊似的摇摇摆摆走过来"听从差遣"。有一次他救了我的命。那次我过河到红军大学去访问董必武，我们沉浸在一次长谈里。谈到他在推翻清朝的革命中所起的作用时，正谈得入港，突然来了一阵大暴雨。我和译员赶快跑到河边，想在水涨之前渡回对岸——可是已经太晚了。我们到达岸边时，渡船的锚链都已经收起来，船夫——船是他私人的——不肯摆渡。河水不断上涨，据说我可能一星期都回不去，因为确实有过这样的先例，河水泛滥时期，对岸有一个星期沦为孤岛。这时，我们听到一声呼喊，随声向对岸望去，看见三四名枪手正跳入水中救人。就在这时，一匹红军军官骑的白马因为害怕水，渡到河中间的时候把他从背上掀了下去。他抓住马尾,才渡过河去。我吓坏了。过去几个星期里,已经有五六个人在这河里淹死了。……这时,我看见"沙",他分秒必争劈手把马从红军军官手里夺过来,向河水冲去。转眼间,他顺利地渡过河,跑到我面前,不容我分说,就把我掀上了马鞍——直到此刻我简直宁愿在任何地方待一星期也不愿去冒犯洪水。那匹马当时已浑身颤抖,但是由于沙的铁手抓住了缰绳,它只好就范。最后,我终于历尽艰险到达了对岸。从此以后,"沙兴村"成了我心中的英雄。

可是,八个枪手中真正的指挥者不是别人,正是我的那个"嫩娃娃"。别的孩子把他叫作"邓米儿"——那是他们把"邓明远"三字说快了,就成了"邓米儿"。他是他们的智囊——帮助他们学习功课——他们认为学习成绩好比缴几支国民党部队的枪要伟大得多。我不久就发现他是保卫局的宠儿之一,是作为特殊照顾才借来给我的。无论我们走到哪里,总会从什么地方传来一声友好的召唤"邓米儿!"于是便有人跑过来,拍拍他的背,随我们一同走到街上去。他肯定是大家喜欢的一号宠儿。

聪明的古代文人设计了用魔术才能辨认谜一样的中国字,使自己成为凌驾众人之上的圣人,从那时起文人就一直受到尊敬。现在看到红军继续保持这个老传统,感到很有趣。红军士兵对所有来延安的学生都表现出极大的尊敬,非常高兴这些人来参加他们的革命。看到长征英雄们把那些不过是会读一点、会写一点的人,捧得像个神似的,真让人觉得有点可怜。可是,对"邓米儿"这个知识分子来说,却是个好资本。

"邓米儿"曾经是四川文理小学的学生,后来他革命了,成为街头演说家和当地共产主义青年团的书记,那就是他被人当作"知识分子"的理由。

"你家里愿意你参加红军吗?"有一天我问他。

"愿意",他回答说,"红军来到仪陇县(朱德的故乡)时,他们重新分配了土地,我们家喜欢这个政策,就让我加入红军,帮助中国穷人。我们家原先有六十'担'地,但是后来破产了,祖父死时,卖了一部分土地来还债,所以1933年全家十一口人不得不分家。我大哥开了一家中药铺来养活我们。我参加红军时,许多四川人都加入红军了——超过一万人——他们在红四方面军里编成了两个新师。

"1933年,红军来到了我们县,待了大约一年。就在红军到达之后两个月,我参加了红军,那年我十四岁。我们村的另外二十个和我同年龄的孩子也参加了红军。最初,我在一个政治训练班里学习,后来成了共产主义青年团的领导者。年轻人总是热爱红军并希望参加的。1935年,甚至许多地主和他们的子弟也参加四川红军政府工作。

"我们县,有六个区,每个区都有一个三十到四十人组成的共产主义青年团队伍。我们到处讲演,组织新的运动。

"1935年,长征开始时,我加入了王文周领导的红三十军的第九十一师,那里全是四川人。我们到达甘肃时,又调我到后方接受更多的政治训练,于是,我就进了保卫局。"

"你杀过人吗?"我问他。

"长征期间我每天都打仗。我也不知道杀了人没有——在前线,你是看不清敌人的。"

"你是不是宁愿现在仍和军队在一起,也不愿做帝国主义外国女新闻记者的警卫员呢?"我问道。

他只用一条腿站着,脸红了起来,"他们告诉我你不是帝国主义分子。反正,一切工作都是革命的,替外国女记者担任保卫也在内。我们一定要尽力促进联美抗日的统一战线工作"。

这八名警卫员中另外几位的情况是:四人是陕北人,两人是从遥远的江西和四川来的。十九岁的高宗炎是个高大强壮"信得过"的那种人,他像"沙"一样,到了清静的夏天快要结束的时候,腰围长了一大圈。杨恩沛是厨师,门牙少了两颗,性格捉摸不定,常常有讥笑的表情。他把大部分时间消磨在一边削木棒,一边向其他的人讲述烹饪秘诀上——同时监督他们干活。手艺确实是很出色的。我对杨恩沛很尊敬,这是不消说的。屠其唐为人聪明,是这一群里最不爱说话、最勤快的一个。他还是个了不起的即兴诗人，要是有点儿木工活儿需要干，或是饮食供应上出了点儿问题，他就会当面对把事情办糟了的人随口说上几句讽刺话，然后不慌不忙把事情安排好。屠其唐真够得上是保卫局的专家，专门会侦查市场上新到了些什么水果和蔬菜，还能凭嗅觉追踪小鸡或鲜蛋，就像乌鸦那样，直向这些东西飞去。另一个陕西籍的警卫员把大部分空闲时间消磨在逗乐、恶作剧或者唱歌上。这些陕西本地的孩子同到市场来的红军以及他们的子弟相比，变化是惊人的。我猜想他们加入红军之前，一定也和多数当地人一样，带着银耳环和手镯，留着长发。但参军后他们就沿着革命的道路飞速前进了。这三个人全都打过三年仗了。

两个马夫照料着厨房隔壁马厩里的两匹马。一个是从四川来的好脾气圆滚滚的胖小伙子。但是，另一个是江西来的，参加过长征，大家都尊敬地叫他"老王"——在中国，这个"老"字和其他国家称呼"老伙计"或"老比尔"等中的"老"是一样的意思。我猜老王大概是二十三岁。他颇有点小名气，否则院子里的生活就太平凡乏味了。这些江西的长征老战士们，早已成为与众不同的人物了。所有的马夫都必须是很负责的人。受委托照料一匹马，就像受委托照管一尊大炮一样，是极大的光荣。因此，马夫的地位无疑是比较优越的。老王是个漂亮小伙子，有着轮廓鲜明的脸盘，闪亮的眼睛望着光秃秃的山头，想必在怀念远方江西的绿油油的稻田。他个子高，肌肉发达，他那宽宽的肩膀，把宽大的军服都撑得像是裁缝给定做的似的。我初到这个院子里来的时候，竟干了一件犯禁的事，那就是当我看见老王时，我问一个人："那边那个漂亮的红军战士是谁？""漂亮"的意思就是长得美。自然立刻有人把我的话向他报告了，从此以后他就再也不理我。我一走进厨房（他就睡在炉灶上面），他就像个阿拉伯人那样，悄悄地卷起帐篷溜走了。整个夏天大家都用"漂亮"二字开他的玩笑。老王很想家，没人围着听他闲聊的时候，就会唱起凄凉的南方小调来。有一次，戒严令之后他才回来，浑身是酒味，大谈江西的事。他只有一件个人财产——长征中一直戴着的涂上清漆的蘑菇形草笠，这是南方战士无论如何也不肯丢掉的东西。因为这是装备的一部分,也是个挡太阳、挡风雨的宠物。我想那也许是部队里留下的唯一的一顶,所以老王非常宝贝它。战士们老是借这顶帽子戴上挡雨。他总是对他们说,虽然可以把它看成公共财产,但可不是一顶普通的草笠,因此应该受到尊敬。我也向他借过一两次。

(本文选自《续西行漫记》,生活·读书·新知三联书店1991年版)

一位德国女摄影家眼中的延安

[中]耶娃·萧

> 耶娃·萧,又名叶华,生于1911年,原籍德国,20世纪30年代加入苏联国籍,"文革"前夕加入中国国籍,是我国著名诗人萧三的夫人。摄影家。自幼受母亲的熏陶,爱好摄影。17岁时考入慕尼黑电影学院摄影系。20世纪30年代与萧三相识于苏联。40年代,来到中国革命圣地延安,参加过大生产运动,并认识了毛泽东、周恩来、朱德、贺龙等老一辈革命领导人物。新中国成立后,任我国新华社摄影记者。著有长篇传记小说《中国——我的梦我的爱:叶华眼里的中国》。

初入延安

1940年10月22日,萧三带着我和孩子到达延安后,当天下午我就把一只大木盆拖到我们住的窑洞前的一大片空地上,给我的儿子立昂洗澡,就在此时我见两个人从山下面朝我们走来。男的头发略带花白,有一副东方人的脸型,年纪约莫30岁,他身边还有一个漂亮的女子。他们是来看望我们的头一批客人——美国大夫马海德(乔治·海滕)和他的中国夫人周苏菲。他们看见我不顾深秋时节居然还在露天给小孩洗澡,竟吓了一跳。我就笑他们,他们也笑了。我们就这样开始了多年的友谊。

除了报告会、展览会等许多文化活动外,萧三还常常在周末组织舞会,这对严肃简朴的延安来说是件极其新鲜的事情。这些舞会受到许多人的热烈欢迎,但批评的人也不少。有些人在背后议论纷纷,说萧三把资产阶级的那套玩意儿搬到延安来了。当这些闲言碎语传到毛主席的耳朵里时,他就对萧三说:"你

叶华与萧三

也请我去跳跳舞好啦!"后来毛主席成了舞会的常客。对于肩负中国革命领导重任的毛主席来说,跳舞肯定是一种愉快的休息方式。在毛主席亲自参加舞会以后,指责之声听不见了。不仅是年轻人,连上了些年纪的同志也常在周末到俱乐部里来玩了。

不久以后,萧三和我搬了家,新居可说是真正的窑洞式楼房。我们住在下面的三孔窑洞里,窑洞前有块空地。一道门通往中间的那孔窑洞,我们在这里吃饭,洗澡也在这里。每天用的水由骡子驮上来。蜡烛算是奢侈品,所以我们晚上都点油灯。那时在延安每月的工资是不发钱的,每个人都发衣服和口粮。我们这些外国人还额外供给肉、猪油、白糖、鸡蛋,还发其他一些东西,还分牛奶给立昂喝。在我初来乍到的一段时间里,我和邓杰同志共用他在崖壁上砌成的烤炉来烘面包。后来专门有人烤面包供给外国人吃,于是我们每天都能吃上新鲜面包了。

在我们的"楼上"住着老马——我后来一直这样称呼马海德大夫——和苏菲,还有印度医生巴苏和一位印度尼西亚人毕大夫。过了一阵子,德国医生米勒博士(米大夫)也从前线来到延安。离我们不远处住着一位马来西亚同志阿里·阿哈姆,他有个中文名字:王大材。阿里谈吐举止都别具魅力。他年纪肯定不算老，但黑黑的脸膛儿却已是皱纹密布。阿里能讲德语、英语、法语、俄语和一点汉语。但这些语言中他没有一门语言能说得地道。

我眼中的中国革命领导人

我在这里必须插几句话，以便读者更好地理解。延安给我留下了许多印象，就像一幅幅画那样深深地刻在我的脑海里。也许是由于我是摄影家的缘故，加上语言不通，更加强了用眼的习惯吧，我大多是通过形象来记住人和事的。就在我手不停笔写这段往事时，那一幕幕

干部学习的模范——朱德

画面就像电影一样在我眼前掠过。

我通过萧三结识了中国革命的领导人毛泽东、朱德、贺龙、叶剑英、任弼时、王若飞，后来还结识了周恩来及其他人。要是他们中间有谁和我说话时，萧三就给我翻译。后来慢慢地我也能听懂一些简单的话。要是萧三同他们中的某个人谈话时，我在旁边一坐就是几个钟头，一句话也听不懂。同在莫斯科时一样，我是个好听众，或者说得更恰当些，是个好观众。我获得对这些人的印象，不是通过他们说的什么，而是通过他们的动作、他们的表情、他们的眼神和他们的双手。这些高层人物朴实的气质和平凡的举止给我留下了深刻的印象。要知道他们的手中掌握着中国的命运，他们的肩上担负着解放中国的历史使命啊。

我常常碰到朱德。在所有的人中，他给我的印象最为深刻。总司令为人极其淳厚，性格十分率直。他和我说话时总是直视我的眼睛。只有很少数的人说话时这样直视对方。从他的眼神里就可以看出，他是一个固执倔强、坚毅不屈的人，一个真正的、连魔鬼都不怕的人，比如说几十年后他对"四人帮"就毫不畏惧。因而可以说，他直到1976年逝世始终保持着他的刚强性格。在跳舞晚会上，我有时也遇见朱德，并且和他跳过舞。他也更像是踏着舞曲的节拍在散步。不过我觉得，跳舞对他来说是一种真正的休息，就跟毛主席一样。

毛主席我也常碰见。萧三有时也带我一起去看毛主席。我们骑马去，立昂就骑在萧三身前的马背上。到枣园去的山路很窄，左侧是高耸的山崖，右边是陡峭的山坡，走尽山路还要穿过广阔的田野才到。有一次，我身穿一身蓝布制服、脚踏草鞋到枣园去。毛主席看见了说道："叶华中国化了。"我听了心中很高兴。他接着又说："有些中国人没有中国化。"我不知道他指的是谁。立昂和毛主席的小女儿李讷一起玩。我们每次去，毛主席都要同萧三促膝长谈。我就坐在旁边望着他们。我知道，萧三想为毛主席写一部传记，但毛主席坚决反对。所以萧三只好偷偷地做笔记，这做法当然既麻烦又累人。过了一些时候，毛主席表示同意了，我想，他可能是应其他同志的请求才同意的。从此萧三就可以当他的面拿出笔记本来记下同毛主席的谈话。我们每次去看望毛主席，他都请我们吃饭。在他窑洞前的凉亭中摆着一张长方形的石桌，我们大家就露天围着石桌坐在石凳上吃饭。当时我没有意识到，我竟有幸同我们时代最有天才的伟人之一同桌进餐。

参加反法西斯同盟大会

1941年6月22日，德国入侵苏联。同年秋天，延安举行过一次反法西斯会议。9月21日，在延安工人俱乐部举行座谈会，许多民族和国家的代表都参加了，其中有蒙、回、苗以及越南、日本、朝鲜、菲律宾、印度等。就在这天成立了东方各民族反法西斯同盟。我作为德国犹太人参加了。吴老（吴玉章）主持座谈会。朱德则谈了成立这一联合阵线的意义。

9月25日，萧三和我去看朱德，我们谈论那场战争的问题。我问朱德，德国军队怎么可能如此长驱直入苏联国境。他认为，这暂时还说明不了问题。他当时根本料想不到我们今天所知道的情况：在战争爆发前斯大林就收到多方面的警告。苏联情报人员理查德·佐尔格就从日本向斯大林报告了德军入侵的确切日期；据我所知，丘吉尔也从英国通知了斯大林。柏林也有人警告过他，但是斯大林统统不信。他想必是非常相信和德国签订的协定。于是他对德国的进攻毫无准备。我们还谈到反法西斯主义者，谈到不得不逃出德国的犹太人。朱德说："我是被德国驱逐的中国人。"（大概是因为他从事党的工作而被德国驱逐出境。）

10月5日（阴历八月十五日中秋节），我们去看望毛主席。我为毛主席和他的小女儿照相，这是仅有的一次。（几年后我被国民党抓住时，把这几张照片销毁了。）

延安中央大礼堂

10月26日，东方各民族反法西斯同盟举行成立大会。大会本应在下午2点钟开幕，可不巧遇上空袭警报，日本飞机就在延安上空盘旋。一直到解除警报我们才集合。我们先去西北菜社吃饭。6点钟，开幕典礼在中央大礼堂举行。我们坐在第三排——萧三左边是我，右边是艾青。朱德坐在我们后面。阿里·阿哈姆（王大材）用英语致开幕词，黄华翻译，然后是叶剑英讲话。讲话完毕，日本工农学校全体学员上台，宣誓要求加入八路军。朱德接受了他们的申请。最后，与会者同声高唱《国际歌》。

10月30日下午3点，毛主席发表了半小时的讲话。接着，我代表德国犹太人发言，由萧三翻译。连翻译时间在内，我讲了40分钟。我谈到了在德国的犹太人和希特勒占领区中的犹太人的命运。我还是第一次在这样一个盛大的公共集会上对着这么多人讲话。其实我那时已快临产了。

10月31日，萧三代表作家发言，作了长篇讲话。然后成立了由37名委员组成的执行委员会，萧三和我都当选为常委。这件事我之所以写得如此详细，是因为这是我在延安参加的唯一的一次政治活动。直至今日我还记得这次会议，不过具体日期是新中国成立后萧三在我们谈起延安时告诉我的。他经常鼓励我写部自己的回忆录。

我还记得，在大会上日本共产党领袖野坂参三也发表了讲话。我当然一个字也听不懂，但我记得他讲了很久，并且在他长篇发言过程中，他始终板着脸毫无表情。这样的情况我还从未见过，这就是我对日本人的第一个印象。过了一段时间，阿里介绍我认识了野坂参三，他们是朋友。我只能想起，我们那时露天坐在一张桌子旁，野坂参三请我们吃饭。至于我们谈些什么，用什么语言交谈，我已记不起来了。

在延安有10至12位苏联顾问。他们是应中共中央的邀请到延安来的，住在枣园一幢真正的房子里，离毛主席的窑洞很近。他们向莫斯科拍发无线电报，也抄收莫斯科发来的无线电报。这些情况我们当时并不知道。他们的工作是十分机密的。我到延安后不久，萧三就和他们认识了。我们同他们中的几个人交了朋友。有时他们三三两两地骑着马来看我们。我们住的那座山脚下开着一家小饭店，我们有时就在那里同苏联朋友吃饭。要不我们就到枣园去看他们。他们能用俄语同我们交谈，使我感到高兴。他们还很爱逗立昂玩，给他带来可可、奶粉和其他各式各样的东西。他们中有一人名叫维克多·阿历克山德罗维奇·戈列罗夫，是一位很有文化教养、博览群书，但年纪也不算轻的同志，很爱同萧三交往。他常来我家找萧三和我聊天。他对我读过那么多书感到惊讶，就把俄语文学作品借给我看。萧三也很喜欢维克多，于是建议用这位聪明可爱的维克多同志的名字来给我们在延安生下的儿子起名。

我们家添了个维佳。写到这里，我想提一下我们的厨师老杨，聊以表达我们对他的衷心怀念。老杨那时是40岁左右的单身汉，一字不识的庄稼汉子，和一般的乡里人一样不爱说话。他爱维佳，很快就会给维佳喂食、洗澡和穿衣服。老杨做饭时，维佳的小床就露天放在厨房旁边。维佳这孩子很安静，一点不闹。维佳长大了一点后，老杨到哪儿去都带着他。要是他自己去吃饭或者领粮食，就把维佳驮在背上。他把维佳拾掇得干干净净。自从照看维佳后，老杨自己每天都从头到脚洗一遍，这对北方庄稼人来说是很不寻常的。他照看维佳要比欧洲任何一个保姆都尽心。当然，维佳也很爱老杨。要是老杨哪次走了没带上维佳，他总要伤心地大哭一场。我其实从来都没有特别为老杨做过什么事，但我却总能感受到他的忠诚。为了我，他可以赴汤蹈火。直到现在，我每次回想起他时，依然为他所深深感动。我永远不会忘记他——第一位使我体会到中国人民的坚韧性格和谦逊美德的普通老百姓。

（本文选自《瞭望》新闻周刊1999年第22期）

进入红色中国

[美]哈里森·福尔曼

> 哈里森·福尔曼（1898—1978），美国《纽约先驱论坛报》知名记者、专栏作家。1922—1925年，先后就读于芝加哥美术学院和密尔沃基莱顿美术学院。1929年获得康斯康星大学学士学位。1930年，作为一家航空公司的代表首次来到中国。1943年5月，利用驻华外国记者身份，历尽险阻到达延安和华北抗日战场。

我们走下多石的羊肠山路到达渡口的时候，已是将近黄昏了。大约等了1小时，那些落在后面的人一到齐，我们就登上两只平底无篷的木船，渡过黄河的激流。整日在酷热的太阳下骑马，我们疲倦得简直没有觉察到我们已经到了红区。一路上，我们受到极为热烈的欢迎和招待，我们进入了红色中国——虽然这是它的旁门，从渡口上的小村凉水崖来了3个沉默寡言的公务员迎接我们，把我们接到一家鸡猪牛扰动、骡子悲鸣的农舍。

第二天早晨，一个军官带着3个传令兵来正式迎接我们，当时我们还不知道他们已经从延安翻山越岭连续不断地骑了两天两夜的马，看起来他们很精神，好像在邻近的农家歇过一夜。他们都穿着同样的蓝制服，戴着软军帽，除了领上一块朴素的红色领章之外，没有阶级的符号。传令兵看起来像好莱坞的强盗，盒子炮在屁股边摆来摆去，肩上捎着来复枪，日本军刀随便挎在背上。很明显，他们尊敬上级，但却从来不给他敬礼，而且和他相处得很自然。

初见时，这位军官似乎并没有惊人的特征，他很少说话，非常朴实。不久我们就知道了，37岁的王震是共产党军队里最著名的将领之一，是一员经历了17年内战和抗战的宿将，在他矮瘦而精悍的身体上有7处伤疤。最初看起来他显得老练而平庸，但在我们骑马朝西向延安走去的时候，就渐渐叫我们钦佩了。打破了先前的缄默，我们发现他是很和蔼的。他对我们所带的照相机、打字机和其他新奇物件很好奇，甚至还有一点孩子气。他微笑着，不断地吸着他那外国式的破烟斗，折断的烟管缠得像他那赤脚穿着草鞋的大脚趾一样。他带着一架日本造的高倍数双眼望远镜。这位将军直爽地说，这是"在一次小战斗中从一个鬼子军官那儿缴来的"。后来我知道那的确是一次小仗。他带着1500人埋伏在内蒙古的一条大路边，等着沿公路移动的日军护送队。当配有5辆坦克和45辆卡车的1000名日军进入埋着地雷的地段时，王震就带着士兵冲杀上去。日军用无线电求援，15架轰炸机来了，投下催泪弹。王震和他的士兵都没有防毒面具，被迫撤退。这时敌军已死伤700多人，而他们自己也有360人伤亡。

望远镜就是那一次战斗后一个被俘的军官送给他的。因为共产党的政策对要求遣送回队的俘虏并不留难，那个军官被释放时把望远镜送给王震将军作为临别礼物，可是那位日本军官因为被俘有辱日本军队的荣誉而被上司枪决了。

"有一回，我们捉到一个鬼子少将"，王震说，"他不愿回去受处罚，我们就留他和我们在一起。鬼子知道了，便派飞机来轰炸我们。最后他们在一个小村里发现了我们，就乱炸一阵，那位军官到底被炸死了"。

一路向西走着，地面越来越不平。但那看来好像由麦、黍、棉花、玉蜀点缀的景色，紧贴在险峻的山坡上，显示出了人民的勤劳和决心。

王将军挥臂指着说："这些土地几世纪来都是不毛之地。"他又解释说："开垦这些地仅仅是最近两三年的事——大半是由我这个旅的士兵开垦的。"我们竖起耳朵，听来像说故事。我们催他讲下去。

3年前，王震从华北前线回来，受命把他那个旅的一万抗日战士转变成农民。他们要种植自己的食粮，缝制自己的衣服。不论政府或人民都要完全达到自给自足。为此，他被派往南泥湾，而且只供给最低限度的口粮。

"首先我们在黄土崖坡上挖窑洞做住所"，王将军说，"寒冬近了，我们必须赶紧工作。于是我们架起来复枪，开始砍树、制粗糙的用具、焚烧树桩、清除地面、耕地。在附近的破古庙里我们找到钟、缸和神像，熔化了，打成犁头"。

"因为我不懂农事，就号召我的士兵自愿献计献策。我们共同拟出一个粮食、蔬菜、家禽、猪肉、羊毛、棉布的生产计划。为了购买必需的种子和生活用品，我们从山上伐了杉木和松木到延安去卖。一本从鬼子手里缴获来的关于饮食和营养的书，由于某种原因，被我当作纪念品保存下来，现在也有用了。它使我知道了热卡、维生素以及蛋白质的秘密——这是对士兵的健康特别重要的一种知识。自1939年国民党对边区实行军事和经济封锁以来，我们就没有从外面收到过医药用品。为了保证士兵的健康，就必须努力增加营养。"他停下来，呼哧呼哧地用力吸着烟斗，有点羞怯地问："我不是在拿这些故事打扰你们吧？"

"不，不是，讲下去。"我催促他。

"好。第一年是最艰苦的一年，我们遇到许多意想不到的障碍，忍受了多少次的挫折。但是毛泽东告诉我们，我们必须自给自足——这是关系到被封锁的全边区人民生死存亡的问题，每一个儿童、士兵、学生、公务员都应该参加生产。我把这些解释给我的士兵听，我说这全看他们的了，他们决不能让我们的领袖失望——他们决不能让自己失望。

"第一年创业艰难，我们苦干、少吃，军装补得认不出了，但士兵的热情比我原想的还要高。去年我们就实现生产自给了，而且我们还收获了足够的棉花和羊毛，我们旅每人都穿上了舒适的衣服。"

"你把纺、织和裁的费用都包括在内吗？"我问。

"费用？老天爷，不！我们军队学会了用自造的机器纺纱织布，在从日本人那里缴获的缝纫机上缝制自己的军服。所有这些等到了南泥湾时，你们都可看到。"他说。

南泥湾距直通延安的大路还有一段距离，王震所告诉我们的这一切，使我们觉得绕一点路也值得。

当我们接近南泥湾时，我看到一群一群的士兵在田里劳动，每群有12人或更多。他们一面唱歌一面挥动锹、锄和铁铲。他们的来复枪、机关枪、掷弹筒和迫击炮都按军队习惯有秩序地架在旁边，所有这些武器几乎都是在战斗中从日本人手中缴获的。它们默默地证明了，这些劳动者自始至终都是战士，而不是农民。

山坡上一排一排的窑洞很整齐，每个大约有25英尺深，15英尺宽。里面的家具都是士兵做的，粗糙但耐用。每洞住8个人。在旅部，我们参观了一个榨菜油的简陋的榨油机和一个用草造纸的小造纸厂。我们也看见了士兵们在老练地纺线、织布、做军服。

我们在王将军的招待所里过了一夜，那是一所整洁的日本平房。

我问："你的建筑为什么用日本式？"

"啊——这是日本式？"王震有点吃惊地说。"我还不知道。我请冈田给我们造一所外国式的房子，这所房子刚刚完成。"

"冈田？他是谁？"

"冈田从前是一个日本俘虏。他是一个工程师，3年前我们俘虏他的时候，他正在同蒲路沿线筑碉堡。从那时起，他就加入了日本人民解放联盟。现在他属于我这个旅。你们要是愿意，可以自己去访问他。"

31岁的冈田吉雄是一个快乐、机灵的人，他穿着八路军的军服似乎很自在。显然，士兵们都很喜欢他，我们通过翻译和他谈话的时候，他们都围了过来。这位翻译比冈田还像日本人。冈田把他的经历告诉了我们：有一天晚上他怎样在一个突如其来的袭击里被俘，他怎样等待着受刑和被杀。但出乎意料，他却受到了最好的待遇，甚至提出要遣送他回到他的部队去。他拒绝回去，因为他知道别人回去后都被宪兵队秘密枪决了。他曾进过延安的日本工农学校，受了一年的训练之后，于1942年5月加入了八路军。

王震说："他现在是我们的劳动英雄呢。"冈田发窘地微笑了。他们让他

在延安的日本工农学校

当劳动英雄是因为他发明了一种抽水机,其原理和美国农场所用的抽水机相似。

晚饭后,在月光下,我们在一个圆形剧场里参加集会。一队士兵和他们的妻子表演了现代舞蹈,表现出他们对南泥湾成就的骄傲。在一面随风摆动的布幕上悬挂着罗斯福、丘吉尔、斯大林和蒋介石的画像。一个乐队用古代和现代的乐器演奏出轻柔优美的音乐。跳舞的人用清楚而自信的声音唱着:

> 边区是贫穷和被压迫人民的乐园,
> 这儿没有无赖,也没人游手好闲。
> 人人都工作,个个爱工作。
> 每人都有地耕种——
> 士兵不再是人民的负担,

却实实在在地帮助他们干。

一个流浪汉上场了。他是一个刚到边区的游手好闲的人，唱着"我没吃，没地，也没家"。从想象的舞台的一边，这流浪汉看见一群士兵扛着锹、锄走上场，他们刚从田里回来。一个妇女从另一边上来，她说："到我家里去，让我给你们做顿饭吃。"士兵们向她道谢，婉言谢绝了她。她生气了："要是邻居听说你们从这儿过我没请你们吃饭，不知道怎么看我呢。"士兵们笑了，说："太感谢了，但我们有自己的食物，不吃老百姓的东西。"

当他们走出去的时候，看见这流浪汉："你是异乡人？吃饭没有？要没吃就跟我们来。"这个游手好闲的人吃了一惊："哦，这就是八路军！"说着就跟他们下去了。

这当然是宣传，是最好的宣传！我们自然认为这不是为我们而有意演的，然而也必须记住，这些演员所演的角色正是他们在实际生活中所实践的。

这会儿，王震不停地从这儿走到那儿，安然自在地和他的士兵坐在一起。他们聚精会神地看戏并不注意他。正当我注意王将军的时候，一个传令兵走上去，在他耳边小声说了些什么。他猛然抬起头来，笑得嘴都合不拢。他跳到桌子上，大声叫人们注意：延安刚来电话说等待已久的盟军已在法国登陆。盟军在诺曼底登陆了！自然发出了一阵欢呼，观众们高喊："盟军胜利！""联合国胜利！""打倒法西斯侵略者！"

早晨我们去参观王震三五九旅的第七一八营。33岁的营长贺麟是一个矮胖、善战的人。他说："3年前我带着443名士兵到这里的时候，这个山沟里一无所有。第一年我们开垦了足够的土地，并且种上了粮食——大约是我们所需口粮的1/3。去年我们增加生产，已实现了自给。今年我们争取有较多的剩余，顺利地达到2年生产出3年粮食的目标（即'耕二余一'）。"

贺麟对他那个营的家畜很满意。每10人有1头牛，每3人有1头猪，每人有1只羊，每连有1栏兔子和上百只鸡。他把士兵的肉食从每月2磅的最低标准增加到每月6磅以上。此外，他还能供给他们几乎无限量的蔬菜。

士兵们整起队来等着检阅。我在中国已很久，见过许多的中国军队，这大概是我所见过的军队中营养最好的队伍。贺麟的部队从来没有忘记他们是士兵，不是农民。在冬夏耕种和收割之间，这些士兵就进行紧张的军事训练。连长顾振周把士兵们的活动给我们作了一个简要的说明。去年冬天他们学习了近距离攻击。在有战壕、围墙、假人和各种障碍物的假战场上，士兵们除了严格训练在任何可能情况下使用来复枪外，他们还要学习刺杀、掷手榴弹和初步的野外工程作业。他对他那个连的射击纪录很满意：在100米距离之外射击1米大的目标。372发子弹中，只有3发不中；掷两磅重手榴弹的平均距离是40米。除此之外，士兵们还要读书和写字，听有关当前国内国际形势的演讲。他们自己还组织了剧团，用以招待别人和自己娱乐。

在七一九团团部里，我们听到了关于农业和教育的成就。这个单位不知道是怎么安排的，还有空用大石头和从几英里外的山上弄来的巨梁建了一个可坐1400人的大礼堂。这座礼堂是由一个独立连自告奋勇在27天之内建成的。

团长张仲瀚是一个高大、聪明、言语温和的人，他出生于河北省一个地主家庭。1938年日军到了河北，年轻的张仲瀚组织资助了一连游击队抵抗敌人。八路军进入河北省的时候，张仲瀚的游击队总数有4000多人。张仲瀚要求八路军对他的士兵进行特别训练。不久，经过选择，他们就加入了八路军的行列。

我们在山坡上一列窑洞里参观了旅部医院。那儿有一件令人痛心的事情，医生和护士对伤兵虽然尽了最大的努力，但他们却只有一点或根本没有药品。一个个西药瓶整齐地排列在药房里，上面写着拉丁文，但所有的瓶子都是空的。外科器械大半都是用日本飞机上的碎钢片制成的，很粗糙，但能得到这些已经很不错了。

我正在病房里和一个伤兵谈话，忽然听到外面吵了起来。我一直不知道是谁引起的，只听到王震跟记者团里的中国记者发脾气：

"国民党有计划地、残忍地封锁我们，使外国朋友送给我们医院的药品无法运进来。我们是为共同的敌人而战，他们这样做对天犯罪。要是有上帝或者

李先念（左）与王震在一起

菩萨,他们知道这种极其无耻的事情,一定会震惊。"

言辞犀利的周恩来秘书陈家康也赞同王震说:"我谴责国民党,他们有意扣留英国红十字会所赠的4卡车药品。那些药品从来不允许通过西延公路运到边区来!"

中国记者带着激愤的表情无言地站着。易激动的王震秘书马汉平也插话说:"我要问,我们是在跟谁打仗?跟日本人么!我最好的战友在战斗中手上受了一点轻伤——仅仅是轻伤,因为没有防毒药,竟中毒死了。然而给我们的4卡车珍贵的医药用品却被国民党在西安没收了。我叫他们凶手!他们杀害了我的战友!"

记者团里的沙纳汉[①]神甫想努力使这种情势不要弄得不可收拾。他说,中国前线的其他中国军队也在忍受着同样的医药缺乏的痛苦,他不知道那是由于有意或是无意的忽略,还是因为没有足够的医药供给。他答应,一定尽力使重庆当局注意我们在此地医院亲眼见到的可悲情景。我们这些人,包括中国记者在内也都表示同意。这一场风波总算平息下来了。

我们离开南泥湾之前,王震把他的工作总结了一下。他最满意的是教育方面所取得的成果,军事训练时间中有30%用于文化和政治教育。由于每天读书和写字,有80%以上的士兵能阅读普通的报纸,其余20%大半是新兵,最少也认识100至500个字,足够阅读一份特别简化的前线报纸。

政治教育和文化教育之间有密切关系,士兵们要学习从1894年至1895年中日战争到现在的日本侵华简史。这些有很大一部分是用戏剧做媒介教给他们的,目的是激发他们对日本人的深仇大恨。

"我们带他们到被毁的村庄里,让他们和曾在敌人手里受害的人民谈话。这样,他们对鬼子们的兽性就可了解得更真切。一队来犯的鬼子从山西察哈尔交界的一个村庄里掳去几卡车的妇女。她们受尽了说不出口的摧残,许多人因

[①] 沙纳汉,即夏南汉。

为反抗被杀害了，其余的都受了可怕的创伤，有些成了终身残废，有许多流落回乡的都自杀了。我们允许士兵和她们的丈夫、兄弟、父老以及愿意述说自己遭遇的妇女们谈话。"

技术和才能要用特殊的荣誉和物质来表彰，以鼓励其成就。劳动英雄被推崇、赞美、奖励、尊敬，以鼓励别人和他们竞争。这给士兵们一个刺激，把士兵单调的生活变得丰富而愉快。不仅如此，还使他们清醒并提高社会觉悟。

"多年来，我们跟士兵讲社会保障"，王震说，"但总没有办到。直到去年我们创立了士兵合作社，使我们的士兵可以把他们从土地劳动中所赚的盈余投资到有利可图的企业上去，使他们在年老或战后退伍的时候，多少有点经济上的保障"。

古代格言说："当兵就是当和尚。"这话却不适用于王震的士兵们。毛泽东和朱德二人都让王鼓励他的士兵们结婚，并且帮助他们建立家庭，创造将来。他的士兵有400多名结了婚，每年大约生100个小宝宝。王震自己是在1937年结婚的，他的妻子是一个东北姑娘，北平大学化学系毕业。她已生了3个使王震可以骄傲的结实的儿子。

（本文选自《中外记者团和美军观察组在延安》，陕西人民出版社1995年版。内容有删节）

新中国的胚胎

［中］伊斯雷尔·爱泼斯坦

> 伊斯雷尔·爱泼斯坦（Israel Epstein，1915—2005），又名艾培，出生于波兰，自幼随父母定居中国，于1957年加入中国国籍。1931年起在《京津泰晤士报》任新闻工作，1937年任美国联合社记者。1939年在香港参加宋庆龄发起组织的保卫中国同盟，负责宣传工作。抗日战争期间，作为美国《联合劳动新闻》《纽约时报》《时代》杂志的记者参加了记者团，深入延安及晋西北采访。访问了毛泽东、朱德、周恩来等领导人，以及许许多多为抗战而奋斗的军民，写了十几篇通讯，在国外重要报刊上发表，向全世界报道了中国共产党领导中国人民抗战的真实情况。

从重庆赴延安

在重庆举行的争论激烈的记者招待会上，外国记者们多次试图打破国民党当局对共产党地区的封锁，要求准许他们去那里采访。起初，官方对他们的多次要求都加以拒绝或置之不理。后来，蒋介石和他的政府表示同意，但提出了许多限制性条件：外国记者只能作为官方组织和监督的采访团的成员（团员中重庆当局主办的或者许可的中国媒体的记者人数比外国记者多几倍），所有来自共产党方面的言论的报道必须接受新闻检查，除非连同国民党的评论或驳斥一起发表。

在多方的压力下，国民党终于同意了外国记者的延安之行，但采取了新的措施来限制记者团的组成。他们借口缺乏女性用的卫生设备而把代表伦敦《每日电讯报》和加拿大一些出版单位的邱茉莉排除在外。实际上，他们是出于政治动机。国民党委派的采访团团长谢保樵起初向我们保证，他将尽一切努力把邱茉莉包括进来。但在我们背后,他却在对美国战时新闻局重庆办事处的小理查德·瓦茨吹牛时吐露了真情。瓦茨把他的话转告了邱茉莉。他说:爱泼斯坦真是个傻瓜,他还想有人会帮助他妻子去延安。我们一百年也不会让她去的,因为我们怀疑爱泼斯坦想留在边区,这就是他要让他妻子跟他一同去的原因。

这纯粹是瞎胡扯。因为我们所要做的——也是国民党所害怕的——是我们把所看到的真实情况在外国媒体上披露,而不是想把自己同外界隔绝。

在重庆新成立的外国记者俱乐部,对不把邱茉莉这位正式任命的记者包括在记者团中提出了抗议,认为这是性别歧视。加拿大驻华大使维克托·奥德伦将军向邱茉莉讲述了他是如何向董显光(霍林顿·K.董)大发脾气的。他对董说:"这真是一个荒谬的规定,竟然不让一个代表整个加拿大报界的记者参加这次采访活动。"他还说:"现在的女性很坚强,是不怕任何艰苦的。"

邱茉莉还为此事找了国民党元老孙科,但也未能使她的名字列入记者团的名单中。她听见孙科亲自打电话给宣传部长梁寒操(据说,梁寒操是他的人),生气地要他取消这个禁令。看来,在这件事的背后还有比这些官员地位更高的人。

我们采访团启程以后,才知道邱茉莉是在比较晚的时候才被突然排除出采访团的。因为沿途在国民党地区内许多地方都有人问:那个女记者在哪儿?他们已为她安排好住处了。由此可见,不让她去的最后决定必然是突然下达的,所以来不及通知他们,而且这样的决定一定来自非常高的领导。

国民党认为,如果邱茉莉参加,外国记者团的力量对比就"左"倾得太厉害了。此外,不让女性参加的政治禁令还把两个有影响的中国女记者也排除在外。她们是《大公报》的彭子冈和《新民报》的浦熙修。她们两人都主张国共全面合作,共同抗日。是谁不顾大家的抗议,断然否定原先的安排呢?种种迹象表明,作出这个决定的是蒋介石本人。他习惯于过问最具体的细节。

国民党也对去延安采访的男性外国记者名单作了"调整"。他们鼓励国民党宣传部的雇员莫里斯·沃陶取得《巴尔的摩邮报》特派记者的资格。激烈反共的科马克·沙纳汉神父受到了《罗马天主教会评论》周刊的委派。但是，他们两人并没有像国民党所希望的那样对延安及其领导的地区加以谴责。虽然他们并没有放弃他们的保守观点，但他们也被亲眼看到的情况所感动。

参加采访团的中国记者是国民党精心挑选出来的。但就是在他们中间，国民党也无法"一统天下"。重庆《新民报》的赵超构后来发表了一系列赞扬延安的报道。代表最反共的国民党军方报纸《扫荡报》的谢爽秋实际上是中共地下党员，他在中华人民共和国成立以后公开了身份。

尽管国民党竭力想控制延安之行，但它在公共关系方面还是遭到了严重的失败。在二战最后一年中的中国局势已事先决定了这一点。甚至在国民党挑选的报人中间，它也找不到一个起作用的支持者。

继重庆之后，我们行程的第二个起点是西安。从西安，我给《纽约时报》发了第一篇报道。摘要如下：

西安——封锁的堡垒

我们外国记者团在前往中共地区的途中，在西安已经停留三天。这是我们五年来第一次访问中共地区。对中国的未来，以及对盟国将要在亚洲大陆对日本进行的反攻来说，西安都是很重要的。由于从印度到中国的公路即将开通，西安便显得更加重要。军事形势清楚地表明，中国迫切需要内部团结。在重庆，有共产党的一位全权代表正等待着是否有可能进行谈判。虽然重大决定都是来自重庆，但这并没有减少西安的重要性。西安是政府自1937年以来为"解决共党问题"而建立起来的一个巨大的政治、军事堡垒。不管中央政府的政策是和解，还是强硬，执行的关键在西安。

作为一个政治、军事堡垒，西安给人的印象和感觉都是如此。个人的行动不是个人的私事。一切都要检查、跟踪、再检查。相比之下，重庆可以说是极端放任自由的了。访问者离开长江沿岸潮湿闷热的天气，来到阳光强烈的陕西高原。开始时，大家都非常高兴，但很快就产生了这样一种感觉：每个人都仿佛是棋盘上的一个棋子，行动要严格遵守规则，一般不能按照自己的意志行事。

对外国记者团的欢迎是盛大的。我们像来访的大人物一样，每天都参加宴会。不过，既然我们的目的并不是参加社交活动，我们还是利用宴会之间的间隙去采访重要人物和重要地方。

在西安掌握军政大权的胡宗南将军不在这里。在日军占领平汉线之后，他带领一部分军队开赴前线，以阻止日军向陕西方向前进。这是他们第一次实际参战。他的参谋长罗子凯（译音）少将断然宣称，共产党"并没有打仗"。他向我们保证，他是代表胡宗南讲这番话的。

西安是一个警察城市，这个特点随处可见。当我们这些外国记者去访问共产党领导的八路军（据说是公开的和合法的）在西安的办事处时，我们发现，它所在的那条街道空无一人。国民党特务的监视无处不在，每一个敢于在那条街道上行走的人都可能被怀疑同共产党进行秘密联系。我们是乘坐人力车去那里的，后面有一些骑自行车的人尾随着我们。他们伪装得很可笑，原先没有戴帽子，由于我们经常往后瞧，他们戴上了宽檐帽。

尽管控制得很严，实际上仍然有空子可钻。国民党做出了种种努力来孤立和隔绝八路军办事处，然而，令人惊讶的是，他们对我们在这个城市活动的情况竟然了如指掌。"你们昨天去英国传教士大厦，谈了些什么？""听说你们向省长提出了一些难以回答的问题"等等。

西安这个反共堡垒看来并不是铁板一块。在我们参加了专为我们安排的反共青年集会以后，那个措辞最激烈的主要发言人来到我们住处的房间，悄悄对我们说："今天你们听到我们说的那些话，全是胡说八道。"他这样做需要有很大的勇气，如果被人告密，会遭到严刑拷打，甚至还会掉脑袋。过了好多年，我才知道，这个年轻人名叫陈忠经，他是地下党员。在中华人民共和国建立以后，他公开了身份，成为著名人物。在西安，他是胡宗南（他统帅的军队封锁着共产党地区）办公室的人。当时20来岁的熊向晖也是地下党员。他后来在中华人民共和国担任过许多要职，例如，新中国的驻英代办，后来在周恩来的领导下参加同基辛格的秘密谈判——这次谈判促成1972年尼克松访华，使美中关系解冻。

在西安，国民党特地向我们展示了一个反共见证人，他是延安地区八路军的一个逃兵。这显然是真的，但他太老实了，以至对他的展示者没有什么用处。他说，他曾经三次试图逃离共产党领导的军队，两次被抓回去，只有第三次成功了。为什么他如此急于逃走呢？作为一个士兵，他希望打仗，但是，却让他劳动。他指的是，延安地区的军队垦荒种地，以满足部队、干部和学生的需要。他被抓回去后，关禁闭没有？挨打没有？他说没有。他抱怨说："但我受批评了！"他并没有证实国民党关于中国红军如何残酷野蛮的说法。

国民党在宣传上的另一个失败，就是安排我们参观"劳动营"。据说，共产党员和他们的同情者在这里接受温和的教育，以便改过自新。关在这里的人大部分是10来岁或20来岁的青年学生，他们是在去延安的途中被抓的。他们的住处刚被粉刷一新。他们的回答显然是经过授意的。如果谁敢于发表不同的说法，那就要遭殃了。但是，有一个年轻人仍然设法使我们知道了一点幕后的情况。我们问他，在劳动营通常待几年。他提供了标准的回答："2年。"但是，当我问他，他自己在这里待了几年时，他小声说："4年。"

甚至在外国记者中间，包括保守的沃陶，对此也留下了痛苦的印象。在这里所产生的怀疑后来在延安得到了证实。

沿着重庆当局安排的路线，我们还要在国民党的地区盘桓几天，才能最后进入延安地区。在这个过程中，他们继续向我们灌输一些他们的看法。

在陕西的大荔，欢迎我们的代表团据说来自社会的不同阶层，他们照例一致赞扬当地的形势，并谴责共产党。一个穿着贵重的丝绸马褂的"农民"代表引起了我们的怀疑。他为了消除我们的怀疑，用他的手杖演示，他在田地里是如何使用锄头的。

随后，为了说明国民党是怎样挡住日军的，我们被带到黄河边的潼关，对岸就是日本侵略军，双方有时近距离互相打炮。在那里，我们见到了著名的将领胡宗南。他日常的主要工作是对延安实施封锁。他个子不高，显得有点瘦削，神经质，似乎在模仿拿破仑的形象。他只谈到潼关是抗日前线。

在当地他的总部吃饭的时候，他的副官蒋纬国（蒋介石的小儿子）为我们敬酒。在这方面，发生了一件国民党为了维护形象的趣事。老蒋提倡一种清教徒式的生活方式，下令他的军官不准喝酒。因此，当我们的报道送交重庆的新闻检察官审查时，不允许提到老蒋的儿子喝酒一事。重庆的检察官同邱茉莉争来争去，最后建议改动一下措辞，才算通过。改动以后的文字是："在司令官的指示下，蒋副官敬酒。"这样，国民党就算保全了面子。

我们的下一站是在黄河向北大转弯以后的东岸继续前进到岢岚坡，接受更多的反共教育，然后进入延安地区。岢岚坡是阎锡山在山西老家所剩下的最后一个堡垒。阎锡山这个狡猾的老军阀，居然想方设法在推翻清朝君主的辛亥革命以后，一直保持着自己的政治地位。这块地方是一个1000米高的山头，叫作岢岚坡。在我的一本通讯集中，我把它叫作"阎锡山将军的奇妙山头"。

这位年迈的将军（他喜欢人们尊称他为"老帅"）在牢牢掌握地方政权方面，有着无与伦比的本事。几十年来，他确保不让竞争对手的军队进入他的地区。山西有着丰富的煤炭资源，以当铺为基础的钱庄业很发达，这里铺设了比全国通用铁轨狭窄的专用铁路，还有一个巨大的兵工厂。在日本侵华以前，他长期巧妙地周旋于觊觎全国政权的军阀之间。在1937年日本发动侵华战争以后，山西的一部分地方被敌人占领，一部分地方被八路军收复，他设法对付这两种力量，以便在战后能够生存下来。在此期间，他经历了许多曲折，在同八路军的交火中赢得了一些胜利。他梦想建立一个像他自己那样的社会行政王朝，不过，要乔装打扮得具有革新性。他向我们介绍了他这方面的观点。

在待了4天以后，我给邱茉莉写了一封信：

阎锡山在这里建立了自己的世外桃源。在这个山头上居住着1万人——军政官员、纺织工人等以及军队，全都住在山洞里。他们通过以下办法维持生计：下乡从农民那里征集粮食和棉花，越过黄河大桥，去河南省贩运日货谋利，每人每天从事四小时园艺或纺织等生产工作。除了正规的工资外，他们还用自己的业余时间劳动，赚取"合作券"货币，用以购买别人的劳动产品，如布匹、鞋袜等，以及用很低的价格购买进口商品。虽然这里有电灯、卡车（由马帮驮运来的零部件组装而成）和其他从全国各地运来的现代化用品，周围的农村却是一片荒凉。岢岚坡本身实际上像个中世纪贵族的城堡，由老帅统治着他的世袭领地。他和他的扈从依靠到附近农村地区征收税捐，以维持生活。他希望，等到兵荒马乱的日子过去以后，重返他的省会太原。

在这里，没有上帝，只有阎锡山，学校和办公室都挂着他的画像。他提倡的是"新经济制度"和"农兵合作制"（两个耕田的人养活一个士兵）。除了他的指导思想外，任何别的思想都不准进入这里。留学美国的大学教授、博士、工程师、军政官员等都以他的哲学为依归。此外，这里还不准吸烟、喝酒或犯其他一些罪行，如有违反，轻则劝戒，重则命令自杀。

阎锡山说，他找到了"对付共产主义的对策"。条件成熟时，他将广为宣传。这个对策就是：把土地分配给每个人，把他们束缚在一块田地上，如果他们离开，就将把土地收回。这样一来，支持共产党的无产阶级"作为一个阶级就将被消灭"，就不会有到处漂泊的流浪汉去参加"非法军队"了。这个制度可以提供充足的兵源，因为每两个农民必须养活一个士兵，供应他所需要的一切。

"阎老西儿"是有名的著作家，撰写了许多书。我们每个人都得到了厚厚的一摞。我在写稿时，他的副官又拿来了一本新书，书内有四个小标题：《阎帅的宇宙观》、《阎帅的生活哲学》、《博爱和正义的政治原理》和《按照兵农联盟的原则组织起来》。

黄河对岸西北大约15英里处有八路军，而东南20英里的地方则有日本人。阎锡山同他们都有贸易来往。阎老帅有时同八路军发生摩擦而打起来，现在有一处正在发生冲突，不过离这里比较远。他说，如果共产党抓住他的人，他们让他学习一个月，就把他放回来了。但是，如果他抓住一个共产党员，他让他学习一个星期，就把他放了，因为他相信他的理论比共产党的更加强有力。

明天我们就要渡过黄河进入共产党地区了。今天，这里有人警告我们说：不要把文件放在行李袋里，而是要随身带着，因为共产党要进行彻底搜查以后，才会放行。我们问为什么会这样做。他说："有一回，他在重庆外交部招待所住，他们就检查了我的东西。在那里尚且如此，更何况共产党。"

山下的黄河只有40码宽。上游的宽度四倍于此，然后慢慢变窄，形成一个漏斗状的河床，当地的居民说有三英里深。究竟有多深，不得而知，反正水多得不得了。不过，无法利用，不能发电，因为淤泥太多，会弄坏涡轮机的。

我们乘一艘平底木船渡过黄河的奔腾激流。船上可容约50人，有16名船夫都伸腿坐着，几个人划一支桨，运用全身力气，齐声高唱号子，那种雄浑高亢的声音令人终生难忘。（这个号子是中国杰出的声乐作品《黄河大合唱》的基调，后来我们在延安听到一二百人高唱这首歌曲，内心感到无比巨大的震撼。）

只用几分钟我们就过了河——进入另一个世界。同我们前些天在陕南国民党地区所遇到的情况不同，这里没有事先准备好的旗帜和横幅标语，没有奉命行事的人群，一面跳跃，一面欢呼，好像我们这些来访者是罗斯福和丘吉尔的混合体。来迎接我们的只有两个农民模样的人，一个年轻，另一个有了胡子。他们同我们握手，说是乡政府派他们来的，然后引导我们爬上山头，进入一个村子。村里是在黄土高原上常见的一口口窑洞，我们住进了其中一个窑洞，窑洞里有一个很长的炕和一个炉灶。窑洞前是一个院子，养着一头奶牛、一头驴子和一群鸡。

第二天一早，一位军人骑马来到，他穿着一身沾满尘土的灰色制服和一双草鞋，大脚趾上缠着绷带。他自我介绍说，他是陕甘宁边区南部警卫部队司令员王震，已为我们备好马匹。他是一位将军，但身上没有任何显示军阶的标志，看上去同一个普通士兵一样——他在仪容和态度上同那些穿着量身定做的军服、戴着白手套的国民党军官们显得多么不同。

一小时之后，为我们准备的马匹来到，以便我们西行。同时，我们第一次见到了八路军的战士——脸被阳光晒成古铜色、笑嘻嘻的一群小伙子，有的着装比王震将军还好。他们中不少人背着日本的三八式步枪或佩着日本军官的指挥刀，这些武器在中国其他地方的军队高级司令部里是作为战利品陈列的。

王震带着这支队伍是从很远的地方急行军赶来迎接我们的，因为原定我们进入边区的地点并不在这里（记者团中的国民党分子后来吹牛说，他们是故意改变渡河地点的，以使共产党毫无准备，不得不带我们经过一些会泄露"红色秘密"的地方。他们后来造谣说，他们一路上看到种植的罂粟，用以制造鸦片）。王震这支队伍曾转战河北、山西等地，后来才调回边区担任警卫。他们说，他们的三八式步枪和指挥刀当然是在作战中从日军手中缴获的，然后用来对付敌人。你可以想象：这些小伙子虽然出入于枪林弹雨之中，不过使脸黑了一点、汗多了一点，却始终带着微笑，始终珍爱自己的武器，始终让子弹带上缠着红布条（这是老红军的传统），始终保持着那种带有警惕性的高度好奇心——在最初的一小时之内，他们向我们记者团问了许许多多关于外部世界的问题。

我们当时还不知道王震的经历。他原来是一个铁路工人，后来成了一名革命战士。他所率领的三五九旅不但早在十年内战的红军时期就战功卓著，并且在边区以开垦南泥湾而著名。南泥湾位于延安之南，原是一片野兽出没的荒原，他们把它开垦出来，种植谷物、蔬菜和棉花，以供部队衣食之需。后来我们曾去那里参观，听说部队开拔后这片新垦区就交给了当地农民。因为部队可以自给自足，所以这里的农民本来并不需要交纳公粮来供应军需。

回过头来再说我们记者团的行程。我们一行骑上马，一会儿上山，一会儿下沟。一路上我们看到了发扬南泥湾精神的大生产运动已经使原来以贫瘠著称的边区大变样。每一座原来荒芜的山顶和坡地都已种上了小米、小麦、豆子、亚麻或棉花。这一带在国民党实施封锁以前，是不种棉花的，所以有两年边区人民几乎弄得衣不蔽体，去年的情况就不同了，边区的棉花半数可以自给。农民现在都愿意种棉，因为边区政府规定头两年所收获的棉花可以免税，还进行了广泛的宣传，告诉人民种棉是为了满足人民生活和坚持抗战的需要。农村供销合作社（边区总人口150万，其中25万为社员）负责以合理价格收购全部棉花，如果供销合作社有余棉则由边区政府收购。

（我们后来看到，大生产运动除在陕甘宁边区外，还推广到共产党领导的其他敌后抗日根据地，同样减轻了当地物资缺乏的困难，并成为取得战斗胜利的重要因素之一。）

田间耕作是以"变工组"的形式来进行的。耕地属于个人，但农民们组成了许多"变工组"，在各户的土地上共同耕作，还共同开垦荒地，垦荒所得收获平均分配。这样，土地虽仍私有，但劳动已集体化了，并且随着荒地的开垦，这些新开垦的土地也逐渐成为集体的财产。"变工组"不但加快了播种和收获的工作，并且节省了往田间送饭的劳力，过去单干时每家每户都要有妇女往田间送饭，而今只要有一个人给全组的人送饭就行了。妇女也都按合作社的办法组成纺纱组。这一切节约劳力的举措可以在必要时腾出一部分人力和畜力来从事运输及其他工作。

我们一路上所遇见的农民看来都能丰衣足食——有的人衣服上还打着补丁，但没有衣衫褴褛的样子。在中国的其他地方，老百姓一见到大兵就躲开，如果躲不开就愁眉苦脸地瞪眼看着他们，但在边区，在我们这支队伍休息的地方，景象就完全不同。老百姓看到护送我们的八路军战士就上前去同他们交谈，打听我们这一批"奇奇怪怪"的人是来干什么的，送热水给战士们喝，并且不用吩咐就主动去照料马匹。我们总的印象是，老百姓对待这些战士们就像对待

出门在外的自家人，要让他们好好休息，还要他们开心。

我们一行人骑马走了好几天，每天都学到不少东西。

进入边区不久，发生了两件事情，很实在地显示出国民党仍旧在我们身边，其代表人物是谢保樵（我们这个中外记者团名义上的头头）和他的几个亲信。但在边区，他们虽然想按他们的意志行事，却未能如愿。谢一见到王震就对他说，记者团所有成员都由他管理，不允许单独行动。谢还说，这次来访的外国记者都是些不知天高地厚的蠢货，对中国一无所知，只想写一些有害中国统一的轰动性报

毛主席与延安军民在一起

道，以增长他们在银行中的美元存款。谢还向王震透露这样一个"秘密"——记者团的外国记者中有三个是犹太人，犹太人贪财是臭名昭著的，而且他们无祖国，所以别指望他们会理解民族斗争。谢的劝告是：共产党在所有事情上都应该依靠他，让他来引导他们走出迷津。

但是，同谢所预期的相反，当天晚上王震就把谢的这个拙劣的阴谋告诉了我们。他气愤地说，如果由着他的性子来，他会当场就把这个姓谢的一枪撂倒。他直截了当地对谢说，他打国内的法西斯，打日本法西斯，已经打了15年，他决不会听信像谢这样的人所宣扬的法西斯思想。

第二件事是我们团里的一个国民党中央通讯社记者忽然大声嚷嚷，说他在经过的路上看到了种在地里的罂粟。王震听到后立刻提出：这个记者可以由陈家康（周恩来的秘书，他精通英文，这时正陪同记者团）陪同，立刻骑马回到他看见罂粟的地方去，采集一些标本回来。他需要花多长时间都可以，记者团仍继续前行，他可随后赶来。这个记者知道后果不妙，表示拒绝，但从此也就不再提种鸦片的话了。

两次挑衅都以失败告终。后来，虽然谢还制造了一些麻烦，但到底也没搞出什么名堂。

我们到达的第一座县城名叫古林（音译），一位农民出身的县长来迎接我们。他几年前还是文盲，现在也只能写简单的报告，但他对县里的情况了如指掌，我们提出的每一个问题，他都回答得很详细，谈到农民们开垦了多少荒地、生活改善了多少，脸上就露出笑容。

他还很得意地向我们介绍了一位"劳动英雄"，他不但带头开荒，还帮助安置从邻近的河南省逃荒来的难民（边区需要劳动力，所以凡从外地来的移民都分给土地，以长期贷款的方式供应他们种子和农具，头三年免交公粮；当地农民帮助移民安置有功者会受到政府的表扬）。这位年已60而身体壮健的"劳动英雄"对我们讲述了他自己的生活如何得到了改善，还有他去年到延安参加"英模大会"的情形。在这个会上，他学到了关于安排活茬和组织劳力的一些新方法,看了一场电影,同毛泽东握了手,领到了奖品———一套新衣服和一双新皮鞋。他过去没有地,但后来分到了地(边区的某些地方在1935年前红军曾实行分田,但以后就停止实行这一政策了)。他虽然到现在仍几乎一个大字不识,但并非不明世事。他问了我们许多问题,关于法西斯主义和欧洲,关于苏联境内的战争,关于开辟第二战场的时间,等等,他还询问国民党为何不通情理,不让棉花、药品等进入边区。

那位农民出身的县长向这位农民劳动英雄逗趣说:你现在的地位高升了(劳动英雄有权出席县政府的会议,代表自己或村民提出建议,所以事实上成了县政府的成员)。老英雄也半开玩笑地回敬说:你这位县长干得也不赖,在上次大生产运动中,为了把所有的人都动员起来,带头给地里送了不少肥。他在这里已经住了那么长时间,对过去祖祖辈辈的事也都了解,谁听说过县长会干这样的活?

我们一路上看到农民们用的新农具感到惊讶——锄头和深耕用的犁铧都是用优质的铁做的,有的用钢。边区有几个小工厂专门生产这些农具,兵工厂也把生产农具作为副业。为了破坏日军的交通,八路军在华北拆毁铁道,把钢轨千里迢迢地运到边区。边区政府为了发展生产,不惜把这样来之不易的钢材用于制造农具。在边区,农民的生产工具和部队的武器一样都来自对敌人的武装斗争。

下一站我们到了延长,看到了油井和炼油厂。有三口井还在出油,另外正在挖掘一口新井,因为挖掘的深度不够,产量不高——工人们运气不好,把一套钻井设备丢失在一口废井里了。

我同工人们在井口,在他们的俱乐部里聊天,这座俱乐部是这一带最好的建筑物,屋顶装饰着一颗红星。工会主席是从新加坡回国的老海员,管理着矿上所有的柴油机。他在这里已工作多年。油矿原来归美国人所有的美孚石油公司,后来到了国民党手中,最后则为红军(八路军)所有。他说:"红军游击队到来之前,矿上有从南京来的工程师,从上海来的工人。他们知道我想学会使用柴油机，生怕我学会了把他们挤掉，所以他们拆卸时把我轰了出去。现在我已经学会了。我们工人之间现在完全不用担心本事被别人学了去，自己就会失业，你要是有本事，又肯干，你当全矿的经理都可以。"

他还告诉我们："工人的工资用现金发放，但工资的数额是按小米多少斤来计算的。例如，工资如果是1担（100斤）小米，那么这个月就发给你边币（边区的货币）2万元。如果下个月小米的市价涨了，你的工资就会多一些。这里说的市价是指自由市场的价格（这里的市场不受政府控制），所以工人的实际收入不会因市场价格的波动而受影响。"

这里的小炼油厂原来已残破不堪，边区政府把它恢复了起来。我们看到一些很巧妙的临时应急的措施。例如，他们需要有一根两英寸的管子，用于冷凝器，但没有这样大小的管子。于是，他们把一段10英寸的管子套在另一段12英寸的管子里，两者的空隙正好是2英寸。炼油厂的经理曾在一条英国海轮上当过钳工，工程师曾在上海圣约翰大学上学，我们记者团里的毛里斯·武道曾在那所大学教过书，在这里遇到他的学生，感到十分惊喜。

这个厂生产煤油、合格的汽油（供应这一地区20多辆卡车使用）和优质的蜡烛（同战前英国壳牌石油公司的产品不相上下）。汽油和蜡烛，还有盐巴，是边区几项用来同外界贸易的主要产品，以换取边区所需的物资。国民党对延安地区是实行封锁的，如果有人把禁运的物资偷运进去，抓到了可能会送命，但由于利润很大，所以商人们还是不惜冒很大的风险（包括行贿的费用等）。

早些时候，我在重庆曾听说过关于这个小油田的一些事情，讲中共怎样按照统一战线的方针用它的设备帮助国民党，但这些事情因为国民党的新闻检查而未能传播到国外。在延安，他们也没有对我们谈起这些事情。

我是在1942年听当时《时代》杂志记者西奥多·H.怀特（白修德）说的，根据我当时所作的记录，事情是这样的：

著名地质学家翁文灏是国民党战时政府的经济部长。他曾告诉白修德，当

1938年准备开采甘肃玉门油矿（当时国内最大的石油供应来源）时，西北唯一的一部钻探设备在延长，而延长在十年内战中为中国红军所占据。国共合作抗日开始后，翁便跑去找周恩来要这套钻探设备。周不假思索地回答道："当然我们愿意交给你们。我们一直把它保存着，以应国家的需要。"设备很快就移交了。

但当白修德把这条消息发给《时代》杂志时，却使国民党宣传部副部长董显光——他也是对外国记者进行新闻检查的主要负责人——勃然大怒。他把白修德叫去，对他宣布："这条消息不能发。你不知道共产党会利用它在海外作宣传吗？"

"这是（经济）部长告诉我的。"白向董说明。

"可能部长说了，但他无权向一个新闻记者泄露国家机密。如果他愿意为散布这一消息在蒋委员长面前表示承担全部责任，那也可以。"

爱泼斯坦在延安

211 — 外国记者、国际友人看延安

说到这里，董抓起电话同翁通话。翁承认是他把这一消息告诉白修德的，接着突然问道："我要知道他是怎样写的——他写了石油生产的数字吗？"

"是的。"董说。"当然有一些数字。"

"那么。"翁说。"你最好把这消息扣了。我们不能公开这些数字。"这样，他既保住了自己的面子，也化解了一个尴尬的局面。

边区位于陕北经济落后的地区，工业还处于萌芽状态，但在有些方面正在力求发展。我记得记者团在参观一家合作社时，有人老向我们询问，在我们本国肥皂是怎样制造的，当我们抱歉地说不知道时，他们就向我们投来又轻视又似乎觉得我们可怜的眼光。像这种连怎么做肥皂都帮不了我们忙的人，算什么知识渊博的国际记者呢！在参观广播电台时，我们碰到的则是高深一些的技术问题了。他们向我们要使用过的香烟盒里的锡纸，说是可以用于制作电容器。

事实上，在边区，凡是力所能及的事都在做。边区政府有一个工业局，其中有一些水平相当高的工程师和科学家，他们来自国内其他地区，正在研究本地区的资源并着手加以开发，以满足当前和今后的需要。边区目前虽然没有飞机，但有一所飞行学校，有时可以看到这所学校的学生们在街上推动或旋转手上的木制小飞机模型。

因此，在此后不久给邱茉莉的一封信中，我兴奋地这样写道：

这个边区不光是一个有关英勇的人民被封锁的悲惨的地方，而是一个小规模的伟大的国家。它又是许许多多比它大很多的地区的后方基地，所以还不能说它的规模很小。这里进行着的活动恐怕比中国其他任何地区都更为丰富多彩，而且可以肯定，这里的人民也比其他地区真正积极得多。他们充分相信，他们代表中国，代表中国的未来。他们并不这样说，但从他们充满自信的语言和行动中，从他们的每一次微笑和表情中，都可以清楚地看到这一点。我已经实实在在地深信，延安是中国未来的缩影，在下一个十年里将证明这一点。

"自给自足""自力更生"是这里的口号。毛泽东的烟瘾很大，他自种烟

纺线比赛

叶。总司令朱德爱吃蔬菜，他自己开了一块地，种植质优味美的番茄。我们记者团回重庆时，他把自种的番茄送了我们好几筐，这不但使我们这些记者享受到这些好吃的鲜果，还使我们产生了关于边区的新的认识。

采访中共领导人

我在延安访问过的中共领导人中，最杰出的无疑是毛泽东——当时是这样，在历史上也是这样。

在延安，毛的个人作风是平易近人、十分简朴的。他常常会步行在尘土飞扬的街道上，不带警卫，同老百姓随意交谈。在集体照相时他总不站在正中的位置上，也没有人把他引导到这样的位置上（同我们中外记者团合影时就是如此）。他随便找个地方站着，有时在边上，有时在别人后边。在单独访问他时，他不设时间限制，有时会延续好几个小时，因为对他问完了所有问题之后，他喜欢"反客为主"，转过来对访问者提出一些问题，问问他们所了解的情况和所持的看法，以扩大或核对他自己的视野和知识。我们曾有几次和他共同进餐，同席的还有其他领导人，都没有什么礼仪或规模，大家散坐在两三张小方桌旁，谈话很方便，食物也极简单。我们即将离开延安时，他同一两位同事到我们所住的窑洞招待所来道别，并且送我们每人一张他签了名的相片。这是在延安石印的，神态很好，充满睿智。这张相片我一直珍藏着，1945至1951年在纽约时挂在我住所墙上，后来我回到北京仍挂在我住所墙上，直到现在。20世纪40年代，在印度、英国和美国都曾举行过关于中国解放区的展览会并邀请我去作讲演，我总是把这张相片借给他们展出，使那里的人们可以"见到"毛主席。

在延安时，我们对于他那种"好整以暇""举重若轻"的态度都有深刻的印象。他肩负重任，公务繁忙，承受着巨大的压力。以他为首的中国共产党领导着十几个敌后抗日根据地，战斗不断，行政管理千头万绪。在同国民党的错综复杂的关系中，他是最主要的决策者——要抵挡国民党的进攻，又要避免发生内战，还要促使它更好地对日作战。在理论性著作中，在党内的争论中，他规划出未来的国内和国际政策。他同蒋介石在仪态上的反差真是再强烈不过了。在重庆，蒋介石总是在摆架子，显得不自然、神经质、紧张，说话哼哼哈哈，他坚持要"事必躬亲"——从训斥部下将领到接见每一个奉派出国的国民党官员（据说在接见时还让一个相士躲在幕后给这个官员相面，看他有无不妥或不忠的迹象）。毛则相反，他当时显然很善于把职责分散下去。抗日根据地分散在全国各地，地理上既相互隔绝，交通通讯又极端困难，由中央直接具体指导各种军事和政治措施是不可能的。中央的各项总方针是必须理解和遵守的，但每个根据地可以决定各自的行动，这样就使一致性和主动性达到了充满活力的结合。

下面是中外记者团 1944 年 6 月 12 日在延安会晤毛泽东时，他所发表的谈话（当时的英译文）：

我们有一个共同目的，就是打倒日本军国主义分子及世界上所有的法西斯。为了这一共同目的，你们到这里来了。这里是中国的一个偏僻的角落，既荒凉，从历史上来讲又相对的落后。但在这里你们可以亲眼看到一种坚强的决心，那就是中国共产党和国民党要肩并肩地共同打击日本。你们会亲眼看到我们在这里正在抵抗日本侵略。

欧洲第二战场刚刚开辟。这件大事预示着德国希特勒的灭亡，以及日本的最后失败。整个中国都欢迎这一发展，我们中国共产党也很欢迎。希特勒和日本垮台之后，世界将成乐土。在中国，随着欧洲开辟第二战场，我们这里的工作会开展得更有成效。中国所有抗日力量应该团结得更紧，加强我们自身的力量，配合欧洲和太平洋战场的胜利，比以前更加努力工作以粉碎日本军国主义。

在这种形势下，你们新闻界应该关心中国内部的情况。在这里我要讲几句话，强调团结的必要，并说明我们的态度。

首先，我们支持蒋介石坚持国共合作，为了打败日本法西斯并创建一个独立、民主的中国这一共同的目标。这是我们坚持了许多年的方针，现在也仍然坚持。我们必须如此，因为这是中国人民的共同愿望。

中国的缺点，并且是很大的缺点，归根到底一句话，我们需要民主。假如我们有了民主，中国的事情就好办了。抗日就可以加强，在胜利以后，我们就可重建中国。假如我们现在实现了团结和民主，未来就有保障。中国需要保持全民族的团结，但是只有民主，团结才有保证。

我以上所述概括了我们对国内、国际形势的观点。

接着，毛回答了记者们提出的问题。

关于正在重庆进行的国共两党谈判，他说："我们希望谈判有所进展并能解决实质性问题，然而直到目前为止，还没有什么结果。"

对于"中国共产党是否认为第二战场开创了世界新局面？对这一新局面，共产党是否将发表一项声明？"这一问题，他回答说："真正的转折是随着1942年11月苏联斯大林格勒反攻胜利而出现的。第二战场的开辟标志着一个新的阶段、新的机遇，但不是真正的转折点。我们的报纸已经阐明了我们的观点。"

（《解放日报》在此之前曾发表一篇社论，指出欧洲第二战场的开辟确实标志着一个新阶段，如同苏联在斯大林格勒的胜利一样。这两件大事都是所有反法西斯国家大合作的体现。在1942年11月红军发动反攻前，反法西斯的国家遭受失败和退却，法西斯势力呈上升趋势。之后，形势急转直下，盟军在北非，接着在太平洋上停止了后退，转为反攻。）

毛说："斯大林格勒战役后红军开始反攻标志着全世界形势的转折。在欧洲开辟第二战场是向法西斯反攻的一大新步骤，没有这一步骤，我们不能摧毁轴心国。因此我们可以讲，此举打开了一个大反攻的局面，对欧洲、太平洋以及中国的形势，都是至关重要的。"

今天，在事隔几十年之后，人们仍然会注意到：对于欧洲第二战场，他没有采取西方的看法，也没有采取苏联的看法，认为第二战场本身决定全世界的命运。他当时就把重点放在未来，放在各个国家反法西斯力量的主动性上。

用同样的思路，上引那篇社论（可能就是毛本人写的，至少是他审定的）推断，第二战场将加速欧洲战场的胜利，以后盟国的武器和人力将可能转到远东来。这样，第二战场将为中国创造一种较好的形势，但是中国必须依靠自己的努力来利用这一形势。如果中国只靠外在的因素，那么它本身的问题仍然不能解决。

有一位中国记者提出了"中国共产党对国民党和其他政治团体有何希望以及自己将有何作为"的问题。毛回答说：

抗战时期延安的宣传口号

"我们一定要以民主配合抗击法西斯，只有这种配合才能产生力量。中国的军队也需要民主，如官兵之间、军民之间、各级指挥部门之间、各个部队之间。假如能做到这一点，我们的部队就可团结得如同英国、美国及其他民主的军队一样。我们在各个领域都需要民主，政治方面、经济方面、文化方面、思想方面、出版和艺术创作方面。只有当文化和人民结合起来，它才能被广大群众所热情接受。

"在各个党派内部，在不同党派之间的关系上也必须要有民主。国际方面，必须有国家内部和各国之间的民主。我希望外国和我们的外国朋友对中国采取一个民主的态度。只有当我们有了民主，我们才能巩固我们内部的团结和国与国间的团结，打赢这场战争并建立牢固的国际关系。

"只有建立在人民基础上的团结才可称之为民主团结，或曰民主集中制。这一民主制度是坚不可摧的。简言之，这就是我们寄希望于国民政府、国民党、我们的同胞和全世界朋友们包括法西斯国家人民的。

"战后的国际联盟（指未来的联合国组织——译者）需要在民主基础上建立。

"总之，在一切方面我们都赞成建立在民主基础上的团结。"

后来我同毛泽东又有过一次单独的谈话。这次谈话不作报道，我也没有作记录。我向他转达了宋庆龄的问候。那时宋是保卫中国同盟主席，我是"保盟"的干部，所以我就"保盟"如何能够最有效地帮助解放区的问题（国民党对解放区实行封锁，禁止运入药品和其他救济物资），征求他的意见。他给了我一张所需物资的清单让我带回去。

毛主席在交谈中询问了国外的一些情况。他听说我为多家传媒撰稿，其中有一家通讯社是专向美国工会报纸发稿的，就问我美国的"劳工联合会"（简称"劳联"）和"产业工人联合会"（简称"产联"），哪一家的会员人数更多一些。那时这两个组织还是对立的，后来才合并。我比较倾向于发展很快的产联，因此就说产联多一些。他说不，还是劳联人数多。事实证明，他是对的。这件事说明，他虽然身居延安的窑洞，但对外部世界的情况还是相当了解的，而且他在同别人讨论任何问题之前一定是充分"备课"的。他还问到为什么美国共产党当时的领导人白劳德要解散美共，把它改组为一个"政治团体"，以便在美国两党制的架构中活动。我引用了报纸上发表过的白劳德自己的解释。毛问道："那么，一个工人阶级的独立政党的原则性到哪里去了呢？！"虽然他没有说下去，但显然是不赞成。这是在法共等外国共产党批评白劳德的行动丧失原则的几个月之前。

现在我想简单地谈一下毛泽东是怎样展示和分析问题的。

有一个方面是给人印象最为深刻的，那就是他能够把十分复杂的战略思想用极简单又极深刻的话表达出来，即使没有文化的人也能理解他的话的意思和道理。这不是某种把事情简单化的手法而是一种才能——他的头脑非常清楚,又能简明形象地去说服别人。他一生的经历从当教员开始不是没有好处的。

举一个例子。1945年第二次世界大战结束时,共产党领导的部队开进了许多中等城市。在以前的20年里,这些部队从来没有进过城,所以当1946年内战开始时要他们撤出这些城市,他们很难接受。但当时的形势又非撤出不可。毛泽东用一个很简单的比喻就使他们很快信服了。他是这样说的:

> 你设想一下,你在等车到别处去。一个强盗来抢你的行李包裹。你是不是该拖住每件行李不放呢?最好别这样做。让他把能拿的都拿去,甚至于你还要他把所有的东西都背上,两只手也都拿着东西。等他摇摇晃晃想走,一拳打在他脑袋上,他和所有的东西就都让你拿下了。

这段话在实质上就是用来粉碎国民党军队的取胜的战术。国民党军队要分兵把守新占领的城镇,兵力分散便难以运动。解放军灵活机动,没有包袱,可以到处破坏交通并在必要时集中兵力作战。最后解放军以最小的代价收复了失去的城镇,国民党守军则被俘或被歼。

毛用抓跳蚤打比方,说明在作战中灵活性和主动性的重要。他说:愚蠢的敌人用十个手指来按住十个跳蚤(比喻解放军的小部队),然后我们的主力部队就可以一个一个地把敌人的"手指"砍掉。

至于军需供应,一支有效率的、机动的军队可以一点一点地从敌人那里得到。中国人民的军火库在美国和英国,蒋介石是运输大队长,替我们把军火运来。这是毛在过去红军时期说过的俏皮话。

毛的"农村包围城市"的理论概括地说明了在农村人口占90%的旧中国所必须采取的方略。

在抗日战争初期,毛就预见将有三个战略阶段。第一个阶段,有着优势装备的敌军前进,中国军队撤退或转向两翼。第二个阶段,双方主力相持不下,中国的游击队渗入敌后。第三个阶段，中国军队能转而进行反攻。

在政治上，同军事相配合，使敌人和投降派在国内和国际上越来越陷于孤立，不断地动员群众抗击侵略者。最后，在盟国数量日益增多的情况下，使中国的兵力增强到能反攻取胜的水平。

这些理念使战士们心中有了明确的方向，其力量抵得过许多师团——在撤退时防止产生悲观情绪，在相持时不会使思想停滞——并且指明了胜利的道路。

7月中旬我在延安访问了中共领导的部队的总司令朱德。下面是我当时的记录：

>朱德将军本人是一位身材结实、步履稳健、年纪58岁的和蔼可亲的人。他有一头浓密的黑发，宽宽的脸庞，一双大大的安详的棕色眼睛，加上他富于理解的质朴，使见到过他的美国人不同程度地想起亚伯拉罕·林肯的主要特征。从外表看不出来他是一位勇猛无比的军事将领，一位世界知名的、经历过许多次最严峻最残酷的军事行动的战略指挥家。看上去他更像是任何人的父辈，在辛辛苦苦干了一整天的活儿以后，心满意足地回到家里，解开衣扣，放松地靠在一边坐着，笑眯眯地和你交谈。这种谈话充满了他丰富的朴素的智慧，这是他从自己常年对各种事物的深刻了解中所得出的。所有这些特点都很适当地集中在他的身上。

下面是我问朱德将军的问题和他的答复。

一、你对当前中国的军事形势及其发展有何看法？

中国和日本的战事已持续了七年，我们仍然致力于挫败正在进攻的敌人。虽然目前是反攻的大好时机，但我们的力量还不够充分。谈到敌人和我方的形势，我们发现日方在政治上正陷于孤立并处于一种日益增加的、不利于他们的全局形势之中，而它还在极力巩固其占领的大片领土，期盼着某种新的国际形势的转变。这种巩固表现在军事方面，就是日本企图打通大陆交通线，切断中国同盟国的军事联系，并把威胁日本的盟国空军基地往后推。经济方面，它打算利用我方的资源支持它在中国的战争。在游击战争开展得不好的地区，它取得了成功。相反，在我们建立了游击根据地的地方，它遭到了失败。我们经常破坏它的交通和生产，对其贸易实行封锁，切断它的人力、物力供应。总体来看，日本人取得了一些胜利，譬如在长江流域，他们可以为其部队取得给养。他们也可以从山西阳泉的大兵工厂得到一部分武器供应，这个兵工厂原来在太原，后来他们把厂址搬到了距离钢铁和煤炭资源较近的阳泉。

敌人正在打通北平至广州的铁路线，企图进一步渗透，这样他们就会离开大平原而转向山区进攻。那样，他们的军事力量就不得不分散，交通也会困难起来。假如我们能动员更多的人力和资源——这是必要的——我们就可以粉碎这种渗透。

说到中国，它的国际环境比之日本强百倍，但由于当前国民党政府实行的政策是试图在打击日本的同时，也打击共产党和人民的民主要求，中国人民不能适当地动员起来，国家的潜在力量也无从发挥。经济方面，中国人民的生产和金融资源也不能充分用于建立一种战时经济，而只能是为极少数人的利益服务。在交通方面，中国还没有抓住时机，利用我们伟大的人力资源对落后的技术予以补救。结果，我们不仅不能前进，在正规战场上，部队还继续遭到失败，这主要归咎于政治和经济原因。

但是我们在敌后有另一条战线。在这里，八路军和新四军十分充分地发挥了群众的力量，人民动员起来了，部队组织起来了，抗日民主根据地也建立起来了。经过七年的艰苦斗争，我们在敌后建立起一条新的战线，一支抗日的新军。正是因为敌人经常被迫分散兵力以对付我们，正规前线多年来才得以稳固。譬如洛阳，如果没有八路军在黄河北岸，就不会这么长时间仍留在中国人手里。因为在正规的前线

朱德在延安

没有采取相同的政策，也因为八路军、新四军及其他游击部队在敌后没有得到有力支持（就他们的战绩和国家整体利益而言，他们是应该得到这样的支持的），因此，中国直到现在都没能阻止日本向前推进。

关于改善形势的可能性，可以讲，目前惟一可行的战略仍是利用机动和游击战术继续对敌人进行全面的消耗战。

今天敌人的薄弱环节就是在占领了大片领土之后，力量过于分散，这就给了我们机会机动地逐个地打击其较小而孤立的据点，因此大大地将其削弱。在今天的条件下，这是中国惟一合适的战略。

我们希望中国的形势在未来能有所改善。只有当政治、经济和军事政策有所改变时，正规前线的形势才有可能改观。只有取消了半封建、半法西斯的独裁统治，建立起民主政治，才有可能把人民武装起来，大规模地开展游击战。在军队内部，应停止灌输反共思想，使所有部队都树立起一个目标，即共同打败敌人。部队里的特务制度也须取消。具备了以上条件，加上把盟国提供的武器装备分发给正规战线上的部队以及敌后战线上的我们的部队，我们就能巩固我们的地位，并且使两条战线上的部队能够同时发动反攻。

二、你认为什么是最好的同盟国战略？同盟国对中国帮助的最佳形式是什么？

同盟国的战略有两个方面：从海上到陆地和大陆进军打击日军。这符合尼米兹计划[①]，其理由是，大陆战争必须依靠由同盟国提供援助的中国的军事力量以及发展了的人民的力量。取得这一成果所需步骤之一是对八路军和新四军给以快速和相当数量的援助，使其在盟军最后反攻中得以配合作战。没有这些基础，在中国打败日本几无可能。

[①] 尼米兹指彻斯特·威廉姆·尼米兹（1885—1966），美国海军上将。尼米兹计划指珍珠港事件后，他担任太平洋舰队指挥兼太平洋地区司令官期间，在太平洋诸岛对日战争中取得决定性胜利的一系列计划。（《突破封锁延安》原注）

为了达到这一目标，负责正规战线的当局在军事、经济、政治方面的改革也是绝对需要的。

三、你是否承认在缅甸的中央政府军得到同美军一样的给养装备时，打仗也极为出色？

当然。但是这些部队之所以能吃得好、穿得好，是因为他们离开了不能给他们吃好穿好的那个军事和经济架构。同时也是因为他们离开了使他们保存力量同时打击日本、共产党人和人民民主愿望的那种政治架构，他们面对的只有一个敌人日本。假如他们再次回到旧架构下，我以为他们的战斗力就会降低。不可忽视一些表面事实的内在含义。

四、八路军、新四军如何同盟军合作？

就目前来讲，合作只能是非直接的。当日军在东南亚和盟军作战时，我们可在华中和华北加强对他们袭扰。再就是在我们根据地建飞机场，更好地营救盟军飞行员，提供有关敌人的情报，在我军控制下的河北、山东、江苏、广东沿海地区供应盟军潜艇的军需给养。然后可以从非直接合作发展为直接配合。假如盟军在中国沿海我们控制的地区登陆或从大陆南部向北进攻成为事实时，我们就可以直接以军事行动予以支持。

五、八路军和新四军需要盟军给予何种支援？

武器弹药、无线电设备、医药及技术人员。我们欢迎盟军的技术顾问。空军合作，目前可限于运送一些我们所需要的物资（从另外的交谈中，我得悉，最急切需要的武器中有轻型的、可携带的小炮，用来摧毁铁路沿线敌人的碉堡，为此，火箭筒很可能用得上）。战术上的合作可以在将来进行。①

周恩来的作风始终是实事求是、生动活泼的。他对我们记者详详细细、实

---

① 本节译文曾参考作者所著《突破封锁访延安》一书的中文版，张扬、张水澄、沈苏儒等译，人民日报出版社1995年版，"国际友人丛书"之一。——译者

实实在在地作了一次关于国共关系的回顾，从抗日战争前夕直到目前，他都亲身参与过。我们采访他的日期是 1944 年 10 月 13 日——我们刚从敌后游击区回到延安不久，即将返回重庆。在这次采访后不到一星期，突然发生了史迪威将军（时任蒋介石的参谋长、中缅印战区美军总司令）被免职的不明智之举，这是蒋对罗斯福总统提出的要求，罗斯福不幸同意了。他的这一同意对中国未来的命运是决定性的，因为从此以后，中国国共两党战后合作的可能性就为重新爆发内战所取代。他的这一同意对美国未来的命运也是决定性的：在对华外交政策方面，支持中国实现战后和平的趋势发生了逆转，转而支持和供应蒋介石打内战；在总的国策方面，这是美国同未来的新中国断绝关系长达 22 年的前奏，美国为了围堵和扼杀新中国，在外部不惜发动朝鲜战争和越南战争，在内部，从"谁丢掉了中国"的歇斯底里狂叫发展到麦卡锡主义的瘟疫。他的这一同意甚至对全世界的命运也起了决定性作用，因为这是长达数十年的"冷战"的源头之一。[1]

周恩来从中日战争发生前夕 1936 年的西安事变谈起。国民党爱国将领张学良和杨虎城对于继续进行已历 10 年的反共内战感到不满，在西安扣留了蒋介石，逼他转向国内和平、团结抗日。当时周恩来是延安派出的代表，从中调停斡旋。蒋勉强同意后获得释放，恢复了作为国家和军队首脑的地位。1937 年，日本发动全面武装侵略，中国奋起抗战，由于人民的要求，国共两党保证合作。

1940 年，国民党违反合作抗日的行动变本加厉，共产党政治家林祖涵（伯渠）携带了关于加强相互团结的"二十点建议"，从延安到达重庆。但国民党谈判代表不愿意把这一建议呈送给蒋介石，因此改为"十二点书面建议"，其余部分用口头表述。

1944 年 8 月，周恩来发表了回顾"谈判过程"的谈话。

---

[1] 请参阅美国历史学家巴巴拉·塔奇曼（Barbara Tuchman）著《史迪威与美国在中国的经验：1911—1945》（Mac millan, New York, 1971）。

国共谈判的恢复是在新形势下促成的。1944年4月以后，中国中部的国民党战线沉寂已久，这时因日军重新发动进攻而迅速瓦解。但在北方，共产党领导的部队却收复了越来越多曾被敌人占领的农村地区，从而显示出它的能力。只有在缅甸边境，在史迪威将军主持下，在印度重新训练和补给的国民党部队表现得比较出色。这样一种错综复杂的形势，加上国内和国际的压力，重庆的政局就有些松动的样子。表现之一是国民党勉强准许我们这个记者团去访问延安，稍后又有美军观察组（"迪克西使团"）因史迪威的力主和华盛顿急于战胜日本的要求而被派往延安。另外一个表现是在"国民参政会"中关于国内局势的讨论，以前所未有的深度重新展开。"国民参政会"是在国民党政府战时首都成立的机构，参政员中有少数中国共产党的代表和若干中间派政治团体的人物。

但是，由于国民党设置了无数陷阱，讨论受到很多阻碍，最后事实上趋于停顿。

周恩来在会见我们记者时对国民党宣传部长梁寒操7月26日的声明逐条加以驳斥。梁的声明故意给人一种错误的印象，似乎国共谈判进行得很顺利，两党关系已有改善。

周恩来说，现在正在谈判以往没有讨论的问题，就这点来说是对的，但是他的意见和梁所说的"种种问题大体上都解决了"的意见截然相反："我可以完全负责地说，没有解决一个具体的问题，不管多么小的问题，关于重建我们在延安与重庆之间的无线电联系、自由使用邮递、释放被捕人员、停止对共产党造谣污蔑等问题，都没有解决，关于取消封锁和停止进攻八路军和新四军这些重大的问题，一个也没有解决，连说这件事简直都是多余的了。"

最后，周恩来评论说，尽管梁说两党分歧正在解决过程之中，并且一再重申，中国确实应当避免内战，可是现实情况却与此不同。事实表明，上月对边区进行过多次袭击，即阎锡山的六十一军与日军和国民党军达成一致协议，进攻陕西的八路军，李品仙领导的军队攻击湖北的新四军部队，而这支部队营救过美国飞行员，当时还在进攻日军来牵制日军在正规前线的作战。罗茂宣（译音）率领的国民党军攻击了在广东东江地区作战的游击队。"这些事件表明，军事冲突仍在继续，内战危险尚未过去。"

他指出：总而言之，为了赢得抗日的最后胜利，国民党和共产党必须团结起来，两党之间存在的问题必须立即解决。为此，需要统治当局和国民党立即放弃一党独裁政策和那种削弱和消灭持不同政见者的政策，必须立即将民主付诸实施，两党关系必须通过民主程序达到公平合理的解决。"只有这样才能取得成功，而这是共产党所衷心希望的。"[①]

我是在周恩来的窑洞里采访他的。这里只有一张床、一张桌子、两把椅子和几个堆满了书报的书架。一个小小的发报机正开始发送第一批新华社新闻电讯。他不但关心报道的内容，当我问他所需的无线电器材如何取得时，他告诉我是他装在自己的手提箱里从重庆带来的。当时国民党当局对八路军和敌后抗日根据地连医药都不准供应，所以他常常利用经常来往于重庆与延安之间的便利，把宋庆龄主持的保卫中国同盟（我长期为它工作）所募集到的药品和医疗设备带到延安，因为他的坐车和行李是不准检查的。有时他甚至于把许多体积虽小但十分宝贵的物件——如牙科的钻头和外科手术用线——放在自己衣服口袋里带回去。

我第一次见到周恩来是在中国的抗日战争开始之后，1938年在临时首都武汉。我作为一个外国记者（当时是为美国合众社工作），经常到他领导的八路军办事处去访问，有时直接去拜访他。尽管我当时年轻、不成熟——我还没有满23岁——但他总是耐心而又热情地向我介绍情况。他说话有力、清晰、非常严肃而态度却又非常活泼——没有书生气、从不敷衍了事或使人感到枯燥乏味，这给我很深的印象。他多次派助手来告诉我各种事件和动向，使我对形

[①] 本段译文参考前引《突破封锁访延安》一书。——译者

势不断有新的了解。有一次，他介绍我去采访叶挺将军（即将出任正在组建的新四军军长）。关于这次访问的报道后来在国外被广泛采用，成为研究新四军军史的一个重要资料。

后来在重庆，我作为一个外国记者，所获得的最可靠的消息都来自周恩来的办公室，有的是直接取得的，有的是通过龚澎或他的办公室的其他工作人员，他们同外国记者保持着经常接触。

关于周恩来在重庆时的情况，我有一些个人的记忆，写下来与读者分享。

一是他的忘我工作。有一次他同外国记者交谈时，我发现他看上去非常疲惫，就建议他休息。他的回应是对我狠狠地瞪了一眼，他对我的态度向来是十分亲切友好的，这是唯一的一次例外。

二是他作为领导的超凡魅力。在青年和老年知识分子的聚会中，他有时事先没有通报来到了会场，就会不动声色地站在门口，不惊动大家。但大家一旦发现了他，他马上就会成为一场生动活泼、富有意义的交谈的主角。

三是他的统一战线意识，即使是在最边缘的场合也不忽视。有一次，我们外国记者同董显光（国民党中宣部国际宣传处处长）又为新闻检查问题吵得不可开交。在一个公开的招待会上，他趁同我握手的机会，低声对我说，不要对董过分为难。他这样说是为了对董和他的更反动的上级区别对待，还是只想提醒我不要表现得过左，我不知道——不论是为什么，他的话含义是很深刻的。

此外，看到周恩来同中共代表团中其他同志相处时那"亲如一家"的情形，也是很有教育意义和令人难忘的。不论是高级干部还是一般工作人员（厨师、警卫、通讯员等），他都平等相待。像他这样从不吝惜自己的人，不管多忙，总是挤出时间来关心下属的工作、学习和生活——从婴幼保育到文娱晚会。我和另外一些外国友人参加过一次这样的文娱晚会，他担任指挥,还同大家合唱一些延安的歌曲——他有很好的乐感,还是个不错的男高音。

但是,在工作中,他对自己、对别人都是严格要求的,直到每一个具体细节。

他的整个人格就是一首诗。一个有修养、有原则、有责任心、有内在力量的人。后来,他成为新中国"敬爱的总理"。其实,早在他成为总理之前,他就为人们所敬爱了。

(本文选自《见证中国——爱泼斯坦回忆录》,新世界出版社2004年版。标题有改动,内容有删节)

对陕北的印象

[美] 约翰·S.谢伟思

> 约翰·S.谢伟思（John S.Service,1909—1999），抗战时期亲共外交官，出生于中国成都美国传教士家庭。1933年加利福尼亚大学毕业。同年返华，在美国驻昆明、上海等地领事馆任职。1941年起历任驻华大使馆三等和二等秘书、中缅印战区美军司令部政治顾问等职。1944年7月作为美军迪克西使团成员前往延安，会见毛泽东、周恩来等。赫尔利使华后受排挤，1945年6月因《亚美》杂志案受审，同年9月被宣告无罪。后任驻日美军司令部政治顾问等职。20世纪50年代受到麦卡锡主义严重迫害。

对陕北共产党根据地的初步非正式印象

第1号，1944年7月28日

对外关系：1944年，517—520页

尽管我在延安才待了6天，鉴于有通邮之便，而且其未来难卜，因此尝试记录下一些对共产党边区的初步概括印象，我觉得似乎是可取的。

虽然我们到这里时间还不长，我已经有机会和许多中国朋友见面、谈话，会见了在共区已经住了一些时候的3位外国人，而且还要会晤大多数重要的共产党领导人。此外，我有机会参阅了几位外国记者的经历、印象和笔记，他们已经在延安待了6周多，这一期间他们得到种种便利去访问各方面人物并收集情况。

我自己的经验是，一个人进入像共产党边区这种地区（关于它，人们听到过许多说它完美无缺，但是是第二手的报道），要保持清醒头脑，不要被感情所支配而不由自主。我的感觉是,事物总不可能像描绘的那样美好,然而在某个地方必定有"希望得到的东西"。

因此,有趣的是,我的初步印象——和观察组其余人员的印象一样——是极其讨人喜欢的。外国记者,至少两名记者(武道和福尔曼[①])的印象同样是如此,在他们来到延安之前,无论怎样夸大,也不能称他们为"亲共分子"。中国共产党人的魔力似乎仍然在起作用。

我们全组成员都有相同的感觉:我们来到了一个不同的国家,碰到了不同的人。不容否认,精神气质和气氛都有变化。正像一个在中国出生和长大的军官所写的:"我发现我自己在不断尝试去找出:这些人到底是怎样的中国人。"

气氛和差异在许多方面都是很明显的。

那里不存在铺张粉饰和礼节俗套,言辞和行动上都如此。官员和人民与我们的关系,以及中国人相互之间的关系,都是坦诚、直率和友好的。谈到毛泽东和其他领导人时,都普遍用尊敬的口吻(提到毛泽东时,带有某种尊崇),但是这些人都是平易近人的,对他们完全没有奴颜婢膝之态。他们自由地参加各种小组。

这里也完全没有贴身保镖、宪兵和重庆官僚阶层中的哗众取宠的夸夸其谈。初来乍到者在延安看不到警察,也很少看到士兵。

也没有乞丐,也没有令人绝望的贫困迹象。

衣着和生活都很简朴,除农民外,几乎每个人都穿同样普通的、用土布缝制的中山装。在衣着、生活或接待方面,我们看不见炫耀虚饰的现象。

妇女不仅实际上穿着同样的衣服(裤子、草鞋或布鞋,常穿俄式罩衫),而且她们举止平等友好,也受到平等友好的对待。她们的开朗和一点也不神经过敏,一开始几乎令人紧张不安。这一点也不意味着亲昵举动。在重庆公园里或寂静的街道上看到的一双双痴恋男女,像旗袍、高跟鞋或口红一样,在这里

[①] 穆理士·武道是在重庆政府情报部工作的美国雇员,以《巴尔的摩太阳报》记者身份到延安来的。哈里森·福尔曼是伦敦《泰晤士报》和《读者文摘》的摄影师和记者,后来出版了关于到延安旅行的一本书《来自红色中国的报道》(纽约亨利·霍特公司,1945年)。

看来是没有地位的。

这里有大批青年男女，自然就建立起一些大学和党的各种训练学校。但是人们对这些学生，普遍有一种成熟和严肃感。据悉，他们很少有时间去闲逛，他们大多数人都通过努力工作而求得深造，总的说都是为了党。这些人都是自愿来的，他们希望工作和过极简朴的生活。

这些学生来自中国各地，许多来自游击区域的前方根据地，并且事实是，一个人在会见了全华北各地政府和官员后，给他们的感觉是这是一些重大事件的某种神经中枢。学生们不断谈论，回到农村去或到前线去，以继续干他们的工作。

士气是很高的。战争看来接近了，而且是现实的。这里没有失败主义，而是信心十足，没有厌战情绪。

给人的感觉是每个人都有工作干。使每个人都成为生产者的计划具有实际意义。不种田的人，就干如纺线之类的活计。每天早晨我们都看到，我们的女大学生邻居们在窑洞外坐在纺车旁纺纱。

与此同时，他们用许多时间来进行交谈和讨论，还不断开会。

就党领导们来说，显然有很多闲暇。有人获悉，他们完全不插手管理工作，并且不担负耗费时间的日常工作。

人们并不谈论战争一结束就"回上海去"。他们自己准备在这里安家落户。

对中国的其余地区，采取一种对那里的情况既关心又寄予某种同情的态度。因为他们知道那里的条件要比这里坏得多。

这里到处都强调民主和同老百姓的鱼水关系。这一点在他们的文化工作上也表现出来。他们对文化工作极其严肃认真。戏剧和音乐吸取了当地农村人民民歌的形式，交谊舞包括了本地的民间舞蹈。

人们是严肃认真的，倾向于一种使命感。而娱乐却受到鼓励。这方面的一种形式就是刚才提到的交谊舞。在我们到达之后为我们举行的晚宴上，所有的重要领导人，都以极其自然而又民主的态度参加了跳舞。

叶剑英陪同美军观察组讨论军事训练

那里有惊人的政治觉悟。无论人们向谁——理发员,或是农民,或是管理房间的服务员——提出问题,他都能很好地说明共产党坚持抗战的纲领。我们注意到,大多数服侍我们的苦力都在读报。

当地形势并不紧张:人们进城时看不到警卫,山上没有警卫森严的碉堡(如像1943年在兰州很明显看到的那样)。在农村人们听不到任何土匪骚乱或滋扰闹事。

我们看到一群人整队在公路上行进,没有武装押送。我们被告知,他们是新征的兵。

没有对党的领导人的批评,没有政治闲谈。

同时,没有紧张和压抑感。在华北国民党地区旅行过的外国人特别注意到这一点。

我们不担心有人在交朋友的掩盖下来讯问我们。我们的译员随叫随到。没有人费神去锁自己的房门。我们愿意到哪里就到哪里。记者们不受新闻检查。

领导人们给人以极好的个人印象。军人的形象、举止都像很能干的军人。从总的说来，同他欠佳的照片上所能想象的相比，毛显得更热情和更具有吸引力。

总的感觉是泰然的自信、自尊。叶将军①谈到共产党军队的武器时大笑起来。"但是"，他说，"我并不为之辩解，这就是我们所有的一切，我们用它们来作战"。一切事情都踏踏实实地、相当好地进行着。

在怀疑论者看来，延安总的气氛可与一所很小的教派学院，或是一次夏季的宗教会议的气氛相比，有一点沾沾自喜，自以为是和有意识的情谊。

最初的几天里，我有少许这样的感觉。后来，我发觉自己同意一位曾经长期待在中国的记者的话，当时他说："我们来到陕北群山之中，想去发现最现代化的地方。"

我现在认为，进一步研究和观察将会证实：我在延安看到的是一次具有政治和经济纲领的、组织得很好的运动，它正在能干的领导人的领导下成功地完成着。

还有，当国民党已丧失了它早期的革命性，并随着这一丧失而呈现四分五裂的时候，共产党由于必须继续奋斗而保持了其革命性，而且渐渐壮大和比较成熟了。

人们不能不得到一种感觉：这一运动是强大和成功的。它后面有某种动力，而且它把自己和人民联系得如此密切，因而将不会被轻而易举地扼杀掉。

---

① 指叶剑英，八路军总参谋长。

关于陕北共产党根据地经济形势的札记

第6号,1944年8月3日

美亚文件:729—733页

经济情况的改善

有关陕甘宁边区经济形势的最重要的事实是,过去两年经济得到改善。

这一事实在边区到处可见。我直到目前所得到的只是很片断的统计材料(将尽快报出)支持了这一事实。事实证明:军队给养有了改善;党政工作人员伙食和服装比以前好了;当地医院里营养不良病例几乎完全绝迹了,而三年前这类病例是为数众多的。

经济形势的改善,对这个重要的共产党根据地的士气民心和普遍安定具有极大的影响。例如,据居住在这些地区的外国观察家说,共军士兵的身体状况三年前是很坏的,而现在却好极了。

据来自日军战线后方游击区的共产党根据地的报道,那些地方经济条件也有类似的改善,虽然改善的程度可能要小些。所以总的结果是,不论在参加对日战中或抵抗国民党的压力下,共产党人的实际的和潜在的力量总的都一直在增长。

改善的因素

广泛的改善得力于大自然条件:过去两年收成一直很好。今年的预兆也是极好的——根据中国人的估算可达到九、十成年景,高出正常年景很多。

然而,最重要的因素,还是在共产党的鼓动和领导下,地方政府发起了一次极其强大而广泛的发展农业和工业生产的运动。

国民党封锁的影响

从某种意义上说,这些措施也是迫于(国民党)中央政府的封锁而不得不采取的:封锁只允许奢侈品通行,而严格禁止一切共产党人短缺和迫切需要的商品进入共区。这包括过去边区不生产的商品,例如棉花、纸张、大米、食糖和火柴。

在 1940 和 1941 年，封锁造成了极其严重的后果。被包围和孤立在极端贫困和不发达地区的共产党人，发现他们那时正处在危险的境地。问题摆在眼前：是发展生产达到合理的自给自足的程度，还是最后面临投降的困境。一些共产党人现在说，封锁迫使他们采取英雄主义的措施，从而帮助他们得到最后巩固，否则决不会采取这些措施的。

生产运动

生产运动因而成为政府活动的一个重要组成部分——以花费的心血而论，可能是最重要的一部分。所有共产党的宣传人才都动员起来了，而他们的领导人运用其聪明才智想出了许多新的应急办法。这些领导人不得不应付和江西内战时期有某些相似，但却不那样危急的形势。在实现增加生产目标的专心致志和某些增产手段的应用中，这里的气氛使人联想起曾经读到的五年计划时期的俄国。

生产运动的有利环境

这一地区的一些自然条件对生产运动的胜利实现极为有利。由于上一世纪伊斯兰教徒起义的蹂躏和 20 年代的饥荒，人口锐减，大量可耕地也荒芜了，全边区人口仅有 150 万。黄土土壤肥沃，而且易于耕种。据了解，棉花和水稻，虽然过去在这里没有任何一次达到可观的程度，但在有些地方仍适于种植。

当地居民是这次生产运动的有用人才。1934 年陕西的这一地区建立了苏维埃式的政府，进行过一场土地革命。人民夺得了他们的土地，大部分地主都逃走了。所以那里的人民具有独立创业的传统，而且既然他们耕种自己的土地，他们对增加生产就有更大的动力。最后，那里还有大批军队和党的工作人员可以投入生产运动。

增产措施

第一和最重要的一步是使每个人都成为生产者，以弥补人力之不足。无论从理论上或在大多数实际情况下，这意味着每个男人和每个妇女都要参加生产。

运用了强大的宣传运动和教育强制。群众集会、讲演、演戏、标语口号和其他可以想到的每一种宣传媒介都采用了。对当地"二流子"的残存者则实行特殊的强制办法。当社会谴责证明无效时，就采取更多的直截了当的手段。对游手好闲的懒鬼，就强行给他们挂上牌子，如此等等。

陕甘宁边区丰足火柴厂

每个政府和党组织，都订出达成食物和棉布生产自给的目标；甚至对中学和大学也适用。幸运的是，有大量土地可以用来耕种。体魄健壮的人可以种田。姑娘和妇女学纺纱，织布。每个教职工和学生一天至少劳动两小时。

特别强调各种形式的合作社，尤其是生产合作社。中国工业合作协会领导下组织起来的各种合作社，3年内从不到30个增加到343个。在这个小小的地区内，其他合作社总数增长到800个以上。大约有34万人都以某种方式参加了某些合作社。在这一发展中，政府为大多数合作社提供了大量资金，往往并不要求付利息。

劳动合作社（或称变工队）的举办，极大地提高了农业生产。根据古老的，被摒弃了的制度建立起来的变工队受到农民的普遍欢迎，一批人组织起来轮流耕种每个人的土地，通过联合活动，他们干得比个体劳动更有效、更快。于是他们把节余的时间用于共同开垦新地，得来的产品由大家平分。

生产运动的效果

边区过去不生产棉花。去年生产了，织成棉布达到需要的一半。今年的棉花生产，可望满足 2/3 的需要。缺少棉布是边区最大的、独一无二的难以解决的问题。

军队事实上实现了自给。至少有一个旅（边区部队的 1/5）实际上今年已经向政府交了一批余粮。这就是说，它的生产已经超过了自己的需要。

根据政府报告，它的收入的 70% 来自军队和政府机关的生产。这是通过给这种生产以账面价值，并相应记入政府账下估算出来的。

以实物代货币赋税降低了约 12%，大大低于中国其他地区。

经过大量的研究，火柴、肥皂和其他日用品，现在全用当地原料制造。总的来说，产品的质量是极其令人满意的。

一项重大的成功是，发现当地生长的一种无用的野草可以用来造纸。于是纸也不再成问题了。

通货膨胀……实际上在全体居民生活中不是一个重大的因素。政府的薪俸阶级，党校学生和公务人员都部分自给了，并且得到必需品的供应。

从一切外貌看，商业繁荣，市场兴旺，而且许多建筑工程正在施工。

生产运动的缺点

不应设想生产运动已经取得百分之百的成功，或者说不再存在尚未解决的困难了。

生产的惊人的扩大，主要是由于政府财政支援，而其后果是钞票发行量大大增多和通货膨胀加剧。正如上面所指出的，这种趋势似乎已经得到抑制，并且边区货币与国家货币相比，正在显示出增值的明确迹象。

一个严重的问题是缺乏合格的技术人员。……

另一持续的、可能无法解决的问题是缺少发展工业所必需的各种设备。……

人们承认，有时过度热心的狂热和以高压推动的生产运动，加上缺乏经验，会造成某些混乱和一些产品的质量低劣。例如，在早期阶段，个人往往志愿请求去生产不可能实现的高定额棉线，产品由于质量过于低劣而毫无用处。随着不断取得经验，此类问题正在消除中。

结论

尽管有这些小的失误，基本事实仍然是：生产运动已经取得全面的，甚至是惊人的成功。其结果是，边区的经济形势是健康的，并且正在改善中。

这些状况以及造成这些情况所大力执行的政策，同国民党中国的状况和政策对比是太明显了，无须加以评述。

（本文选自《在中国失掉的机会——美国前驻华外交官约翰·S·谢伟思第二次世界大战时期的报告》，国际文化出版公司 1989 年版。总标题为编者所加，内容有删节）

延安的政治

[美]白修德　贾安娜

> 白修德(1915—1986)，美国人，著名记者。本名叫西奥多·哈罗德·怀特(Theodore Harold White)，因为热爱中国，将自己的名字改成了白修德。抗日战争时长期任美国《时代》杂志驻重庆记者，采写了大量关于中国战场的报道，访问延安后写出影响巨大的名著《中国的惊雷》。
>
> 贾安娜，英文名是安娜丽·贾科比(Annalee Jacoby)，1917年生。1941年放弃美国电影剧作者的优厚薪金，作为救济总署的宣传员来到重庆。1944年至1945年再度来华任美国《时代》杂志政治记者。富有正义感，厌恶国民党的腐败，赞成共产党反对内战、成立联合政府的主张，敬佩周恩来，反对《时代》杂志老板鲁斯的审查制度。

经历了无尽长的没有峰峦的黄土山岗，被风雨侵蚀了的波浪地形装饰着秀丽的田野，越过中国北部的上空，你就从空中到达了延安。在这单调的干燥山地里，一条条细流与溪谷疯狂地奔向天边；3条峡谷汇集在一长列绿色的平地上。从天空中看下去，就像是一个游侠出没的渊薮，隐蔽在这山坳里，一座唐代的宝塔不调和地耸立在一个矮山巅上，衬在蔚蓝的天空里，真是黄得难以置信得可爱。假如你是通过封锁线从陆路上去的，坐汽车要2天，骑马得要5天；这地方与华北其他县似乎并没有什么两样，除了那地方特别清洁一些，和那里的人都充满着罕有的活泼与朝气。那里的景物是人们所熟悉的———一群群头上戴着朱红垂花的动物，从沙漠里来的骆驼，穿着厚重衣衫的人们在那北方的浓密而窒息的飞尘中徒步走着。那里的空气和重庆不同，夏天干燥而焕发，冬天严寒而愉快。

延安是一个混杂的地方。3万下层的人民是当地土生的,他们的祖先不知若干世纪以前既已定居在这里。他们和所有中国的北方人吃着同样的食物,说着同类的方言,穿着同类的衣服。当晨光熹微的时候,尖锐的号角声回旋在山间,配合人们的欢欣与鼓舞。这样的混杂是可以得到解释的,那只有当你认定延安不是一个政治首都,不是一个政治上的实验站,也不是一个中国一般的县份,而是一个军营,一个战区司令部,一个临时的指挥站,随时准备着遭受攻击,随时准备着明天就要转移。这个军营是以两个主要建筑为中心——中国共产党的总部和中共军队的总部。党的总部是挤叠在山下的两座灰砖房子;除毛泽东以外,党的高级人员和家庭都住在附近洁白的窑里。军队的总部设置在一所旧栅垣里,四围有清澈美丽的花园,离延河不过几百米的距离。这两个总部就是整个中共活动的指挥中枢。从他们那里发出了指示,鼓舞着、训练着,并且塑造着12000多个居住和工作在窑里的党员,无数的窑洞散布在这城围几英里长的山坡上。也就是从这些总部里发出了命令和指示,传达各地,从东北到广州,从汉口到上海,动员着构成整个运动的基础的几百万农民。

中国共产党的领袖们是一个十分有趣的团体。

1941年,延安宝塔山

单从外表看去不可能了解他们，因为他们内部会议的一切都是绝对秘密的。他们最主要的特点就是他们团结的意识。他们都共同作过20年来的斗争，对付国民党，后来又对付日本人；他们的家人被严刑拷打了，被暗杀了，以致失踪了。他们一直受到警察的一切检查和压迫。弱者已经倒下了，动摇的已经投降了，那些还留下的一个个就都是韧如皮革，坚如钢铁。他们互相信任，紧紧地团结在一起，没有一点宗派主义的裂缝。如果他们有所争论，都一定紧锁在他们自己圈里；甚至大多数的党员也不会知道，在最高机构政治局里是谁反对谁。

这些领袖都有着中坚人物的性格，他们骄傲，有的甚至于藐视一切。在他们肩上没有压着使重庆官员们烦恼的钩心斗角和例行公事的担子。和他们谈话可以坐下来不慌不忙而且愉快地漫谈；他们往往不惜用冗长的时间来反映他们的政策；访问他们时，他们可以对他们认为重要的某一点理论滔滔不绝地言之不休。他们不受那种纸上文章的无谓纠缠，他们一切都从远大处着眼，而由所信赖的干部去执行他们的决定。这些领袖从没有重庆的高级官员们的奢华生活，虽然他们住的是比下级人员较为清洁和良好的房子。他们并不迷信所谓的平等主义。在这里看不到像重庆的部长老爷与他的战栗而褴褛的书记之间的那种鸿沟；然而，安适与便利上的自然区分是被认为合理的。

虽然这些领袖都被认为是中坚的人物，他们依然骄傲于他们的民主，并且为他们自己立下一种模范的规则来配合他们的职位。党的政策在国民党1941年实行封锁以来即展开了一个生产运动，要使延安边区达到自足的境地。所有的农民都被鼓励去扩展他们的播植和收割。所有的政府官员和党员都得耕地，这样来生产他们自己的粮食，同时也就减除了当地农民身上的负担。这次的生产运动获得了最大的成功；党和党的工作人员赖以为生的不是税收，而是他们自己额头上的汗水。毛泽东管理着一块烟田，在战前，他抽着便宜的中国香烟，可是现在，为了使他自己能有烟抽，他辛勤地耕耘着他的烟田，结果他所生产的烟叶足够所有党总部的消耗。总司令朱德种的是白菜。大多数的领袖都骄傲于他们的易于接近。是的，毛泽东是居住在离城几里的郊外，而且受到比一般人更高的尊敬。同时，其他的领袖对于所有的来宾都是非常殷勤的。在共军总部每星期举行的周末晚会里，伴奏着号筒、笙管和本地弦乐杂凑的音乐，朱德沉着地和小女孩子们跳着华尔兹舞，魁伟的参谋长叶剑英愉快地接受着任何勇气十足的女孩的邀请，轻松地跳着双步快舞。

这一群单纯而忠厚的人，看起来一点也不像他们对于重庆和世界安全有什么了不起的威胁。可是，当你考察一下他们的思想，听听他们的谈话，你会发现一种倔强而难以克复的现实主义。第一桩使你觉察到的事情就是他们对中国的认识；他们彻底地了解他们自己的国家，并且了解农村。他们可以说是社会关系的工程师，他们完全懂得农民的疾苦是些什么，而且完全懂得这些疾苦怎么样能转化为行动。他们以农民为基本的力量；不管他们的马克思主义教条是如何的散漫或理论化，他们总是能够在最后得出某些基本的结论，而这些结论成了主意以后，最无知的农民都能懂得而且都会引为他们自己的主意。

他们对于外界世界知识的缺乏有时候是相当惊人的。他们对于高度的财政条约的议定，或者西方国家的行政系统知道得很少；对于工业，西方的机械工程和国际贸易，他们的了解是肤浅的。他们对于西方历史的认识都是通过马克思主义的经典解释。比如，他们当中之一，当他追寻中美两国之间的类似之点时，他问我美国在独立革命时是否即已有电灯。但是，对于西方国家对中国的压迫，他们却连最细微的地方都弄得非常清楚，同时他们也非常懂得怎样利用西方的力量和工艺去增加农民的福利。

他们这些人实在是够顽强的。当1941年实行封锁时，重庆方面以为这下子他们可要完蛋了；然而，相反的，他们却依然存在，而且当我1944年访问延安时，他们实际上比重庆的领袖们无论在体质上或思想上都要坚实得多。他们个个都是这样彻底地坚信他们的道路是完全正确的，他们觉得很难说重庆方面的官员和军队有什么胆量和能力。他们充溢着自信；在他们的讲演里，永远带着些微的神圣气氛，有时候会让你回想起那些宗教性的夏令营来，在那里人们来回地相互拍着肩背，表示一种神圣的虔诚。

毛泽东的人格支配着整个延安。毛是一个身材奇伟的湖南人，一张圆脸，没有一根皱纹，奇特的爽朗；比起蒋介石那副道貌岸然的样子，他的脸是活泼得多而且堆着更多的笑容。毛总是用一种对话式的语气——问问题，说双关的谐语，做种种的手势，来抓住他的听众。在共产党里，他们没有正式的阶级区分，可是毛泽东却是受着最高的爱戴和尊敬。他对于党的无可置辩的支配力，比起蒋介石对他的左右的支配力来，是更为密切，也更难以形容。这一部分是由于一种真实的爱戴，一部分由于他的无可匹敌的知识上的杰出。他领导中国共产党已经将近20年的工夫，1935年和长征的英雄们一起从华南长途跋涉而来，并且曾经和党一起度过饥饿的日子。和蒋一样，毛多少像一个传教士似的，党把他看作是一个圣者。由于他的领导，党从一个贫乏的地下状态变成了在这次战争与国际事务中一支强大的力量。他的领导是理论化的，但是理论一经他的解释和运用就成了有用的东西，而且在实际工作里得到了成就。

　　在延安有一种说法，认为毛只是同志中的一个长者，平等身份中的第一个人；他的话在会议中之所以有分量，只是因为他的话往往是最聪明的。然而，实际上，毛却是一个为人爱戴的象征，他的意志在共产党里的支配力量或许比蒋在国民党里还要大些。在公开的集会里，人们不难看见政治局的其他分子——他们本身也居于很高的地位——反复地引用着毛的演辞，就好像在吮吸着知识的源泉。在党内居于第二位的是朱德，红军的总司令。毛和朱有着几十年的友谊和共同斗争的经历；在共产党里，毛居于第一位是毫无疑问的。

　　中国共产党，像国民党似的，也有一个和苏联共产党相类似的组织形式，两党都是以联共的组织为模型的。理论上，党的最高组织是全国代表大会，由大会选出一个执行委员会，然后再由执委会选出一个政治局，实际上这就是最高的会议机构。自从1928年以来，中共就没有举行过全国代表大会。从那时起，中共就一直受着国民党和日本人的驱逐和打击，因此不可能举行任何的选举。中央执行委员会很难得开会，所以实际上党的方向就决定于政治局。这个局受着毛泽东人格的支配。在这个局里有陆军总司令朱德，英明卓越的革命家和中共驻重庆的"大使"周恩来和一个不大为外界熟悉的刘少奇，他是党的书记，一个机敏而辛勤的行政工作者。还有其他的思想家和实际工作者也在这延安的高级政治会议里。在延安，政策与行政之间的区分是远比重庆的来得显著。政治局制定重要的决策，支配着整个经济政策、对中央政府的态度，以及对外政策等等；然后由与其相配合的党的组织和军队毫无问题地去加以执行。延安真是一所巨型的实验室，在这所实验室里，所有热情澎湃的学生献出了他们的思想的精华，就在这些山边的无数窑洞里，党把这些精华溶化成了全国性的政策，把这些智慧铸成实际组织的能力，然后又把这些人员和他们脑袋里的成熟思想一股脑地重新送回到各个地区。据估计，1944年，中共在延安训练出差不多4000个青年男女。

延安方面认为这是一种有效的民主。在行政方面，批评和讨论的自由的确是毫无限制的，对于一个方针的执行不当，对于无论文武当局的失错，任何人都可以予以批评。事实上，共产党人经常地在进行着自我检讨的整风工作，他们总是用一面放大镜在那里检验着他们自己的过失。他们痛击着自己的胸膛以保证自我的改进，他们为自己的失错而悲哀和忏悔。在各地，这种行政上的批评自由形成了中国农民所从未有过的最民主的政治制度。地方上的会议可以接受他们的控诉和满足他们的需求，可以说有史以来他们第一次成了这个社会里的平等公民。但是，中共最高决策却是采取另一种形式。政治局把经过了上层领袖讨论的最高决策往下级传达，延安方面不作什么批评。在延安，对于政策的同意是全体一致的——这恰好和重庆成了一个对比，在重庆，中共的报纸有力地批评政府，无党无派的报纸也以能漏过检查老爷的网为一大快事。在延安只有一张报纸，没有人大声噜苏政府应该或是不应该做些什么（至少外国人看来是这样）。这张报纸经常地把它的篇幅公开给党员们对党的政策与执行的缺点作严厉的剖析，但是这里却没有重庆那种紧张的空气；在重庆，专以讥诮为能事的国民党官僚们，整天在叽叽喳喳，经常钩心斗角地互相嘲骂。

至于延安的一致精神，你可以照你自己的意思去加以评断。有一种解释说，延安着重的是行动，而不是政治。人们都忙于他们的工作，他们实在没有时间去作政治争论。同情共产党的说，这种一致性是源于全部的协议，但是恐怕很少有这样完善的政治制度，自然地就会得到一致的协议。攻讦争执是政治当中重要的一部分，如果缺少了它，某种自由的气氛也就短少了。国民党说，延安的团结是一种极权性的，延安是靠特务、靠集中营，以及靠其他各种国民党所有的然而它却不承认的方式，来统治一切。但是，我在延安却找不出这种压制性机构的任何迹象。我在那里只有短短的几个星期，但是其他留在那儿几个月之久的美国人，也同样找不出中共有任何像重庆那种独裁专制性的机构。

重庆方面辩护说，中央政府准许一张共党报纸在它的首都出版，虽然在严厉的检查制度之下，然而在延安却没有一张反对派报纸准许出版啊。对于这一点，中共有一个非常适当的答复，很难于把它驳倒。现在出版他们这张报纸的印刷机器过去都是从一个日军占领下的城市里偷运出来的，他们所用的纸张也是在日本人的炮火下从沦陷区里运来的。他们公开地说，假如国民党愿意在延安出版报纸，那就让国民党自己运来一部印刷机和足够的纸张，这样的话，他们是乐于准许它印行的。中共保证过，在战争结束以后，所有团体都能完全自由地出版他们自己的报纸。他们指出，外国记者从延安发出的电稿，从来没有被检查过。关于这一点，我曾经向他们的最上层领袖之一尖锐地提出这样一个问题："你的意思是不是说，任何人都可以随心所欲地说话，不管他说的是什么，就像在美国一样？""是的"，他回答说，"只要他们不与人民为敌，他们就可以随心所欲地说话"。至于谁来决定怎样是与人民为敌，以及应该用什么样标准来作评断，他却没有加以解释。

共产党人的生活似乎是不民主的，因为他们那里没有一个有组织的反对派政党；这是从来就如此的。中共把他们自己最完善地同时最坚强地组织了起来，他们所在的地方有崇山峻岭的地区，也有日本人不能窜入的无路可通的平原。这些地方，因为它的落后，在战前的确是最没有政治积极性的地方。中共所占领的这些古老村镇里，过去从来也没有组织过什么政党，除了庄稼生意以外，谁也不想什么别的。在这些村子里建立他们的党，在战争时期把党员数字从20万发展到100万，中国共产党人的确是在处女地上工作，并且在他们的机构当中最积极地起了个人的作用。他们知道，没有反对派是不民主的，所以他们制定了"三三制"。依照这个制度，任何城镇或区域的参议会当选代表不得有超过1/3的中共党员。至少，1/3必须是国民党员（尽管国民党说，这些人都是国民党的叛徒），其余1/3属于无党无派人士。实行的时候，这个制度并不完全这样死板，不过中共总是把他们自己的比例做到不超过1/3。事实上，中共之多于或少于1/3的比例是没有多大关系的。在每个地区的政府里，他们都是唯一与整个政策相联系的团体。他们是军队的领导人，他们又是农民的保护人。他们制定策略，无论从哪方面说，农民都把共产党人看作是他们自己的领导人，看作是他们自己意志的代言人。

中国共产党人断然地否认许多美国朋友的说法，这些美国人认为中共只是农业改良者，根本不是什么共产主义者。他们坚持说他们是彻底的共产主义者，而且他们以此为荣。他们说，共产主义就是把马克思主义的原则应用到一个变动社会中的问题上去，这些原则是永恒的，无论你应用在俄国、美国，或是中国。然而因为每一个社会都是不同的，同一

毛泽东的《新民主主义论》

原则的应用就会产生不同的结果。实际上，中国共产党属于世界上最伟大经验家之列，是错误与考验过程中出类拔萃的艺术家。他们的原则领导着他们经历了 20 年的历程，在这当中，党的路线是变动着的；在每一个一定时期中，每一个路线都是作为一个基本而无疑问的真理提出的。许多其他国家的共产党往往处于不负责的理论反对派地位，而中国共产党治理着千百万同胞却已经有 20 年工夫了。他们的讨论是实际的，一个基本的问题永远是："这样行得通吗？"

马克思主义在中国社会中的应用是奠基于毛泽东 1940 年在延安出版的一本书——《新民主主义论》。这本书至今还是整个运动的"圣经"。这本书是在德苏互不侵犯协定那个时期中写成的，假如是晚一点写的话，其中许多地方大概会有不同。这本书之所以有趣味是因为它表现了当时在中国共产主义运动的性质。这本书整个忽视了美国在太平洋所起的作用，比如，它说："没有苏联的协助，中国抗日战争的最后胜利是不可能的。"这本书之值得重视，因为它代表着从 20 世纪 30 年代的激烈革命原则以来党的路线的基本转变，同时因为它是在美国战争的重击加诸日本头上以前写的。共产党人都是不流于空论的人们，他们不断地在增加实力。毛的这本书是精明的，而且在许多地方是杰出的，是无所不包并能够赖以在任何情况下引导自己的一个行动纲领。

早期，在华南一带时，中共所主张的是实行中国土地苏维埃化的纲领——主张没收土地，群众暴动，严惩地主。那时，他们曾经认为三民主义是破坏人民的一种可耻手段。当他们被迫迁到北方时，他们采用了一个号召抗日统一战线的新路线。他们这个政策的决定是为了停止内战和防止日本的侵入。就国际形势而言，它是吻合共产国际的大原则的，当时共产国际的政策已变更为在每一个地方号召组织统一战线。根据 1937 年他们和国民党所达成的协议，中共接受三民主义，并放弃他们土地没收和苏维埃化的政策。他们毫不苟且遵守着这个协议，到 1941 年时，他们这种新策略已经得到了超过一切想象的成就。毛的这本书就是一个政策的正式文件，几年来都是在顺利的执行中。其中基本的目标依然是社会主义，旧的制度最后是必须要废除的。然而，在封建与半殖民地灾难中的今日中国，与那没有阶级区分没有斗争存在的社会主义的未来世界之间，"新民主"的时代自然地插足进来。至于这个阶段将有多长或多短，毛泽东并没有加以说明。他只是说，中国今天这个时候还不是实行社会主义的时候，所以农民和工人必须在他们反封建的斗争中寻求盟友，这些盟友包括民族资产阶级、进步的城市分子、知识分子和开明的中产阶级，他们都和工农一样受着土地枷锁的压迫。只有大家团结起来，才有可能改变中国，创造民主，从而奠定走向社会主义的基础。

共产党的政治思想总有一些奇奇怪怪的技术名词。虽然毛泽东并没有"布洛克"这个名词，他为这过渡时期所设计的机构却很明显的是一个农民、工人和小资产阶级的"布洛克"。一个"布洛克"并不一定就是说参与团体在选举表决时将有组织地彼此抗衡，毛也并没有提到选举这回事。他的主张是要代表诸协调阶级的两个集体的结合体，共同掌握权力，共同享用权力。这两个友好的集团，与其分别地求靠于选民，毋宁采用讨论和仲裁的方式来解决彼此间的分歧。

毛的《新民主主义论》留下了几个问题没有解答。第一个问题就是，这个新民主的阶段究竟会有多长？和其他集团的结合是暂时的还是永久的？共产党人是不是最后会分手开来独自地实行社会主义？抑或是去说服其他的集团使他们相信社会主义社会也是他们的社会？

第二个问题是民主权利和少数权利的问题，究竟哪一个是美国式的民主观念的基础？战时，中共说，在中国社会两面都要的，他们攻击国民党的独裁专政，而在这斗争当中同时也就是为着所有其他团体的自由权利而战斗。但是，一直到现在，中共还是处于反对一个统治机构的地位，他们的基地也是在那些根本不存在反对派的落后农村里。对于大城市里有组织的反对派，他们将怎样应付呢？在这些大城市里，国民党的中产阶级是有基础的，而且利用金钱和势力它可以指挥提出另一种主张的报纸。假如让中共统治大型而且复杂的城市，他们会不会允许反对派报纸存在呢？他们允许不允许人们来向他们作意识上的挑战呢？他们说他们会允许，因为他们相信，在任何人民投票的诚实的竞赛里，人民都会拥护他们和他们的友军所结合成的大多数，而反对那地主阶级和有钱人的少数。但是，假如这些共产党人的估计是错误的而且票数被人超过了，他们是不是甘愿屈服于一个和平的选举呢？他们是不是还像今天这样热心地拥护民主权利呢？这是一个不能解答的问题，除非我们能有机会看到一个过渡的联合政府怎样在和平的实践中行进。

美国人还有第三个而且是最重要的一个问题要问中共。在《新民主主义论》里，毛泽东列下了在过渡时期联合中产阶级的三个基本条件。其中的两个是无可指摘的：与共产党实行合作和保护工农的利益。第三个条件，毛把它列为第一，是要所有的团体都赞成中国与苏联之间结为同盟。这个中苏之间的同盟是怎样的，却并未加以说明。如果是一个排外性的同盟，把中国不可变更地紧锁在一个假想的、反对所有其他国家的苏联世界战线里，那就是太危险了。如果只是中国与各国所建立的联系之一，那就可以说是一个很进步的要求。不知道中国共产党人看清楚了没有，一个革命的中国是只要一个盟友呢，还是要许多个盟友？

在许多地方，我们都似乎可以肯定，《新民主主义论》是毛泽东对外在世界的看法的最后总结。他的看法在后来的几年中不断在生长和发展，而且反映在党的整个态度上。中共对于国外的看法的转变表现得最戏剧性的是对苏联和美国的态度。简单地说就是，自从珍珠港事件以后对于中国共产党来说，美国一天天重要起来，而苏联反倒变得日益疏远。

过去，早在20世纪20年代时，中国共产党曾经是共产国际的一个局，受莫斯科的控制，为党内的论争、理论上的宗派主义，以及苏联党的专断性指令所震荡不定。1927年它和国民党分裂中所造成的失败，反映了一部分是它本身的不够成熟，一部分也是苏联的建议缺乏根据，当然大部分是由于帝国主义对蒋介石的支持。在华南苏区那个时代，从1929到1935年，中共和西方世界整个地隔离了开来，他们在地方上无情地实行最极端的革命政策，那时候还是受着共产国际顾问的指挥。许多先进的中国共产党人，直到今天还把他们在华南的失败归罪于他们自己甘心听从失策的外国顾问。

万里长征标志着一个转折点。中国共产党在它自己的领导之下在延安重新安定下来。毛泽东——党内无可动摇的支配精神——是一个从没有到过外国的中国人，他的天才不仅表现在他头脑杰出的清澈，而且表现在他对中国农民问题想象不到的深刻认识。党内的极左派是以几个从莫斯科回来的党员为首，他们并没有被清除也没有被赶走，不过他们已降低为一个微弱的力量，如果把毛的无可非难的优越解释为中共的一种反苏改良，那简直是不可想象的事情。苏联依然还是世界革命的母国、圣者和护卫。这种新的做法只是很简单地由于中国共产党比任何一个外国党都更懂得什么才是中国的福利。在1941年的一次演讲中，毛氏极力强调，他相信中国的实践，而不是什么外国的学说，应该是中国共产党人唯一的考虑方针。他说：

> 我们有许多同志对于自己的历史一点不懂，或懂得甚少，不以为耻，反以为荣。……有些人对于自己的东西既无知识，于是剩下了希腊及外国的故事……几十年来，很多留学生都犯过这种毛病。他们只起了留声机的作用，忘记了自己创造新鲜事物的责任，这种毛病也传染给了共产党。

这时候，苏联的外交和政策也进入了一个新的阶段。早在20世纪30年代时，苏联发现它自己受着东西方德国和日本的威胁，于是它就寻求别国来对付这种威胁。在欧洲，苏联企图与法国和捷克以神圣的条约方式结为反希特勒的同盟。在东方，唯一可以用来反对日本侵略的最大力量就是蒋介石的国民党政府，于是苏联非但不以内在的不宁来削弱它，反以物质的援助来加强它。当中日战争爆发的时候，苏联是大国中第一个起而援华的。当时一方面是美国运输铁矿和石油给日本，另一方面却是苏联运送汽油和飞机给中国。自1937至1939年之间，苏联对中国政府的援助，单是一支蒋介石在华中作战的空军就已达2.5美元的价值，而当时美国对华的援助总数仅及这个数字的1/5。

苏联当时小心翼翼地推行着一种正确的政策。它不仅承认蒋介石是一个元首，而且当一位亲共的新疆主席主张将新省并入苏联时，苏联拒绝了这个建议。在西安事变时，这同一人物曾经建议苏联与中共联合向南京政府发动一个全面的进攻，但他被拒绝了。苏联最需要的是一个强大的中国来和日本抗衡，就是国民党也觉得苏联的态度是无可非议的。

然而，中国共产党在他们大规模抗击日本的战争中是绝对缺乏军火和给养的，他们不可能从苏联的这种正确政策得到什么抚慰。在整个战争的过程中，他们就没有直接从苏联得过一架飞机，一吨汽油，或者一箱弹药。所有从苏联来的援助都给了蒋介石，而在这当中，据说中央政府只是曾经在抗战初期给了中共4支旧枪。中国共产党是完全自食其力地在打仗。从1937到1945的几年当中，苏联飞机飞到延安去的总共不超过5架，而且每一架都经过中央政府的批准，去的时候每次都带着一个中央政府的监督员，所有携带的东西也都是经过彻底检查的。1944年时，2位塔斯社记者和一位苏联医生来到延安，他们算是苏联在延安的仅有人物，而他们之来都曾经中央政府的许可。美国在延安所设的军事观察团却有5倍于他们的人数。

到1944年时，中国共产党已经在自己的土地上生了根，把自己中国化了，民族化了。领导方针亦已完全符合中国的需求和中国的利益。同时，中共对美国亦开始重新予以估价。过去在中共的脑子里，美国一直是一个专以掠夺为事业的资本主义国家，美国贪婪的帝国主义者深入中国土地里来掘发利润，并且培养出了一个落后的国民党来达成他们自己的利益。到1944年，中共和在华美国人有了直接接触，而且这些美国人所受的领导方针是以史迪威为象征的，于是给了中共一幅美国政策新图画。通过史迪威和高斯，美国当时所要求的是每一个诚实的中国人都一致要求的某些基本改革。1944年夏季，美国强烈要求国民党实行改革，使得中共相信美国人所说的"民主"也和华北解放区所说的"民主"大致是一个东西。美国当时已经不是改革与改进的敌人，反倒变成他们的同道者了。

在这幅新图画中又插入了另一个因素。不错，应当赞扬苏联对德国的伟大胜利，也应当转载塔斯社关于东线胜利的种种消息；然而中共自己是在抗击日本呀，而在抗日战争中，只有美国才是最有力的。在中共所治理的山地农村里，最初大家感到最后胜利好像是一个遥远的幻象，是从绝望中诞生出来的蜃楼仙境。但是，美国在太平洋战争的消息却带来了一个希望，胜利可以成为一个事实，鼓励着每一个战壕里的士兵。他们晓得了，远在太平洋上的某个地方，有着一个比日本更强，有更多坦克、飞机、大炮、海军的盟邦，而且那个盟邦现在正一天天向中国海岸走来，为了支援当地对侵略者的抵抗。这种双重盟友的感觉——同时反对国内与国外的敌人——随着中共与延安美国军事观察团的接触而日益加强。1944年夏在延安成立的美国军事观察团是受着美国最优秀的中国问题专家——包瑞德上校的领导。包瑞德可以说是正规陆军上校的一个模范，他这个人的性格里充满着温暖的人性，而且有一种丰富而感人的幽默感。他自己夸说他是一个坚决的共和党员，又是

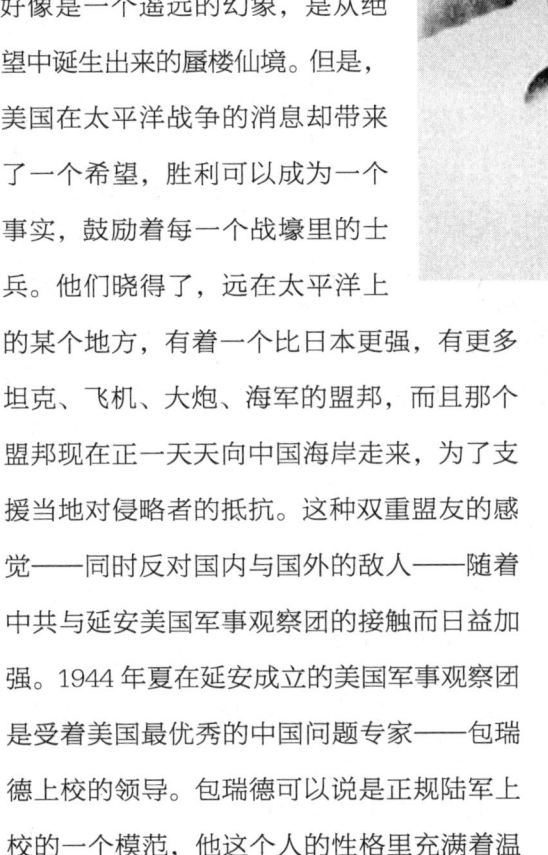

苏联医生阿洛夫在延安。抗战时期，阿洛夫来延安在中央机关工作，抗战胜利后他回了苏联。转战陕北开始后，他又再度来中国，随中央机关一同转战陕北

一个"黑心肠的反动分子"。中国共产党人都很喜欢他。他以纯正流利的中文说出的种种笑话，打破了许多中共对美国帝国主义所假想的图画。包瑞德关于中共的报告都是忠实而无可指摘的评价。因为他自己是一个军人，他认识到共军都是能打仗的战斗员，都是打倒共同敌人的有力盟友。中共见到他对他们尊敬，他们也对他尊敬。对于中共而言，史迪威、包瑞德，以及来来往往的热情的美国记者们，都代表着美国的友情。

1944年的秋天给美国带来了一个大好的机会。在一个短时期内，事实可以向中国的革命分子证明，美国是赞成进步的。在过去20年中，中共的重大活动和信念都是紧锁在一个只求苏联支持的拘谨公式里。现在，正是向苏联以及中国共产党人提出证明的时候，证明美国并非出于什么马克思主义的理论，而是出于一种良知，在世界各地追求自由与民主。

然而，我们却放过了这个机会。在往后的6个月当中，我们却向中国共产党证实了另一点，那就是无论他们对我们怎样友好，我们将在任何情况下支持蒋介石的政府来反对他们。我们向中共证实了，的确他们唯一的友人是苏联，我们逼着他们重新与苏联结为盟友，而且是自长征以来从来没有过的那样无问题地结为盟友。我们这种做法正造成了我们最恐惧的事情——广大有组织的亚洲农民因而相信美国是他们的敌人，苏联才是唯一的朋友，这并不是史迪威的救济政策造成的，中共认为这是美国的无知所产生的一个小悲剧。1945年美国整个的外交政策，终于使中国共产党深信美国实在是一个敌对性的帝国主义。

（本文选自《中国的惊雷》，新华出版社1988年版。内容有删节）

史实与考辨

几位国民党将领在陕甘宁边区

梁星亮

抗日战争时期，陕甘宁边区是全国有特殊影响的模范抗日根据地，它以民主团结、政治清明而著称于世，成为中国抗战、团结、进步的一面旗帜，从而吸引着数以千万计的中外人士来这里参观访问，有远涉重洋而来的外国朋友和爱国华侨，也有历尽艰险，辗转而来的大后方爱国民主人士，还有驰骋抗日疆场，久慕陕甘宁边区的国民党高级将领。在这些国民党将领中，有坚持华北抗日的领导者卫立煌将军，有"八年抗战，支撑北线，保护边区"的邓宝珊将军，还有著名的"和平将军"张治中，等等。他们为巩固国共合作，坚持抗战，做出了有益的贡献。

卫立煌将军访问延安

1938年初，抗日战争处于最酣之时，第二战区副司令长官卫立煌将军做出了一生事业中最重大的，也是当时只有极少数人知道的一件事：访问延安。

陕甘宁边区和延安的情况，卫立煌将军早有所闻，访问延安，他也早有此意了。抗战初期，卫立煌将军指挥国民党军队和八路军配合作战，取得了平型关战役和忻口会战的胜利。他与朱德总司令的关系也十分融洽，在一次日军攻打晋西石楼、大宁时，卫将军所部寡不敌众，险遭不测，是朱德总司令命令八路军一部星夜驰援，狙击日军，使其转危为安。这一战，给卫立煌将军留下了极深的印象。太原失陷后，他亲自为八路军总部安排驻地，从八路军引进了许多干部，加强所部的战地工作。1938年春节，他特意给朱德总司令拜年，并访问了八路军总部。其后，他对左右颇有感慨地说："八路军就是人才多，能打仗，能演戏，还能写文章，好青年都跑到他们那里去了。"

春节过后，卫立煌将军向八路军总部请求访问延安。党中央认为卫立煌将军坚决抗日，是我军真诚的友军，特发出邀请，并派罗瑞卿、周兴、谭政和陕甘宁边区交际处长金城做好组织准备工作，迎接卫将军的到来。

4月17日拂晓，卫立煌将军一行过延水关经延川县，直奔延安而来。从延安城到郊外二三十里的山乡都贴上了"欢迎卫立煌副司令长官""加强国共合作"的标语，欢迎的人群绵延数里，锣鼓声、口号声此起彼伏……到城外机场迎接的八路军参谋长藤代远、陕甘宁边区留守处主任肖劲光和金城等早就在这里恭候。卫立煌将军一下马，他们上前一一同他握手，在藤代远陪同下，下榻在边区交际处。只见毛泽东主席跨出客厅大门，欢迎贵宾们到来。他满面笑容，和每个客人亲切握手，说：欢迎你们来延安，我们是朋友，是友军。平型关大战打得很好嘛！忻口会战也打了一下，你卫立煌支持八路军，我们配合你们，这就是共同抗战。我们要沿着这样一条路继续走下去。

卫立煌将军连连道谢说：我非常高兴来到延安，特别高兴地见到一些老朋友。平型关一仗是贵军的胜利，也是中国军队抗击敌人的第一个大胜仗，贵军抗战热情极高，养之有素，为中国军队之楷模。

毛泽东主席还特别询问了第二战区的战况，说：目前在山西的抗战十分重要，如果不是我们大家都在山西拖住日军的尾巴，日军从风陵渡渡过黄河，夺取潼关，掐断陇海线，就能截断中苏国际路线，进一步压迫中国投降。卫立煌等对毛泽东主席精辟的分析十分赞同，点头称道。

末了，毛泽东主席谈到八路军目前军需存在许多困难，希望卫立煌将军帮助向国民党有关当局催促一下，卫将军当即表示，一定给予照顾和方便。果然，他离开延安到西安后，即命令第十四集团军总部驻西安办事处发给八路军步枪子弹一百万发，手榴弹二十五万枚。除此之外，还补发了牛肉罐头一百八十箱。当时，国民党后勤部门分给第二战区只有几百箱，卫立煌将军一次发给八路军一百八十箱，为数是不少的了。

第二天，卫立煌将军一行在罗瑞卿、肖劲光、谭政陪同下，参观了抗大，从学员的宿舍到教室，他们一一详看细问，看到最动人的场面，他都让随从记录下来，或拍摄成照片。来到大操场，学员已排列得整整齐齐，等候卫立煌将军讲话。来延安前，卫将军已准备好了讲稿，在来延的路上还作了重温，但在延安的所见所闻，令他将讲稿这时已忘得一干二净，他索性抛开讲稿，即席用朴素而生动的语言，用具体而感受最深的事例讲出了他的心里话：中国各地都像抗大这样搞起来，还愁日本鬼子打不走吗？他表示一定要学习八路军，和八路军一道坚持华北抗战，决不退过黄河。卫立煌越讲越激昂，不时地被台下一阵阵热烈的掌声所打断。

晚间，毛泽东主席作陪，卫立煌将军观看了鲁艺师生特意为他准备的文艺晚会，卫将军并无心去观看演出，只是同毛泽东主席等交谈。晚会散后，卫立煌将军虽劳累了一天，但久无睡意，精神十分充沛，再次同毛泽东主席促膝长谈起来。谈话中，他面带愧色地对毛泽东主席说："鄙人访问延安，所受礼遇极高，实感问心有愧。"还谈及他抗战以来，打了几仗都没有打败日本鬼子，不值得表扬，对不住全国父老。毛泽东主席略带微笑说："卫将军话不能这样讲，你们面对强敌，不屈不挠，屡败屡战的精神，中国人民是看得见的呵！你是坚持华北抗日的领导者。"听了这一席话，卫立煌将军为之豁然开朗，精神大振，这一席话也终生铭记在他的心怀。以后每遇机会，他总爱提及这些不平常的往事。离开延安后，他特嘱参谋、副官从武汉给毛泽东主席寄来一大箱子食品，答谢毛泽东主席和延安的朋友们。

邓宝珊将军"支撑北线，保护边区"

1937年10月，蒋介石命令甘军第二十一军团军团长邓宝珊率部驻防榆林，旋改任邓为晋陕绥边区总司令。从职位上看，邓宝珊是升职了。但从他的处境看，却十分艰难，既要抗击从察哈尔西侵的日军，又要从北面包围陕甘宁边区。实际上，蒋介石是把他从家乡排挤出去，让他在这个极其复杂的环境里，不是让日本搞掉，就是让共产党打垮。邓宝珊将军抗日目的已达，欣然成行；反共，他却实在难以从命。邓宝珊将军是共产党的一位老朋友，同共产党建立了长期友好的关系，他思索再三，下决心要同共产党继续合作，共同抗日。到榆林不久，邓宝珊将军便亲自访问延安，那是1938年5月的一个傍晚，延安城内骡马大店里住下几个"不速之客"，经延安市公安局的同志查询，才知是邓宝珊将军等来到延安，他们立即报告给边区交际处，处长金城一时为这突如其来的消息怔住了，简直难以置信。当得到确实消息后，金城报告给毛泽东主席和中央统战部，毛泽东主席指示，一定要想办法把他们留下来多住几天。

翌日上午，毛泽东主席和肖劲光专程来旅店，看望邓宝珊将军，并设午宴招待邓将军一行。席间，气氛十分和谐，宾主谈笑风生，毛泽东主席赞扬邓宝珊将军是有影响有地位的爱国将领，能与我党长期合作。邓先生在榆林，我们一定能继续合作得更好。邓将军一再拱手表示，继续合作下去，共同完成抗日大业。最后，毛泽东主席请邓宝珊将军在延安多留几天，到延安各处去看看，邓将军应允了。

邓宝珊将军初来延安的七天七晚，拜会了毛泽东主席，参观了抗大、陕北公学，多次出席了文艺晚会和群众大会。他看到了延安的宝塔山，看到了延河水，更看到了延安人民高昂的抗日热情，看到了中华民族的希望。这里没有剥削，没有压迫，到处充满民主和团结。所到之处，使邓宝珊将军耳目一新，也为他日后同陕甘宁边区建立友好往来奠定了基础。这次相识之后，邓宝珊将军到西安、重庆开会，每次都要在延安停留数日，延安、榆林之间的信使往来也十分频繁。

抗战八年中，蒋介石多次发动反共高潮，几乎每次都要进攻陕甘宁边区，邓宝珊将军却按兵不动，或"虚与应付"，始终同陕甘宁边区"互助互让"，和睦相处。蒋介石三令五申封锁陕甘宁边区，邓宝珊将军却在陕甘宁边区的绥德设立办事处，指示所属各部队要"维护边区到榆林的交通安全，保护来往人员和物资的顺利出入"。国民党顽固派禁止向边区运送物资，邓宝珊将军却命令所部，不仅货运无阻，而且和边区互通有无，还尽量利用私人关系从国统区转运一些边区短缺的物资。同样，榆林发生困难，陕甘宁边区也设法给予解决。有一年，榆林连年灾荒，军饷、粮秣十分紧张，邓宝珊将军向边区求援，尽管边区同遭灾荒，但还是节省出一部分粮食，支援榆林，仅由绥德警备区司令王震一次转运的就达二千石。

邓宝珊将军同陕甘宁边区的友好交往，特别值得一提的，还有他送女儿邓友梅去延安一事，至今仍在民间传为佳话。友梅是邓将军的次女，性格开朗，思想进步，邓宝珊将军十分疼爱。他初访延安后，就把友梅送到延安学习，先后在陕北公学和中国女子大学就读。友梅受革命熔炉的陶冶，加入了中国共产党，对革命抱以满腔热忱。她不顾自己病体，来往于延安、榆林之间，为边区通风报信，保护边区出入榆林的同志。后来，邓宝珊将军到重庆，蒋介石亲自问他："你有个女儿是共产党？"邓将军毫不掩饰地说："是的，思想认识不同，有什么办法呢！"一次，友梅护送走延安来的同志，在榆林南门外遭到特务的拳打，肺病日益加重，1947年在榆林病逝。临逝前，她还嘱咐父亲说："你在任何情况下都不能反对毛主席呵。"邓宝珊将军每每念及友梅，总是老泪纵横，甚为伤感，说："友梅是在反共气氛中窒息而死的。"

邓宝珊将军同陕甘宁边区的友好交往，也为蒋介石所不容，常常派出特务监视他的行动，甚至潜入他的"桃林山庄"（邓的别墅），企图谋害他。邓将军发现后，一怒之下，下令杀头。

1943年，蒋介石打电报给邓宝珊将军，要他绕道宁夏去重庆开会。邓将军看到电报后，微微一笑，说："不指定路线还罢了，指定了我偏要走延安。"他整装好行李，第二天就启程了，沿途经过陕甘宁边区绥德、米脂，受到徐向前、习仲勋、杨拯民的热情款待。6月17日抵达延安。延安城内军民倾城而出，热烈欢迎邓将军再次来延。毛泽东主席当天在杨家岭新建的中央大礼堂为邓将军洗尘，朱德、贺龙、林伯渠等作陪，老朋友再度重逢，格外高兴，邓宝珊见到毛泽东主席就说："毛先生发胖了。"毛泽东主席风趣地答道："这是由于我们军民扩大生产，丰衣足食所致。"逗得在座的宾主一场大笑。毛泽东主席接着说："邓先生的身体也好多了。"邓宝珊将军要南下了，毛泽东主席又为他饯行，宾主围坐在院内，乘凉漫谈。邓将军见毛泽东主席是那样快活、爽朗，问道："毛先生贵庚几何？"毛泽东说自己出生于"清光绪十九年癸巳十一月"。他接着说："毛先生比我长一岁。中国有毛先生这样一位领导，乃民族之福。打败日本帝国主义之后，我们一定要为毛先生祝寿。"

同年秋，邓宝珊将军从重庆返回榆林，再次途经延安。这时，正值国民党顽固派掀起第三次反共高潮，也值初冬季节，他既愤于蒋介石反共，又苦于气候变化，心身兼劳，突然患病。毛泽东主席对邓宝珊将军的病情十分关心，亲往下榻处探望慰问，请来名医、陕甘宁边区政府副主席李鼎铭为他医治，还托金城把十张最好的狐皮，作为大衣料赠送给他。过了数日，邓将军病体初愈，就去参加陕甘宁边区军民大生产成果展览大会，他和续范亭将军以来宾身份在大会上讲话，邓将军盛赞陕甘宁边区大生产运动的丰硕成果，更发出了他的肺腑之言："我是大家的朋友！"

"我是大家的朋友！"邓宝珊将军确实是中国共产党的朋友，1944年12月22日，毛泽东主席致函邓宝珊将军，称赞他"去年时局转换，先生尽了大力，我们不会忘记。八年抗战，先生支撑北线，保护边区，为德之大，更不敢忘"。这个评价是十分恰当的。尤其使中国人民不能忘记的是，这位老朋友在1949年解放北平的斗争中，促使傅作义将军接受中国共产党的建议，并受傅将军委托作为"和谈"代表，出城与人民解放军达成和平解放北平的协议，使北平这座历史悠久的文明古都安全地保存下来，促进了人民解放战争的胜利发展。1949年3月，周恩来在西柏坡接见了邓宝珊将军，说："你是与我们长期合作的朋友，我们早就盼望你回到'娘家'。"邓将军满怀深情地说："我为和平解放北平做了一点事，就算我回'娘家'的见面礼吧！"

张治中将军三到延安

1945年8月28日，毛泽东在离开延安前与朱德（右一）、周恩来（左一）、赫尔利（左二）、张治中（右二）合影

张治中将军是中国革命史上著名的"和平将军"，他一生周旋于国共两党之间。抗日战争胜利后，他为促进国共两党"和谈"和争取国内和平民主，奔波不息，不遗余力，三到延安。

日本投降以后，中国共产党明确提出了克服内战危险，成立联合政府的号召，张治中将军立即响应，首先在重庆发起了国共两党的和平运动。他建议蒋介石正式邀请毛泽东主席到重庆谈判。蒋介石同意了，曾三次电邀毛泽东主席到重庆共商国是。在毛泽东主席慨然电复应约之后，张治中将军便以蒋介石私人代表的身份和美国总统特使赫尔利一道，乘飞机到延安迎接。第二天顺利地陪同毛泽东主席到达重庆。

毛泽东身入虎穴，首先面临的是安全问题，周恩来对此十分担心，张治中将军也非常重视，他把全家搬到别处去住，腾出家宅专供毛泽东主席使用；警卫力量不足，他和宪兵司令部联系，让宪兵担任毛泽东主席的警卫工作。他特意举行家宴，请毛泽东主席做客；还亲自陪同毛泽东主席和各方代表会晤。谈判后期，毛泽东主席希望早点回去，早点签订协定。周恩来很不放心，去找张治中将军，张将军答道："我既然接毛先生来，当然要负责送他回去。"

《双十协定》签订的前一天，张治中将军专门为毛泽东主席举行盛大的招待晚会，应邀参加者达五百余人。他向各界人士昭告："毛泽东先生来重庆，是本人偕同赫尔利大使迎接而来，毛先生回延安，仍将由本人伴送回去。"10月11日，张治中将军同毛泽东主席一起飞抵延安，受到延安各界人士的热烈欢迎。次日，毛泽东主席又和张治中将军同车前往飞机场，亲为张治中将军送行，交谈中，他深情地赞扬张治中将军"为和平奔走是有诚意的"。

张治中回到重庆不久，即参加了最高军事三人小组的活动。1946年2月，为了检查国共两党执行《停战协定》和停止冲突的情况，张治中将军和周恩来、马歇尔到各地进行视察。本来延安并没有两党军队的问题，但张治中将军坚持要陪马歇尔去延安看看，并会见毛泽东主席。在延安的所见所闻，使张治中将军对形势的发展甚为乐观，说："如果都像延安，停止冲突是没有问题的。"

在中共中央举行的盛大欢迎晚会上，张治中将军再次盛赞我党恪守"两个协定"的诚意，并希望两党百分之百地遵守整军方案，共同建设和平、民主、团结、统一的新中国。最后，他怀着一片深情，爽朗地说："你们将来写历史的时候，不要忘记写上'张治中三到延安'这一笔。"博得全场一片热烈的掌声，毛泽东主席对张将军说："你将来也许还要回延安，怎么只说'三到'呢？"张将军回答说："和平实现了，政府改组了，你们就会搬到南京去，你也会住到南京去，延安这地方，不会再有来的机会了。"

然而，历史的变迁，张治中将军没有回到延安，也没有回到南京，却最后回到了人民的首都——北京。

(本文选自《延安大学学报》[社会科学版] 1988年第4期)

延安是如何走向世界的
刘立军

1944年中外记者西北参观团访问延安，这是抗战时期外国记者对共产党根据地仅有的一次集中的、大规模的采访活动。"这是国民党将近五年来禁止中外新闻界访问解放区的第一次突破。"中外记者的采访报道从不同的视角，客观地报道了共产党抗日武装以及根据地的真实情况，一个民主、平等、开放、和谐的延安开始被世界知晓。

延安是"大匪窝"

国共合作破裂以来，国民党就不遗余力地对共产党进行肆意的歪曲和丑化。红军长征到达陕北之后，国民党政府对陕甘宁边区长期实行严密的军事、经济封锁，加上战争时期的限制和交通困难，驻重庆的外国记者也很难奔赴前线或者进入中共根据地进行采访，因而共产党领导下的延安透露着神秘。

1939年1月，国民党五届五中全会制定了"防共、限共、溶共、反共"方针。之后的五年时间里，外界了解中共的渠道变得更为单一。人们大多通过与八路军驻渝办事处共产党人的交谈，或者靠从日军占领区进入边区的外国人士的见闻来获得，而这些信息往往一鳞半爪，信息的真伪更无法得到证实。与此同时，国民党宣传机器开足马力，对共产党及其领导下的军队和根据地百般谩骂、诋毁，不遗余力地进行耸人听闻的妖魔化宣传。在其舆论宣传中，"边区黑暗""共产党游而不击"，共产党就是青面獠牙的"共匪"，延安就是一个无法无天的"大匪窝"。

然而"千夫所指"的"共匪",竟能领导人民取得敌后斗争的重大胜利,这让许多人感到困惑和好奇。1943年11月6日,美国记者福尔曼率先向国民党国际宣传处提出申请赴延安采访,这也揭开了记者团访问延安的序幕。1944年2月,在重庆的美、英、奥等国的十名记者联名致信蒋介石,要求到延安和黄河以东我解放区参观、访问,并考察陕甘宁边区及敌后根据地实施各种政策的情况。

迫于各方面的巨大压力,1944年2月22日,国民党中央宣传部部长梁寒操在新闻会议上宣布,同意美、英等国记者赴延安采访。受此鼓舞,部分中国记者也趁机提出申请。4月10日,梁寒操表示同意批准一部分中国记者赴延安采访的要求,并宣布将组成中外记者西北参观团(实际上是解放区参观团),赴陕甘宁边区参观访问。

西北参观团

中外记者西北参观团由二十一人组成,其中包括六名外国记者,成员有美联社、英国《曼彻斯特卫报》、美国《基督教科学箴言报》记者斯坦因,《纽约时报》《时代》杂志记者爱泼斯坦,美国合众国际社和英国《泰晤士报》、国家广播公司驻中国记者、作家福尔曼,路透社记者武道,美国天主教《信号》杂志中国通讯记者夏南汉神父,苏联塔斯社记者普多岑科;中国记者九人(除国民党官方报纸的记者外,为装潢民主的门面,也安排个别民间报纸的记者随行);官方领队和随员共六人。在外国记者中除普多岑科是苏联记者,其他五个都是西方记者,其政治倾向也很不一样。爱泼斯坦和斯坦因对共产党怀有好感,福尔曼是个对政治不感兴趣但很严肃的记者,武道与国民党有密切的关系,夏南汉神父则对共产主义抱有敌视态度。

为了达到"宣传出去,争取过来"的目的,中共中央对接待工作十分重视,周恩来亲自召集延安党、政、军、民、学等参加接待工作的单位负责同志开会。

在动员会上，周恩来提出让参观团首访南泥湾。会后，周恩来笑着对王震说："王胡子，今天把你找来，给你个特殊使命，让你当几天外交官，去和即将来访的中外记者团打几天交道。"王震开玩笑回答："我是个粗人，让我去完成这个使命，你不怕我捅娄子么？"周恩来说："不怕！都说你王胡子外方内圆。我相信你会善决机宜，把事情搞得很好的，捅不了什么娄子！"

5月17日下午，中外记者西北参观团启程离开重庆，开始了经华北到西北的艰难旅程。参观团先到西安，西安与延安已经很近了。但国民党领队偏偏舍近求远，硬拉着记者们兜兜转转，先渡过黄河到山西参观阎锡山的"变法"和"新政"，希图以访阎来冲淡记者们采访延安的印象。经过一番折腾，参观团直到5月31日才从山西平渡关渡过黄河进入陕甘宁边区。王震带领战士牵着骡马在凉水崖迎候参观团。叶剑英、王震等陪同参观团在南泥湾各地参观，重点介绍了三五九旅的军事训练和生产建设情况。几位西方记者在参观伤兵医院时，对共产党军队在缺医少药极端困难的情况下，仍然保持着昂扬的斗志，印象特别深刻。随着参观采访的深入，这些来自不同国家、政治立场不尽相同的记者，逐渐看清了国民党不顾抗日大局对边区搞封锁、搞摩擦的事实与真相。

6月9日，参观团到达延安，受到了中共中央、八路军总部和陕甘宁边区政府的欢迎。参观团被安排在延安南门外新市场南边交际处三十多孔新开的窑洞里，虽然条件简陋，但非常整洁、卫生，也很温馨。记者团的成员大多是第一次来到延安，虽然刚刚经历长途跋涉的旅途劳顿，但面对这个陌生的新世界都显得特别兴奋。

"毛是可以接近的"

第二天早晨，当中外记者在早餐的餐桌上发现了牛奶、面包、鸡蛋、酥油（土制奶油）时，都觉得难以置信。经过解释，他们才明白自己又被国民党"延安生活艰苦，去不得"的宣传欺骗了。大家轻松地享用了这顿"西餐"，同时对大生产运动取得的成绩更是赞不绝口。

在交际处的安排下，6月12日，毛泽东在杨家岭中央大礼堂后面的客厅会见了记者参观团。在同毛泽东谈话时，中外记者提出了各种各样的问题，毛泽东都一一耐心地作了解答。国共关系、民主统一、边区生活……毛泽东高屋建瓴、侃侃而谈，其敏锐的眼光、风趣幽默的谈吐、深刻独到的见解和开门见山的谈话方式，让记者们由衷地钦佩。毛泽东平易近人的作风、机智的口才、独特的人格魅力，也让记者们为之倾倒。爱泼斯坦在当时的笔记中这样写道："我个人感觉，在延安，毛是可以接近的，并且是很简朴的。他会在遍地黄土的大街上散步，跟老百姓交谈，他不带警卫。当和包括我们在内的一群人拍照时，他不站在中间，也没有人引他站在中间，他站在任何地方，有时在边上，有时站在别人身后。""毛在延安给我们留下的另一深刻印象是他的从容不迫和安然自得。"

在延安期间，记者们参观了工厂、机关、学校、部队、保育院等地方。延安街道干净整齐，人民意气风发，边区政府作风民主，共产党领导人以身作则、生活朴素，这些都与国统区截然不同，也与国民党当局的宣传大相径庭。在延安保育院，孩子们活泼可爱、落落大方，这让随行的记者觉得中国的未来和希望就在延安。路透社记者武道在报道中写道："这里是一块神奇的土地，这里有一群普通而又伟大的人，他们又在潜移默化中培养出一代新人。这样的环境成长起来的新人，是任何力量都不能征服的。"

随着采访的深入，记者们发现了越来越多的亮点，陪同的国民党官员见势不妙，便于7月12日命令记者团中的中国记者离开延安。外国记者（除夏南汉神父）在毛泽东"多走走，多看看"的建议下，继续深入延安和晋绥解放区访问。斯坦因单独访问过毛泽东和许多共产党领导人，也与战斗英雄、作家、艺术家和放羊的百姓广泛接触，获得了大量写作素材。斯坦因对毛泽东进行过多次的单独采访，总共长达三十个小时。有一次在采访的时候，毛泽东看到斯坦因写字用的小桌子不稳，就走到院子里捡来一块平底的小石头，垫在桌子脚

毛泽东等中央领导人与中外记者西北参观团在王家坪的合影

下。斯坦因特别记录了这个细节,他坦言采访过许多国家的政要,但像毛泽东这样礼遇他,生平仅有一次。见多识广的福尔曼1944年9月中旬,还亲自上战场观摩了八路军发起的汾阳战斗。在冲天的炮火中,他强烈地感受到共产党坚定不移的抗日决心。

向世界报道延安

1944年10月,外国记者结束在延安的采访回到重庆。后来他们纷纷根据自己的亲身经历撰写了许多描述共产党和根据地的报道,生动、客观地记述了自己在边区的见闻感受。尽管外国记者拍发的新闻电稿大多被国民党中央宣传部无理扣押或删减,但在随后的几年里,这些外国记者在国外陆续出版了一批介绍共产党及边区的书籍,其中代表作有福尔曼的《来自红色中国的报道》、斯坦因的《红色中国的挑战》，以及爱泼斯坦的《中国未完成的革命》等。在他们笔下，一股与众不同的、代表着中华民族希望的力量——中国共产党，首次系统、全面地出现在世人面前。

　　1945年4月，毛泽东在中共七大所作的《论联合政府》报告中说："在1944年中外新闻记者参观团来到中国解放区以前，那里的许多人对于解放区几乎是什么也不知道的。国民党政府非常害怕解放区的真实情况泄露出去，所以在1944年的一次新闻记者团回去之后，立即将大门堵上，不许一个新闻记者再来解放区。"但正如爱泼斯坦后来所说的："这个地方很久以来是被关闭着的，这一次，我们打开了一个缝隙，从今以后要再强制地关闭起来是不可能的了。"

（本文选自《文史博览》2009年第2期）

2